$ 37⁹⁵

$ 12⁵⁰

10 - 5095

D1081322

Calamity Jane
Le Diable blanc

La femme buissonnière, Jean-Jacques Pauvert, 1971.

La Dernière Femme de Barbe-Bleue, Grasset, 1976.

La Marie-Marraine, Grasset, 1978. Grand prix des lectrice de *Elle*, adapté à l'écran sous le titre *L'Empreinte des géants*, par Robert Enrico. Livre de Poche.

La Guenon qui pleure, Grasset, 1980.

L'Écureuil dans la roue, Grasset, 1981.

Le Bouchot, Grasset, 1982. Prix du livre Inter. Livre de Poche.

Le Tournis, Grasset, 1984. Livre de Poche.

Jardin-Labyrinthes (avec Georges Vignaux), Grasset, 1985.

Capitaine dragée, Grasset, Pauvert, 1986.

La Garde du cocon, Flammarion, 1987, J'ai Lu.

Le Château d'absence, Flammarion, 1989. J'ai Lu.

Comtesse de Ségur, née Sophie Rostopchine, Grande biographie, Flammarion, 1990.

La Fille du saulnier, Grasset, 1992. Livre de Poche. Grand prix de l'Académie de Saintonge.

La Jupière de Meaux, Flammarion, 1993.

L'Arbre à perruque, Grasset, 1995.

Saint Expedit, le jeune homme de ma vie, Bayard, 1996.

La Cinquième Saison, Seuil Jeunesse, 1996.

Salve Regina, Éditions du Rocher, 1997.

Éléonore par-dessus les moulins, Éditions du Rocher, 1997.

Cléopâtre la Fatale, récit, Flammarion, 1998.

Le Perroquet de Tarbes, Éditions du Rocher, 1998.

Hortense Dufour

Calamity Jane

Le Diable blanc

récit

Flammarion

© Flammarion, 1998
ISBN : 20 806 76628

À Georges
À mes fils
À ma fille Victoria

REMERCIEMENTS

« Y aura-t-il seulement quelqu'un pour planter un cactus sur ma tombe ? »

Ivre d'alcool, de chagrin, malade, aveugle, Martha Jane Cannary – Calamity Jane – répétait cette phrase.

Mieux qu'un cactus dont la fleur rose fleurit une fois l'an, j'ai voulu tresser pour elle un bouquet d'une autre essence : un livre entièrement consacré à sa vie, à son être. Mon guide ? Là réside le tout premier, si ce n'est l'unique remerciement : mon guide fut elle seule, Calamity. Calamity et les *Lettres à sa fille*, publiées aux éditions du Seuil. J'ai lu les lettres, et je me suis emparée du personnage jusqu'à ce qu'il s'emparât de moi sans plus me lâcher[1].

Un jour de juillet 1985, je suis allée à Deadwood, dans le Dakota du Sud. J'ai trouvé le

1. Calamity Jane, *lettres à sa fille* (1877-1902), éditions du Seuil, traduction de l'Américain par Marie Sully, introduction d'Helène Philly.

cimetière (le Mont Moriah) où, à sa demande, elle a été enterrée auprès de l'homme qu'elle aimait : Wild Bill Hickok, dont elle eut une petite fille, Janey, qu'elle donna à une famille riche, les O'Neil. Elle craignait de ne pouvoir offrir une vie heureuse à cette enfant.

Au Mont Moriah, la chaleur était atténuée par la douceur des pins. De sa tombe, on pouvait voir la vallée, la ville de Deadwood. Tout était intact.

J'ai caressé le granit rose.

Calamity Jane.

Son horreur de l'hypocrisie, des lieux noirs, étouffants, des créatures tièdes et précautionneuses, son amour de l'amour, des routes, des espaces, des étreintes passionnées et des enfants. Faire face à toutes les adversités (elle n'en manqua point), rire alors qu'elle avait constamment le cœur déchiré, enrager devant l'injustice et ne se coucher pour mourir qu'une fois la mission accomplie.

La ville de Deadwood fut un trésor de renseignements. Merci à ses habitants qui se dévouèrent pour m'aider en me faisant visiter les lieux de son passage, en m'ouvrant leurs bibliothèques. Merci aux patrons de l'hôtel Le Fairmont, pour leur accueil. Merci de m'avoir fait visiter le Greenfront, bordel de la ville, utile à mon texte.

Merci à tous ces inconnus, hommes, femmes, qui passèrent avec nous des nuits entières au fameux saloon N° 10 où Wild Bill Hickok fut assassiné sous les yeux de Calamity Jane.

Merci à ces visages, ces dégaines de cow-boys tout droit sortis du western. Merci pour ces photos d'elle, en éclaireuse, en scout, en infirmière. Calamity au regard qui éloigne les tièdes, enchante les passionnés.

Merci à ce *Diable blanc* (ainsi l'avaient surnommée les Indiens). Merci à son ami Sitting Bull dont j'ai utilisé les textes admirables, recueillis dans l'ouvrage de T. C. McLuhan, *Pieds nus sur la terre sacrée* (éditions Denoël-Gonthier). Côtoyant Calamity Jane si intimement, ayant dormi dans sa ville, étant entrée dans les chambres des saloons qui furent les siennes, ayant visité une réserve d'ours, j'ai pu imaginer ses risques quotidiens et les détails de sa vie.

Enfer du jeu, amours assassinées, enfant arraché à la mère, massacre, survie... Alcoolique, aveugle, tuberculeuse, décédée en 1903 à l'âge de cinquante et un ans, Calamity Jane n'a-t-elle pas le profil de ces saints qui allaient par les chemins, en quête d'une souffrance à soulager, partageant avec un plus pauvre, secourant un enfant, tout cela au nom d'un amour plus fort que l'Amour ?

Lors d'un somptueux crépuscule sur la *Bear Butte,* territoire sacré des Sioux, j'ai ressenti cette vérité d'amour et d'absolu qui fut la sienne.

Mon livre naissait – il ne m'appartenait plus. L'envie de la justifier et, mieux, de la faire connaître, ne m'a plus lâchée jusqu'à l'achèvement de ce texte écrit à la gloire du *Diable blanc*, celle-qui-n'a-jamais-tué, malgré les dix-sept kilos d'armes qu'elle portait toujours sur elle : Winchester, Navy et colts.

Au saloon N° 10, tournée vers la porte en rondins qui ne cessait de s'ouvrir, je t'attendais, toi, Calamity Jane, que le général Eggan avait surnommée la *Reine des Plaines*, toi, dont le portrait éblouissait les murs, au-dessus des bouteilles de whisky. Toi, dont on disait bêtement : «Elle a l'air d'un homme.» Je n'avais de cesse d'admirer sur les portraits la jambe superbe, le regard splendide, l'opulente chevelure auburn, et l'attache si féminine d'une main portant la Winchester. Elle me fait songer à ces faucons respectés par les Indiens, eux qui l'avaient surnommée le *Diable blanc*.

CALAMITY JANE

Cette femme me haïssait, Celinda Hickok. Celinda Hickok me haïssait. Plus encore qu'Agnes Lake ne m'avait haïe, mais Agnes avait l'excuse d'avoir épousé Wild Bill Hickok, mon amour, mon mari, mon frère, mon traître, mon double, ma douleur.

Mais Celinda !

Wild me parlait d'elle ainsi :

— Celinda est la sœur qui a veillé sur moi. Dans la famille, on la surnommait Cindy. Elle a veillé sur moi avec des sentiments maternels, excessifs, malgré son jeune âge.

Tout le monde veillait sur Wild Bill (James pour sa famille). Celinda, Lydia, l'autre sœur, Oliver, Lorenzo, Horace, ses frères, et Polly, la mère. Polly enfouie sous ses lainages noirs, murmurant jour et nuit ses prières. Polly avait trouvé le moyen de mourir d'une attaque dès qu'elle apprit la mort brutale de Wild.

Celinda me haïssait jusqu'au bout de la haine : elle avait fait signer des pétitions au Kansas. Des pétitions qui prétendaient que Janey, notre petite fille, n'était pas la fille de James Hickok, son frère. Celinda parlait d'imposture. Celinda brandissait la Bible et les menaces. J'avais toujours sur moi le certificat de mariage signé des révérends Warrens et Sipes. Je m'étais mariée dans le grand vent, tête nue sous le ciel, pieds solidement accrochés à la terre, sur la route d'Abilene. Le cœur fou, épris du marshal James Wild Bill Hickok.

On m'appelait Martha Jane Cannary, dite Calamity Jane, épouse de Wild Bill James Hickok. Vers la fin de ma vie, par faiblesse et désespoir, j'ai épousé le brave Charley Burke. Je restais Martha Jane Hickok, d'où ces confusions, ces délires dans mon ombre, ma réputation et mes chaos.

Qu'importait que Wild eût épousé Agnes Lake trois mois avant sa mort ! Je l'aimais ; j'avais consenti au divorce. Quinze jours après sa lune de miel à Cincinnati avec Agnes, Wild plaquait tout et me rejoignait à Deadwood. Il ne pouvait se passer de moi. Il me pardonnait d'avoir confié notre fille Janey à M. O'Neil, assez riche pour lui assurer une belle éducation, en Virginie.

— Nous irons chercher Janey. Je t'aime.

Il répétait « je t'aime » en serrant mon visage entre ses paumes. Je devenais muette.

Tout cela ne vient pas en ordre, je sais... Il y eut ma rencontre avec Wild Bill alors que j'étais ivre morte à la prison d'Abilene. Notre nuit d'amour quand je l'avais sauvé de ces types qui voulaient le tuer, à la vieille cabane. Nos disputes après ce mariage. La naissance de Janey, ces mois terribles à l'élever, seule, dans la Yellowstone Valley. Mon orgueil, implacable (nous nous étions brouillés si fort que j'avais juré de ne jamais le revoir). Janey partie, j'avais dû survivre. Il m'avait retrouvée :

— Sotte de Jane, tais-toi et embrassons-nous !

C'était ton grand mot avant nos étreintes, notre passion. Rien n'est en ordre. Il y eut cette balle que tu reçus devant moi, au saloon N° 10. Je revois encore le corps de l'assassin, Jack Mac Call, tressautant au bout d'une corde.

Rien n'est en ordre.

Quel ordre était possible dans ce chaos que fut la construction de l'Ouest, avec ses cailloux et son chemin de fer, ses bandits et ses lois trop neuves, ses famines et sa surabondance ? Cadavres, massacres, famines, tempêtes, insectes détruisant tout : c'était mon lot, celui de millions d'autres pionniers.

J'ai mal à la tête. J'ai bu. Un litre entier, au goulot. Seule dans cette chambre, à Terry. Vieille, d'héroïne me voilà devenue cette haridelle cassée, repoussante, les dents détruites, le souffle court, le regard à jamais éteint. Je suis aveugle. Je crache le sang. J'empeste. Je vais mourir parce que je veux mourir. Mon orgueil ne peut accepter cette déchéance. J'ai été une femme libre, forte, heureuse à ses heures, le visage lisse, la prunelle d'un bleu de source, le cheveu brillant et la jambe longue. Je ne veux endurer davantage l'image de cette vieille femme radotant jour et nuit les mêmes phrases, vendant sa photo pour manger alors que je fus parmi les *Vaillants de l'Ouest* une reine, incorruptible, difficile. Il faut mourir. Je n'ai plus peur. Une image lumineuse traverse ma nuit : le regard de Janey, plus bleu que celui de son père. Ce regard à la couleur du ciel au-dessus de la *Bear Butte* où se recueillait Sitting Bull. Un regard qui justifie à lui seul le désordre de ma vie.

J'ai vomi sur le plancher. Que Mme Bander Lull me pardonne. Ce n'est pas de ma faute. La fièvre brûle mes tempes. La charité des Lull m'empêchera de crever dans la rue.

Tout cela est loin. Tout est loin. L'alcool a encore pour moi un peu d'importance. J'ai repris l'habit de femme le jour de mes cinquante ans. J'ai repris ma déchéance. Mes brillants oripeaux, je les ai brûlés dès que j'ai senti ma vue baisser. J'ai tout brûlé et, désormais, habillée en épouvantail (une vieille femme), je n'ai conservé que mon Navy et mon vieux Stetson. Mon colt pend à ma taille devenue frêle, j'ai l'air d'un vieux clown. Buffalo Bill pourrait m'employer à nou-

16

veau, mais comme comique. Je radote mes souvenirs : la ville de Deadwood me garde par pitié. On me donne quelques dollars contre mes histoires. On m'aime encore un peu. Il faut dire que je les avais tous soignés pendant l'épidémie de variole.

— Calamity, tu auras des funérailles nationales !

C'est ce que disent les gars au saloon. Le pauvre Bill Vinaigre qui est resté mon copain. Il m'accompagne au Mont Moriah, sur la tombe de Wild ; il me tient le bras. Mes pieds connaissent par cœur le chemin. J'en connais toutes les odeurs : la menthe, la sauge, les pins. Oh ! les pins immuables, sous le vent, leur murmure, chanson de nos morts, de nos errances.

— Pleure pas, Calamity, bougonne Bill Vinaigre, blanchi par le temps.

— Pleure pas, Calamity !

Le vent agite les branches au-dessus de la tombe. On dirait le hululement particulier des Sioux, quand ils encerclaient Little Big Horn. Pourquoi tant de colère, de souffrance ? Pourquoi ce massacre ?

Y aura-t-il quelqu'un pour planter un cactus sur ma tombe ? Je veux être enterrée près de Wild Bill Hickok. Mes amis – les Lull, M. Wong, les autres – ont dit :

— C'est promis, Calamity. Tu seras enterrée près de Wild Bill. C'est ta place.

Lull a toujours été bon avec moi et m'a logée

gratuitement dans ses hôtels quand je grelottais de fièvre. À Abilene, il y a...

Il y a ?

L'été brûle la plaine. La *Bear Butte* et le Mont Moriah restent les seuls endroits frais. Le Mont Moriah sera mon dernier repos. Wild ; nos lumières et nos âmes mêlées ; notre mythe, notre seule richesse.

L'été cogne sur le toit de l'hôtel de Lull. Will Lull et sa femme sont allés chercher le médecin à Deadwood : le Dr Sick.

— Une pneumonie. Il faudrait des vésica-toires.

On m'a saignée. On a posé des compresses sur mes paupières gonflées, humecté mes lèvres.

— Tu as encore bu, a grogné Sick.

J'ai caché les bouteilles sous le plancher. Mme Lull a fait semblant de ne rien voir.

Sick est vieux, lui aussi. Nous sommes tous vieux. Sick sent toujours le tabac froid et l'acide urique. Il avait cette odeur-là, déjà, quand il venait au Greenfront, le bordel de Deadwood, faire un lavage d'estomac à une des filles qui se suicidait sans cesse. Les filles en avaient assez. Elles avalaient du potassium ou du formol. Un tas de saloperies pour échapper à l'affreux Barns qui les traitait pire que des vaches à l'écurie. Sick était venu avec sa pompe pour soigner Annie Carr. Elle avait dansé nue devant le club 400 pour protester contre les traitements de Barns qui l'avait rouée de coups.

Elle avait avalé le laudanum et tout ce qui traînait. Sick était monté (trois étages très raides) au Greenfront, Barns heureusement, avait été écrasé par un train.

Sick n'a pas sa pompe, mais des vésicatoires, comme pendant l'épidémie de variole, en 1880. Tout se brouille et, pourtant, les dates m'obsèdent. 1880. Déjà vingt-trois années... J'accompagnais Sick pour soigner les enfants, mais beaucoup mouraient. Les femmes de Deadwood rôdaient autour de Wild Bill. Elles me traitaient en moins-que-rien et avaient voulu plusieurs fois me chasser de la ville. Je n'ai pas d'amies. Excepté Mme Bander Lull. Quand l'épidémie faisait rage, j'avais visité les malades avec Sick. Les chambres empestaient. Amis ou ennemis, je ne voyais que l'urgence : aider, soigner. Les visages étaient bleus, marbrés de rouge, gonflés. Le plus terrible : la mort des enfants. Il fallait monter ces petits corps au Mont Moriah.

Sick s'est penché sur moi. Il souffle. Il sent fort. Ou bien c'est moi qui exhale ces relents, cette moisissure. Tout est puanteur. J'ai uriné.

... J'avais été la *Reine des Plaines*, le capitaine Eggan m'avait surnommée Calamity Jane, héroïne des Plaines. C'était ainsi que me présentait Buffalo Bill, au cirque. Nous avions sillonné l'Europe – l'Angleterre, Paris, le Champs-de-Mars. Calamity Jane, la *Reine des Plaines*.

La *Reine des Plaines* est en train de crever.

19

— Ne bouge pas, grogne Sick en ôtant les vésicatoires.

Des bras me soulèvent : Mme Bander refait mon lit, éponge mon corps.

— Veux-tu voir le pasteur ? demande Sick.

Je ne réponds rien, prostrée, les cheveux gris plaqués sur le visage, les épaules effondrées.

— Elle n'entend plus, dit Mme Bander Lull.

On me remet au lit.

Nous sommes le deux août 1903.

J'ai dû dormir ou sombrer dans le même coma qu'après la mort de Wild Bill, le cerveau transformé en une boule rouge brûlant mon crâne – j'avais déjà connu cette terreur, le jour où j'avais donné Janey, ma petite fille, à Jim O'Neil et à Helen. J'avais regardé le train partir d'Omaha ; je les avais accompagnés jusque-là, et mon cœur se disloquait. Je n'étais que cris muets, gesticulation intérieure, brisée. Bill Vinaigre grognait : « Du courage, ma fille. Ta gamine va avoir une belle éducation. »

Janey partit d'abord pour New York City, l'Angleterre, puis Richmond.

J'ai mal à la tête.

Helen O'Neil se tenait assise près de moi, ses yeux cernés de mauve sous le grand chapeau de dame. Juin était imprégné d'odeurs miraculeuses, les arbres avaient fleuri. Je me souvenais de ces mois durant lesquels j'avais lutté dur, près de la Yellowstone Valley, pour élever ce bébé. J'avais donné Janey. Jim O'Neil l'avait reçue dans ses bras :

— Merci, Martha Jane. Jamais nous ne vous remercierons assez, Helen et moi.

(Ils n'avaient jamais pu avoir d'enfants.)

Helen, s'était approchée ; elle avait pris Janey des bras de Jim O'Neil, elle avait embrassé le front de Janey : « Ma petite fille », murmurait-elle. J'avais fait le geste de dégainer. « Doucement », avait dit M. O'Neil en resserrant son étreinte autour de mes épaules. J'avais chancelé, un trou noir à la place du cerveau. Le train était parti. Jamais je n'avais autant bu que ce soir-là.

« Je suis malade et n'ai plus longtemps à vivre... Mes yeux m'ont privée du plaisir que je pouvais prendre à regarder ta photo... pardonne-moi et songe que j'étais solitaire. »

Septembre 1873. J'avais accouché de Janey dans cette cabane prêtée par Bill Vinaigre. Mme Bander était venue m'aider. Wild Bill avait passé l'été à jouer dans les saloons, à Springfield. Il avait participé au *Wild Bill Show,* seul sur les planches avec Buffalo Bill. Malgré mon gros ventre, je buvais, enragée de colère et de passion. Wild crevait d'envie de me rejoindre, mais l'orgueil nous tenait l'un et l'autre. L'orgueil nous tuait.

— Je ne veux rien savoir de cet enfant.

Il l'avait dit, fou de colère, lui aussi. Celinda avait tenu le même discours. Ils avaient tous dit, chez les Hickok : « Je ne veux rien savoir de cet enfant. » Pourtant, Janey fut appelée « Janey Hickok ». J'avais laissé des lettres, des traces, j'étais allée la voir. Jim O'Neil avait révélé la vérité sur le nom de Janey. Ne rien savoir de cet enfant... Et moi, que savais-je de Janey ? Mes lettres lui avaient été remises. Mon émotion avait été à son comble quand j'avais eu ce grand malaise, en plein numéro, sous le chapiteau de Buffalo Bill : j'avais aperçu Janey dans la salle, senti le poids de son regard magnifique. Tu ne savais pas que cette cavalière était ta mère, Janey.

Ce soir-là aussi, j'allais sombrer dans le trou noir d'une syncope.

Je n'avais vu Janey que trois fois, à trois moments de son existence : de sa naissance jusqu'à l'âge de dix mois (gracieuse poupée faisant ses premiers pas), puis à neuf ans, à Richmond (ma chérie, mon amour) et le soir terrible du spectacle de cirque.

— Promettez-moi, Martha Jane, de ne pas dire à Janey que vous êtes sa mère, avait dit Jim O'Neil.

J'avais promis, à condition qu'après ma mort, la vérité lui soit révélée.

— Oui, avait dit Jim O'Neil. Ce sera fait, Calamity. Vous savez que je suis un homme de parole.

« Peut-être penseras-tu quelquefois à moi, non comme à ta mère, mais comme à une femme solitaire qui aima et perdit autrefois une petite fille comme toi. »

Tout va, tout vient. Ma conscience sera plus claire quand mes souffrances seront calmées. Mon angoisse enfin dissoute. Ma vie ou mon angoisse, je ne discerne plus très bien la différence. Plus que vie, j'ai été survie. Les O'Neil ont changé le nom de Janey en Jean Irene, mais je t'appelle toujours Janey. T'abandonner m'a presque tuée.

Est-ce le soir, déjà le soir ? Cette nuit est plus brûlante que le souffle rauque, qui s'échappe de mes lèvres sèches. Est-ce la main de Sick, son visage congestionné, sa barbe noire ? La main de Sick tâta la place du cœur, mon cœur. Le cœur me manque. Est-ce M. Lull qui pose ce pot de soupe sur la table en bois, ou sa femme, Mme Bander ? Qui est là ? À Deadwood, ils avaient pris soin de moi :

— Allons, Calamity, souviens-toi que tu es une bonne fille.

J'avais soigné sa femme et Petit John pendant l'épidémie. Le petit était mort dans mes bras ; Mme Bander sanglotait : « Je ne veux pas, je ne veux pas. » Ce cœur si lent, puis tout à coup emballé comme mon cheval, après que les Sioux eurent cerné et massacré Custer et ses hommes.

Tout s'agite. Le voile noir – non, non, ce n'est

pas le soir, ce n'est pas la nuit ; les aveugles savent distinguer la nuit du jour, contrairement à ce qu'on pourrait croire. Cette lumière se fait si lourde, tel le plomb de l'orage, ce n'est pas la nuit, c'est la mort. « Tout espoir est mort pour toujours, Janey. Qu'ai-je jamais fait, sinon commettre bévue après bévue ?... Oh, comme je voudrais avoir à revivre ma vie. » Ce serait plus facile de partir, allongée sur la terre, le front sous le ciel de la *Bear Butte*. La mort n'a jamais réuni personne.

Quand je disais cela, le pasteur Smith grondait : « Assez, Calamity. Taisez-vous et priez ! » J'avais tenu les mêmes propos quand on l'avait découvert égorgé à Belle Fourche.

Ce voile noir, ce voile noir ! Ce brasier dans mes poumons. Ces mains – les miennes – si précises pour tirer, si habiles à nouer un garrot, à soigner bêtes et gens, à enlacer ton corps, ces mains ne cessent de trembler. Je tombe, je tombe.

Jamais Custer n'aurait dû massacrer les squaws et les enfants. Ignominie.

Je tombe, me redresse, lutte, retombe.

Jack Mac Call, l'assassin de Wild Bill, condamné à mort pour ce meurtre dans la ville de Yangton, avait basculé dans la trappe. On avait dû l'y pousser, mais quel être humain aurait accepté une pareille infamie ? Jack Mac Call était-il plus croyant que moi ? Il avait crié : « Ô Dieu », quand ses pieds avaient cessé de toucher le sol. Il se balançait au bout de la corde. Si je ne gémis pas : « Ô Dieu », c'est sans doute parce que je n'ai jamais tué personne.

WILL LULL

Chez moi, au Shefferds's Saloon, premier août 1903, Terry.

Je n'oublierai jamais cette date. La mine crépitait de coups, d'appels, de grincements de chariots tirés par les hommes. Les Chinois étaient les plus résistants : minuscules, nupieds, ils ahanaient, leur natte dans le dos, les mollets écorchés. Quand ils crevaient, personne ne se retournait : ici, la mort d'un Chinois n'avait pas plus d'importance que celle d'un rat. Ils sortaient un à un, voués aux tâches les plus dures. De mon hôtel-saloon-épicerie, je les entendais moins cependant que les cris et les jurons des autres chercheurs d'or. Potato Creek n'était pas des plus silencieux. Son mulet et son cheval restaient des heures près de lui. Il travaillait en solitaire, il savait trouver des pépites énormes. Il avait rejoint Terry dès que le sol avait commencé à regorger de leur obsession à tous : l'or.

Tout a été la faute de John Marshall, découvreur d'or au Colorado et, auparavant, en Californie.

La ruée vers l'or avait été une succession de coups de fièvre traversés par le meurtre. Ils étaient devenus fous dès que le cri avait résonné : « Il y a de l'or dans les Black Hills ! »

D'Arizona, du Mexique, du Colorado, de Chine, d'Europe : l'or ! l'or ! La fièvre avait touché les Black Hills à cause d'un type qui avait suivi l'armée de Custer. Deux camps miniers s'étaient créés : Deadwood et Lead, avec un tas de vermine autour. Wild Bill était venu là à cause de l'or, j'en étais sûr. Calamity était aveuglée par sa passion, mais l'or, les jeux d'argent et de hasard restaient responsables de leur folie à tous, et même de la mort du pasteur Smith.

On n'attaque pas impunément un territoire sacré pour les Indiens à cause de l'or.

Terry était peu à peu devenu une ville fantôme. L'or, tel l'amour, telle la vie, se raréfiait. J'allais dire « enfin », comme si le noir repos finissait par devenir le seul luxe possible, dans cet Ouest d'enfer.

Il n'y avait plus que poussière, cailloux, désolation.

J'entendais jurer : Potato Creek rejetait avec rage l'écuelle vide. C'était fou le bruit qu'il faisait en dépit de sa petite taille : quatre pieds et trois pouces de haut. Il arrivait aux aisselles de Calamity.

Calamity avait pris le train pour Terry. Elle avait frappé un jour à ma porte :

— Monsieur Lull, je viens chez vous casser ma pipe.

— Tais-toi, avais-je dit. Tu es une bonne fille.

Je savais qu'elle disait vrai et Julie, ma femme, avait immédiatement préparé un lit à notre plus ancienne et plus dévouée amie.

Bill Vinaigre l'accompagnait. Elle était devenue complètement aveugle.

J'avais vendu mon hôtel de Deadwood à Porter, afin de m'installer à Terry. Trop d'histoires, à Deadwood, et le souvenir lancinant de notre enfant mort dans les bras de Calamity, lors de cette épidémie de variole. Julie ne s'en était jamais remise.

Ma baraque, ici, ne marchait pas trop mal. J'avais quinze chambres que je louais aux gros commerçants, aux responsables de la mine et aux différents voyageurs auxquels j'avais l'habitude – une habitude chère à l'Ouest – de ne jamais poser trop de questions.

Je nourrissais les voyageurs de la Compagnie Wells and Fargo. Je leur donnais café, bacon, haricots, maïs. Julie cuisinait et servait tout le monde. Calamity était venue nous aider, mais elle buvait trop. Julie devait la ramasser chaque soir et la coucher. Calamity nous avait quittés un beau matin :

— Mes amis, je reviendrai ici pour casser ma pipe ; je ne suis plus bonne à rien.

Comment oublier son dévouement pendant les années 1880 ? Notre fils aurait vingt-cinq ans aujourd'hui. Martha Jane avait passé la nuit à baigner ses joues, son corps, à tenter d'apaiser sa fièvre, à soigner Julie quand elle eut cette véritable crise de désespoir. Elle regardait le corps de Petit John, immobile dans les bras de Calamity.

— Du courage, nous avait-elle dit. Je suis obligée d'aller soigner les autres.

Elle nous avait fraternellement embrassés et aidés à enterrer Petit John, non loin de la tombe de Wild Bill. Ce sera un jour son coin à elle, son coin d'éternité.

Calamity tenait le coup grâce à l'alcool. Ses ennemis appelaient cela du vice, mais ses amis savaient bien que c'était pour elle la seule façon de supporter une existence aussi dure, où il fallait avoir tous les courages, accomplir des actes héroïques.

— L'alcool m'aide à supporter cette existence.

À la mort de Petit John, elle était sobre et fut bonne avec Julie. Julie avait perdu son courage. « Eh bien, prie », lui disait Calamity, devinant que c'était le seul recours à son chagrin.

Elle ensevelit elle-même Petit John. Les forces me manquaient aussi. Il fallait faire vite, la contagion gagnait tous les foyers. « Vite, vite. »

On n'entendait que ce mot parmi de constants gémissements. « Vite, vite. »

Deux fois, dix fois, cent fois la carriole des morts montait au Mont Moriah. Cigare à la bouche, whisky et colts à la ceinture, Calamity creusait des tombes, enveloppait les corps d'un drap, aidait à tout, chantait à tue-tête pour chasser le désespoir. Les Chinois disaient : « Femme de grand courage. Elle chante parce qu'elle est triste. » La fumée du cigare l'empêchait d'étouffer parmi les odeurs pestilentielles. Le whisky faisait le reste. À l'aube, elle dormait quelques heures sur le lit jamais ouvert que nous lui avions dressé au fond du saloon.

Clouer les bières, descendre les corps, aider à l'hôpital de fortune. Elle désarmait ses pires ennemis par son dévouement. Elle balbutiait avant de s'engloutir dans un épais sommeil dû autant à la fatigue qu'à l'alcool :

— Un jour, ce sera moi qui monterai le chemin du Mont Moriah. Enterrez-moi près de Wild. Y aura-t-il seulement un coyote à mon enterrement ?

Tous les prétextes lui étaient bons pour s'arrêter au Mont Moriah. Là était la tombe de Wild Bill, dont le corps, exhumé en 1879, avait ensuite été enfoui dans cette terre sableuse.

La tombe était cernée d'une grille noire ; plus tard il y eut des pierres, une dalle pour achever de pétrifier dans la gloire ces deux êtres : Wild Bill Hickok et Calamity Jane.

Nous l'aimions tellement, Julie et moi ! Sa mort nous avait soulagés. Elle était si pitoyable, perdue dans sa robe noire, amaigrie, édentée, le cerveau brouillé, les yeux éteints. Calamity se faisait photographier devant la tombe de Wild Bill et vendait cette photo pour survivre. Elle avait dédaigné l'aide de son mari, le brave Burke, qui avait toujours refusé le divorce. Burke était descendu à Deadwood pour la retrouver, la ramener à Billings, au ranch, mais elle s'était cachée au Mont Moriah. Elle avait fini par prendre le train pour Terry.

À Terry, ma baraque rachetée à Jay et Shefferds marchait assez bien. La chambre du premier étage était propre, quoique envahie par les punaises, les araignées et les cafards. Julie l'entretenait de son mieux. Lorsqu'elle vit Calamity, Julie, sans un mot, déplia sur le lit la couverture en patchwork, mit les meilleurs draps : Calamity grelottait de fièvre, de misère physique. Bill Vinaigre était au bord des larmes.

— Tais-toi, ne pleure pas. Enfin, la paix et le silence.

... Trente ans plus tôt, elle avait aidé à la construction du chemin de fer. Quand elle prit le train pour Terry, son dernier voyage, elle se laissa ballotter par la vieille machine. Bill Vinaigre portait son bagage, léger à fendre le cœur.

— Calamity !

Une robe usée jusqu'au-delà de l'usure, noire,

manches et coudes crevés, capote élimée sur les cheveux gris, bottes d'homme, colts à la ceinture. Elle répétait toutes les secondes :

— Je veux être enterrée près de Wild Bill, promets-le-moi, Lull, cher Lull. Il faudra aussi donner ces lettres à Jim O'Neil, pour ma fille Janey.

Julie l'avait immédiatement emmenée dans la chambre et lui avait mis une chemise propre, opération difficile, qui avait demandé mon aide et celle de Bill Vinaigre. Calamity avait voulu redescendre. Elle était tombée raide au pied du bar. Les gars avaient ri, certains avaient ricané : «Mme Hickok.» D'autres, qui l'aimaient, s'étaient interposés. Une bagarre s'était ensuivie et nous avions hissé de marche en marche notre pauvre amie qui défaillait.

Bill Vinaigre avait eu le temps d'assommer un type qui hurlait :

— On l'appelle Calamity parce qu'elle a la vérole. Les staphylocoques lui ont dévoré les yeux !

Bill Vinaigre tua le lendemain ce type en duel et tout le monde s'en réjouit. J'avais eu un pincement au cœur en voyant insulter chez moi cette misérable femme qui avait été la créature unique, irréductible de l'Ouest, belle de sa sauvagerie, de sa générosité. La maladie en avait fait un épouvantail vêtu d'une robe informe.

Potato Creek était allé chercher le Dr Holmes que Calamity confondra jusqu'au bout avec

Sick. Sick qu'elle croyait voir, occupé à soigner trois gars blessés au bar Bodega.

Holmes savait, comme nous, qu'il n'y avait pas grand-chose à faire. La pneumonie avait dégénéré en tuberculose et gagnait du terrain à chaque seconde dans un corps délabré.

— Quelle idée de rester des nuits entières au Mont Moriah ! bougonnait Holmes.

— Elle a voulu boire au torrent de Cheyenne Creek. L'eau était glacée. À cinq heures du matin, Woods, le marchand de limonade, qui était allé chercher des tonneaux d'eau pour sa machine, l'a trouvée là, quasi à l'agonie.

Il l'avait hissée dans sa carriole et ramenée au saloon N° 10 qui, désormais, était le sien. Il avait foncé à l'épicerie Goldberg. Calamity avait là une note importante qu'elle avait cru payer en donnant régulièrement à Goldberg sa photo extraite du *West Wild Show*. Goldberg l'avait nourrie tout de même, en souvenir des services rendus pendant l'épidémie de variole. Calamity était devenue la clocharde-héroïne de la ville.

Woods était donc entré chez Goldberg et avait enveloppé Calamity dans une couverture.

— Il faudrait télégraphier à Lull, dit-il. Elle a l'air très mal en point.

— Si on écrit son nom entier, cela prendra toute une ligne, répondit le postier.

— Quel est son nom entier ? demanda Woods.

— Martha Jane Cannary, épouse Hickok,

remariée à Charley Burke, surnommée Calamity Jane, dit Bill Vinaigre.

— C'est bien ce que je pensais : ça prendra toute la ligne !

J'avais reçu avant midi ce message :

« Calamity Jane malade. Arrive train de sept heures trente. »

C'était signé : « Bill Vinaigre ».

Julie avait lessivé la chambre, rempli d'eau le petit vase offert par le premier maire de Deadwood : Farnum, marchand de son métier.

À huit heures exactement, nous couchions Calamity dans le lit refait et Holmes était arrivé. Il avait hoché la tête après l'avoir examinée.

Sick avait hoché la tête de la même manière quand notre fils était entré en agonie.

JULIE BANDER LULL

Pour mourir, Calamity n'avait mis ni col châle, ni dentelles. Ni même sa tenue d'homme qui avait tant fait scandale. L'habit masculin avait été considéré par certains comme une ignominie, presque un péché mortel. Holmes, le médecin, n'était pas si étroit d'esprit : pour lui, il s'agissait d'abord de soigner une pneumonie. Calamity, alcoolique, souffrait de tuberculose chronique.

— Elle ne passera pas la semaine, avait dit Holmes dans l'escalier.

Jamais, depuis la mort de Petit John, je n'avais éprouvé autant de peine.

Le visage de Calamity était marbré de taches rouges, elle avait bu du whisky en émergeant de sa syncope. Son délire était coupé de moments d'abattement. J'avais envie de pleurer. Je montais les tisanes, l'eau fraîche (j'avais rempli la gourde à whisky d'eau fraîche) ; j'avais lavé son corps, ses mains, délicates malgré les gros travaux, le maniement des armes et les chevaux montés à cru. Je poussai la porte le plus doucement possible. Les mineurs, avertis par Bill Vinaigre et Potato Creek, firent moins de bruit. La chambre était trop chaude. Ce bois retenait tout : le blizzard, la neige, les cafards, la chaleur. Aussi avais-je tiré sur les vitres de grands rideaux bleus cousus à la hâte. Les tissus venaient de chez Fargo ; ils avaient été achetés à Denver. Fargo en vendait de grands rouleaux parmi les fusils, les produits de quincaillerie et les fruits secs.

J'avais taillé, cousu et accroché le rideau qui tamisait la lumière, mais n'atténuait pas la chaleur. Il y avait aussi ce flot de mouches.

Je m'approchai du lit, je m'approchai d'elle : nous avions, le même âge – cinquante-deux ans –, mais quel ravage sur ce visage buriné, convulsé, aux grandes paupières creusées, aux joues souillées d'une ombre jaune. J'avais dû natter les cheveux gris, qui brillaient jadis, je me souviens, d'un sombre auburn, sous le chapeau fièrement jeté en arrière. Je l'avais vue défaite en entier, cette chevelure qui était, je pense, pour quelque chose dans son surnom de *Reine des Plaines*. Il y avait plus d'un mètre de tresses roussies, dorées, pavillon vivant battant ses reins. En dépit du vêtement masculin, son corps, son allure étaient ceux d'une femme. Nul ne s'y trompait. En 1879, quand on eut exhumé Wild Bill et ouvert le cercueil, Calamity coupa ses cheveux et jeta la magnifique gerbe sur les restes de son amour. Tante Lou, la cuisinière de l'hôtel Central, hochait la tête à ce souvenir.

Le soir de l'enterrement de Wild Bill, prostrée à notre table, les cheveux taillés, elle sanglotait, une petite photo de sa fille, bébé, contre elle : « *Little Calamity*... Janey chérie. » Elle but beaucoup cette nuit-là. Le reste de sa chevelure embaumait : un bouquet de menthe sauvage.

J'avais défait la maigre natte, avancé la cuvette, le savon, l'eau. Percevait-elle ma présence ? Elle sursauta, mais ce geste était comme inscrit dans les réflexes automatiques. Le sursaut était dû à plus de trente ans de veilles, de dangers et d'attaques subies. Son corps n'avait jamais appris le repos. Depuis 1879, ses cheveux n'avaient guère repoussé. Je lavai cette tête immobile à la respiration qui sifflait. Les dents de devant manquaient. Elle était tombée deux ans plus tôt en conduisant l'attelage, au cirque de Buffalo Bill (« ivre », avait dit Emma, la fille d'Agnes Lake). C'était possible, c'était probable. « J'irai casser ma pipe chez ces braves Lull. »

Lull avait aussitôt télégraphié à Jim O'Neil, à Richmond. Le télégramme était parti vers midi.

Comme elle avait maigri ! Le ventre était gonflé, les jambes décharnées, ses jambes puissantes quoique fuselées – «Tes belles jambes, disait Wild Bill, tes jambes de reine » –, ses jambes faisaient pitié. Ses yeux semblaient morts ; sa beauté avait disparu. Une grande partie de son corps était couverte de bleus. Elle tombait si souvent quand elle avait bu ! Les côtes saillaient ; l'épaule gauche gardait la trace d'une balle. L'avant-bras portait une cicatrice. Couteau ? Estafilade ? Flèche ? Mac Call, l'assassin de Wild Bill Hickok, s'était singulièrement débattu quand Calamity l'avait crocheté, tel un bifteck, chez le boucher où il s'était réfugié. Elle était forte, en dépit de détails vraiment féminins. Son épaule droite conservait une marque de naissance : un petit trèfle ravissant, comme on en voit dans la plaine, parmi les herbes sauvages.

Burke, son second mari, n'était pas venu la voir, Burke ne viendrait pas. Jamais il ne lui avait pardonné son indépendance de caractère et sa fausse couche. Pour la punir, il avait dit : « Tu mourras avec mon nom. » Elle avait accepté de l'épouser dans un moment de découragement.

— Tu es une chic fille, disait Lull, mais incapable de rester mariée. Tu aimes trop ta liberté.

— Et Wild ?

— Wild était la liberté. Avant tout, la liberté.

— Il est ridicule de songer qu'il y aura : « Mme Burke » écrit sur ma tombe ! Je n'ai jamais, au grand jamais été « Mme Burke ». Ce deuxième mariage fut un accident de parcours. Je suis la femme de Wild Bill Hickok.

Burke n'aurait pas supporté le *West Best Show*, le fameux spectacle de Buffalo Bill, et il ne tolérait pas le costume d'homme. Tout ce qui l'avait fasciné en elle devint pour lui sujet de haine et motif de rejet dès qu'elle fut sa femme. Calamity Jane préférait ne jamais parler de Burke.

Il y avait Janey, sa fille fantôme. Burke s'était mis à boire :

— Tu me rends fou.

Il cognait pour tenter de faire disparaître ce qu'elle n'avait jamais cessé d'être : Calamity Jane.

J'avais dû changer l'eau des fleurs du petit vase. L'eau était déjà croupie. Tout pourrissait si vite en été, par ici. Je me demandais si toutes ces épidémies ne venaient pas de cette pourriture que l'on ne pouvait vaincre : les rats dans les rues, les rats sous les planchers de rondins, les ordures jetées sur les trottoirs, la chaleur polluant les eaux, les viandes, les légumes. Sans parler des sauterelles et des punaises.

Tout pourrissait.

J'avais tiré le rideau. Le soir pouvait entrer. En dépit de la pourriture, le soir était un cadeau. Il apportait la senteur des Black Hills, des herbes de la plaine, des fleurs, le miracle des souffles rafraîchissants.

— Quelle heure est-il ? Où est ma fille ? demanda Calamity.

Elle avait soulevé les paupières. Ses grands yeux éteints me cherchaient.

— Madame Bander, disait-elle de sa voix rauque, Madame Bander...

Je m'assis près d'elle. Le cordon de la chemise était défait. Elle avait du mal à respirer.

— Madame Bander, quel jour sommes-nous ?

— Le premier août, Calamity.

— De quelle année ?

— 1903, Calamity.

— Il paraît que, désormais, dans Deadwood, il y a des automobiles, des bicyclettes. 1903... Quand je souffre, et c'est le cas ce soir, je me crois toujours au deux août 1876. Il fait, ce soir, aussi chaud qu'en 1876.

— Ne parlez pas, Calamity. Vous allez vous fatiguer.

Elle eut l'air de sourire. Ou de rire. Ses mains tâtonnèrent vers les miennes.

— Vous donnerez ce paquet à Jim O'Neil.

Je pris le sac que, souvent, j'avais vu accroché à la selle de Satan, son cheval. Quand Satan était mort, elle avait porté ce sac sur elle. Elle se serait fait tuer plutôt que de le donner ou de l'ouvrir en public.

Un vieux sac, solide, quoique crevé ici ou là, criblé de taches. Il contenait des lettres destinées à sa fille Janey et un album de photos. Elle extirpa à tâtons une petite photo qu'elle garda dans sa main : « Ne me l'enlevez pas. » C'était Janey, bébé. Puis une lettre qu'elle me tendit, ainsi libellée : « Jim O'Neil, remettez, s'il vous plaît, cet album à ma fille Janey Hickok, après ma mort. »

C'était signé : « Martha Jane Cannary Hickok. »

L'encre en était quasi effacée, mais lisible. Elle serra mes mains plus fort. Ses prunelles vides ne me quittaient pas et j'avais la gorge serrée.

— Tu y crois, madame Bander, à mon mariage avec Wild Bill Hickok ? Voici le certificat, sous les lettres... Pourvu que je ne l'aie pas perdu à Little Big Horn... Tout cela est si loin...

Elle s'agitait, la sueur coulait sur son front. Elle répéta : « Quel jour est-on ? » Ses yeux semblèrent tout revoir : les plaines, les collines, les batailles, les amours, les rencontres, le visage de Janey. Puis tout disparut. Elle poussa un cri éperdu. Vrai cri de peur et de délivrance. Le soir entier sombrait dans la nuit.

Une mouche volait au-dessus de Calamity, dont le souffle s'était éteint.

1

CALAMITY JANE

Je suis née à Princeton, dans le Missouri, en 1852. Je suis la fille de Robert et Charlotte Cannary et l'aînée de cinq enfants. Notre première habitation fut une cabane de planches couverte d'un toit d'écorce. Les voisins nous avaient aidés à la monter. Mes parents leur rendaient ce genre de service à l'occasion. L'entraide était notre seul luxe. Le reste n'était qu'isolement, danger, pauvreté. Nous étions pauvres.

Le bois abondait dans la vallée de Princeton. Un grand orme avait été abattu pour construire notre maison. Deux pièces pour sept personnes. Pas de plancher, de la terre battue. Pas de fenêtres. La lumière entrait par les fentes entre les planches et, en été, par la porte ouverte. Une simple couverture séparait les deux espaces. La plus grande était celle où nous mangions et dormions ; nos parents occupaient le recoin aménagé derrière la couverture. On avait construit un âtre et une cheminée. La pièce avait quinze pieds de long sur huit de large. La cabane était reliée à une tente, la toute première habitation de mon père et de ma mère. Je suis née sous cette tente, elle-même rattachée au chariot où ma mère était morte au terme de notre voyage vers Salt Lake City : cinq mois de route et d'enfer. Mon père était mormon. Il voulait rejoindre le Grand Lac Salé près duquel vivaient les « saints », ses coreligionnaires.

Il ne pensait qu'à sauver son âme, la nôtre, à coups de fouet à chien.

Que notre maison était misérable ! Celles de nos voisins étaient semblables. La couverture qui séparait les deux pièces avait été achetée à un Indien, l'année de ma naissance. Quelques caisses faisaient office de table et de tabourets ; des étagères abritaient nos vivres (haricots, maïs, café, lard). Quand aux lits (un pour trois enfants), ils consistaient en une couche d'herbe séchée comprimée dans une toile ; posés à même le sol. Celui de nos parents était surélevé par un support de planches.

Par temps de pluie, le toit devenait une passoire. On plaçait des seaux sous les gouttières. Charlotte faisait la cuisine sous un parapluie, la maison était encombrée de récipients. J'avais horreur des maisons, univers branlant, obsessionnel, infect ! Dans ces récipients trempait la lessive. Quand je serais grande, je me laverais dans les torrents et les ruisseaux. Une horrible odeur de moisissure montait après les pluies. Les vêtements restaient humides. Mes petits frères attrapaient des bronchites, dues aux draps mouillés, qui blessaient la peau. La pluie détrempait le toit d'écorce et de terre (ô étoiles ! ô le ciel ! Légèreté du monde. Quand on est pauvre, mieux vaut rester dehors, dans le grand vent). Après chaque pluie, il fallait à nouveau faire appel aux voisins pour étayer le toit. À l'intérieur de la maison, les poteaux prenaient toute la place. On s'habituait à la semi-obscurité ; je pouvais devenir aveugle, je savais me diriger dans le noir ; cette vie de chien me l'avait appris.

En été, tout se compliquait avec l'arrivée des punaises. Elles surgissaient, diaboliques, invisibles tout d'abord, puis tout à coup elles attaquaient en masse. Elles ne se contentaient plus de ravager la basse-cour, elles s'en prenaient aux humains. J'entendais mes frères et sœurs pleurer, se gratter, se blottir contre notre mère, elle-même accablée. Je ne voulais pas d'enfants. Je ne voulais pas les voir ainsi souffrir et gémir « maman ». Existera-t-il un jour un moyen pour empêcher les femmes d'être enceintes malgré elle ? Robert me cinglait de son long fouet quand je hurlais tout cela en écrasant par centaines ces bestioles infectes. Comment venir à bout de cette vermine ?

Il n'existait aucun moyen de s'en prémunir sauf d'asperger le sol d'« huile de charbon », mais le pétrole était cher. Construire un plancher demeurait un luxe. Aussi avions-nous tous la « gale du Kansas », démangeaison léguée par les punaises et les puces qui leur succédaient.

Un de mes petits frères fut gravement atteint. La seule façon de le soulager était de le laisser se gratter. Ce qui n'arrangeait rien. Petit Robert se grattait davantage, jusqu'à être couvert de plaies. Il pleurait jour et nuit. Je le lavais à l'eau salée. Il fallut attendre l'été suivant pour qu'il guérisse, mais son corps resterait marqué à vie de cicatrices.

Notre vie ? Le travail de la terre. Obsession des pionniers : la terre ! Avoir une terre à eux. Cette triste illusion pouvait causer la mort de tout ce qui s'opposait à leur projet de possession : Indiens, solitaires, aventuriers, intempéries. Même le vent, ils l'auraient tué lorsqu'il détruisait cultures et clôtures. L'âme de l'homme enferme une clôture et un fusil. Je ne voulais pas de cela. Quand je serais grande, je partirais, seule et libre.

En attendant, je trimais avec Robert Cannary. Il soignait le bétail, ramassait les récoltes (un peu de maïs, quelques légumes, tout poussait avec peine). Charlotte, ma mère, s'occupait des enfants, de la maison. Une tâche rude : au printemps, le vent et la poussière passaient par le moindre interstice. J'aidais à tout, je m'occupais de tous, dès l'âge de sept ans. Après les champs, la lessive. Maman utilisait l'eau de pluie accumulée dans les récipients et le savon fabriqué avec des cendres de bois du foyer. Les cendres étaient malaxées avec des déchets de graisse, d'os, de suif et de potasse.

Pendant des heures j'étais obligée de surveiller le grand chaudron où cuisait le mélange. L'odeur était infecte. Je toussais, pleurais ; je travaillais les yeux fermés. J'avais pris l'habitude de ne rien voir dès que j'étais dans une maison. Espace, plaine, montagne, rivière allaient me donner l'espérance et la force du regard. Le cadeau du regard.

Les maisons pourries rendent aveugle, sourd, muet, idiot.

Ma famille était aveugle, sourde, muette et idiote.

Les yeux me brûlaient ; Charlotte ajoutait du sel pour éclaircir la masse brunâtre qu'on découpait ensuite à la hachette.

Les yeux me piquaient, mais je serrais les dents. Je traînais le gros chaudron rempli de draps, du linge d'un mois, bouillie infâme qui soulevait le cœur dès qu'elle commençait à chauffer dans l'âtre. J'avais souvent failli tout renverser et m'ébouillanter. Le fouet de Robert redonnait de la précision à mes gestes et à mes idées.

J'obéissais. La rage me dévorait.

Au ruisseau, on rinçait, on battait le linge (que les femmes étaient donc bêtes à battre ainsi le linge, je voulais être un homme). Le vent nous cinglait, nous cernait, le vent m'enivrait. Avais-je droit au vent ? La lessive séchait, seul drapeau de fierté au royaume des femmes. Je rêvais des flancs d'un cheval et de liberté.

Pendant la maladie de Petit John, pris de diarrhées, je restai à préparer le pain.

Nous n'avions pas de four, pas même le *duth oven*, four en fonte, monté sur un trépied. Charlotte n'avait que la « bouilloire à cuire », plate, basse, avec un couvercle creux destiné à retenir les braises. Je surveillais Petit John tandis que chauffait le couvercle. J'avais mis la pâte dans la bouilloire, je tournais, tournais. Les braises recouvraient la pâte qui gonflait, craquait, arrivait fumante sur la table. Parfois, je me brûlais les doigts. À huit ans, je ne comptais que sur moi-même, ma force et ma santé. Charlotte était prise trop souvent de crises de découragement. Dans ce pays, le découragement entraînait la mort. Les cafards avaient succédé aux punaises.

Le voisin, O'Kim, avait été égorgé par les Indiens. Ma mère se jetait sur le plancher, elle gémissait, se convulsait, tandis que, l'œil sec, le cœur furieux, je tournais, je tournais la pâte à pain.

— Habiterons-nous toujours ici ?

— Oui. Nous devrons aussi y mourir.

— Autant mourir tout de suite.

J'avais répondu durement. La faiblesse ne m'intéressait pas. Elle était le malheur du

monde. Je courais vers Petit John qui grelottait :
« J'ai soif. » Je glissais le gobelet entre ses dents.

Il y avait les bougies à fabriquer.

Sans lumière, les cafards et autres insectes
nous auraient dévorés tout crus. Les bougies :
une mèche de coton et du suif coulé dans un
tube servant de moule. Bientôt, nous aurions le
pétrole, nous suffoquerions dans son âcre odeur.
Charlotte sanglotait. Je serrais les dents. Je ne
voulais pas être Charlotte. Toutes les femmes
étaient des Charlotte, des jupes sans forme, des
mains détruites, une liberté inexistante ; je ne
voulais pas. Charlotte venait, paraît-il, d'Europe.
Une *lady* d'Irlande, clouée au Far West, sans
gloire ni espoir, malgré la lecture de la Bible,
tous les soirs.

Robert, mon père, était grand, taché de son,
formidablement coléreux, prédicateur. La journée était coupée par ses lectures de la Bible. À
table, devant la purée de maïs, il tonnait que la
seule chance d'éternité était offerte par les mormons. Brigham Young était son maître. Nous
irions rejoindre les « saints » au Grand Lac Salé.
Nous prendrions le chariot et monterions vers la
Terre promise, Salt Lake City où la gloire de
Dieu était établie, évidente, unique. Là s'éle-
vaient les temples, le tabernacle consacrait l'éternité de l'âme, l'âme était enfin purifiée, digne de
son paradis. La vie devait n'être qu'une suite de
mortifications. Au nom de la gloire de Dieu.
L'Éternel ! L'Éternel !

Je rêvais de porter l'habit d'homme. La femme, chez les mormons, n'avait aucun droit. Si je portais l'habit d'homme, je serais lynchée, frappée d'opprobre, et je devrais payer une amende. C'était déjà arrivé à Cheyenne.

— Il est plus grave de porter l'habit d'homme que d'aller au bordel ! cria Robert, un soir.

Charlotte avait eu le tort de dire :

— Martha Jane m'aide plus qu'un homme.

Jamais Robert n'employait de tels mots ; il devait être hors de lui. Robert, à la lueur des bougies, était effrayant à voir : la barbe rousse, l'œil grand et fauve, piqué d'or – n'ai-je pas le même regard ? –, le fusil en travers des reins, le couteau dans la botte. Un géant, un ogre ; il parlait de Dieu, le géant, d'Éternité, de morale : une morale plus dure que les rochers de Denver.

— Nous sommes les Prophètes. Tout sentiment doit être sacrifié à la Gloire de Dieu. Nous sommes une minorité, des élus. Il faut vaincre tous les démons en soi. Hors de soi, autour de soi. Les Indiens sont des démons qu'il faut vaincre avec la Bible.

Charlotte somnolait devant la flamme qui s'éteignait. Robert la terrifiait. Charlotte maigrissait de jour en jour. La cinquième naissance – Petit John – avait failli la tuer. J'étais jeune – cinq ans – mais je me souviens encore du poids du seau d'eau chaude réclamé par la voisine tandis que Charlotte criait d'obscures malédictions. Imperturbable, le prolifique Robert Cannary ponctuait ses hurlements de lectures choisies dans la Bible. Il n'y avait pas de médecin à Princeton. J'entendais les cris, tous les cris (je veux être un homme. Je ne veux jamais crier ainsi. Existera-t-il un jour une drogue pour atténuer tous les cris des femmes en gésine ?).

— « Tu enfanteras dans la douleur », lisait Robert.

Je ne voulais pas être cette ombre soumise, gémissante, si fragile.

Janey ! Janey ! Quand tu es née, n'ai-je pas crié et gémi, pleuré et mordu la méchante couverture en jurant que jamais plus je ne serais cette forge livrée aux tenailles et au burin, le ventre plus déchiré que celui des squaws ouvert à coups de baïonnette par le Général Custer ?

Robert, impassible, lisait le Livre de Job. Charlotte était au bout de ses forces quand il décida que nous partirions pour Salt Lake City.

— Nous n'avons plus rien à attendre ici, pas même une poignée de maïs.

Petit John pleurait car ma mère n'avait pas de lait.

Printemps 1860. Le chariot nous secouait comme des sacs de farine. Il allait nous falloir cinq mois pour rejoindre le Grand Lac Salé.

Première étape : Kansas City, où Wild Bill Hickok commettait ses premiers meurtres. Tirer, tuer, tirer, jusqu'au vertige, au nom de la justice immédiate, de la sensualité liée aux armes : tirer ! tuer !

À Hay City, Charlotte fut prise d'une fièvre qui ne devait cesser qu'avec elle. Le Colorado, immense, désert, superbe et hostile, fut le sol où nous lui creusâmes une tombe ; recouverte de cailloux et sans croix, ainsi le voulut Robert, par souci de soumission à l'Éternel : Poussière et Poussière. La dépouille ne doit porter ni trace, ni nom. Poussière, souffle, esprit.

À Salt Lake City, Robert épousa trois femmes soumises et neutres qui lui donnèrent encore des enfants et s'occupèrent des quatre premiers. Mon projet de fuite mûrissait. Je ne voulais pas me soumettre ; je haïssais Robert Cannary, sa religion et ses trois femmes, et toutes les femmes en général.

Devant la tombe de ma mère, j'avais sangloté de révolte et de peine.

Ne jamais être une femme, une mormone, une vache mormone vouée au plancher des hommes et des cultes ! L'horreur définitive était en moi. Je parle d'un certain type d'horreur : l'enferme-ment des maisons, maisons terribles, maisons poussières, maisons punaises, cafards des mai-sons, maisons ménages métamorphosant un être – moi, en l'occurrence – en cette bête courbée, malodorante, gémissante, perdant sang et eau, trimant, mourant, et pour finir, jetée dans un trou sans trace, au fond d'un désert de cailloux.

Charlotte gémissait lorsque Petit John eut la fièvre, car la pluie tombait entre les planches et les cuvettes débordaient.

— Une femme sans maison n'existe pas, disait-elle.

Je serrais les dents, mes petits poings sur la pelle de bois fichée dans le savon noir.

Moi, j'existais. Et j'existerais, j'en faisais le serment. Sans maison. J'avais bien assez d'une cabane, pas toujours la même, d'une couverture, d'un bon cheval. Avec la plaine et les torrents pour matelas, le ciel pour édredon, les rivières pour ma soif et m'y baigner (j'adorais m'ébrouer nue dans l'eau fraîche, me cachant de tous, car Robert m'aurait fouettée au sang s'il m'avait vue profiter de ce plaisir, interdit, comme tous les bonheurs pour lui). Je pensais à l'habit d'homme qu'il me faudrait pour vivre mes rêves. Je voulais l'Ouest tout entier à moi, ses canyons, ses bandits, ses errants, ses pasteurs, ses animaux sauvages, ses oiseaux, son soleil brûlant, ses dangers que je saurais vaincre et, un jour, les bras d'un homme choisi par moi, courageux, épris de justice, qui aimerait les coups de feu, l'amour et le grand vent.

L'homme – celui-là – apaiserait ma soif, ma faim et ma peur.

Le chariot avait fini par tuer Charlotte. Le soir où nous étions arrivés à Abilene, elle n'en pouvait plus. Chez les Sioux, tous les signes des dieux viennent du ciel, de la terre, de la forme des nuages. Ainsi, ces cumulus transformés en bisons sans bosse ni mufle pourraient être le signe de la mort imminente. Mauvais présage aussi que cette lune presque orange dont Sitting Bull, le grand chef sioux, disait : « Si elle devient tout à coup plus jaune que le soleil, la mort en descend. » Abilene n'était alors qu'un ramassis de pauvres baraques. Dix années plus tard, cet endroit allait devenir la ville du bétail et le champ turbulent de mes amours.

Robert tirait parfois le chariot à bras. Il aidait les bœufs à gravir les pistes du Kansas. Sitting Bull définissait ainsi le Kansas : « La terre où vit le peuple du vent du sud. » La guerre n'a jamais cessé de passer sur le Kansas. À Kansas City, où nous dormîmes une nuit, le sang avait encore coulé. Anti et pro-esclavagistes s'affrontaient.

Notre chariot avançait, craquait sous les étoiles ; Charlotte gémissait jour et nuit. Nous fûmes obligés de nous arrêter.

Sur la route, nous vîmes le corps d'un Sudiste rongé de vermine. Un vêtement vide, une charogne de chiffon. La guerre : on ne voit rien, sauf des fusils qui traînent, une caisse de munitions, une carcasse, une dépouille innommable qui avait autrefois été un beau jeune homme.

Robert était du côté des Sudistes. « Les esclaves sont nécessaires à l'homme et à Dieu. » Au Missouri, on rouait les esclaves de coups. Le Kansas, au contraire, était abolitionniste. Je détestais les idées de Robert Cannary.

Quand mourut Charlotte, ce soir de juillet 1860, la chaleur brûlait jusqu'à l'intérieur de nos os. J'allais tomber amoureuse, à jamais, de

Wild Bill Hickok, déjà un homme, alors que je n'étais qu'une enfant – mais quoi de plus accompli qu'une enfant ?

Lorsque je le vis pour la première fois, Wild Bill était aux prises avec dix bandits, près de la ferme brûlée où nous avions établi notre campement.

Les Cannary, les Durk, les Johnson, les Smith, Thomas Khust, et sa famille. Nous étions partis de Princeton à dix-sept chariots, vers le Grand Lac Salé.

J'étais une enfant de huit ans, mûrie, aguerrie, capable des efforts des adultes. Une enfant que l'amour allait frapper de plein fouet, dans tout son être : la tête, le cœur et le ventre. L'amour, une douleur au ventre. Je t'ai vu et j'ai eu un choc dans les yeux, une brûlure sous les paupières, un ralentissement du sang et une douleur au ventre. Un feu, de ceux que les Sioux, seuls, savent allumer au dieu Soleil.

Ce besoin d'aimer me tenait très fort. Venait-il du fait que si jeune, j'avais dû me durcir, prendre la responsabilité de la famille, des jeunes enfants ? Petit John s'accrochait à moi et disait « maman » en baisant ma bouche. Je devais subir ce père intolérant, porté par une foi inhumaine. Jamais je ne serais mormone. Je me cabrais devant le message des textes bibliques lus le soir, une fois les chariots disposés en rond.

Les textes me désespéraient. La Bible me désespérait, le dieu vengeur, le chemin austère, l'encagement des femmes me désespéraient.

Durk, Smith, Thomas Khust et Robert Cannary ne pensaient qu'à atteindre au plus vite Salt Lake City où Robert allait prendre deux épouses. Ou trois. Mon pire souvenir sera lié à ces trois années passées à Salt Lake City. J'y perdis mes frères et mes sœurs, devenus mormons fanatiques. Jamais je ne les revis. Ils me désavouèrent jusque dans leurs prières, leurs pensées, et prétendirent que le diable m'avait possédée.

Exil et souffrance : les épouses de Durk, Johnson, Smith et Thomas Khust marchaient à pied quand les chemins étaient trop arides. Nous, les enfants, suivions, portions les bébés quand les mères étaient épuisées. Elles nous les tendaient sans un mot car, depuis longtemps, elles avaient perdu l'usage de la parole. Même quand elles priaient, leurs lèvres restaient closes.

Je donnais à boire à Charlotte. Son cœur était très faible. Je le sentais battre par saccades, sous la grossière chemise de bure. Avait-elle été belle, cette femme qui me regardait intensément, les yeux cernés, la natte terne, le corps flottant sous la rude toile ?

— Martha Jane, ma petite fille, il faudra me remplacer jusqu'à la fin du voyage.

J'essuyais son visage. L'eau était rare. Nos vêtements étaient si poussiéreux que nous ne faisions plus la différence entre le bleu verdâtre des uniformes des soldats morts, harcelés par les vautours, et nos propres oripeaux.

Charlotte, ma mère, tu es morte dans ces oripeaux. Ta tombe n'est que ce trou sous les cailloux, un trou que jamais Robert n'a recherché. Les tempêtes, le blizzard, le feu de l'été, les pluies, la grêle se sont chargés d'effacer jusqu'à ta trace. Pour que la fin te soit moins dure, je te racontais que nous étions presque arrivés, que la région des Grands Lacs était couverte de fleurs, de fruits, de rivières. J'avais posé un bouquet près de toi, modeste, des fleurs rouges, couleur d'un amour déjà en lambeaux...

Entre Abilene et Dodge City, il y eut la mort. Il y eut l'amour. Étrange entrelacs dans le ciel de mes huit ans. La chaleur crépitait, elle faisait un bruit d'insecte rongeur, décourageant.

La mère Durk était venue m'aider à soigner Charlotte, ainsi que la petite Mme Johnson qui poussait un ventre de six mois, et la femme de Smith qui ne parlait jamais. Elle tirait à pleins bras le *chuk wagon* jusqu'au centre du corral. Nous étions seuls dans ces plaines, ces déserts parfois sillonnés de rares torrents, ces villes que nous contournions plutôt que de les traverser. Nous étions hagards, épuisés, mais nous avions un but ; une foi nous animait et, surtout, la frénésie de survivre.

Le *chuk wagon* composait toute la fortune des Smith. C'était une sorte de cantine munie de couvercles de bois transformables en tables. On y chauffait le café, on y accrochait la citerne, on y conservait les galettes. Smith avait trouvé le *chuk wagon* près de sa ferme. Des Indiens avaient massacré une petite compagnie militaire et il n'était resté qu'une seule mule et le *chuk wagon*, intact. Il y avait encore du café chaud dans une des citernes. Eléonora Smith avait remplacé la mule défaillante. Eléonora Smith était plus haute qu'une tour, plus forte qu'un homme, rousse, avec des poils couleur feu sur les bras et les jambes, l'œil bleu délavé. Eléonora Smith faisait peur, même à Smith, minuscule, quoique solide. Le grelet l'engrossait méthodiquement chaque année. Onze petits Smith suivaient l'expédition. Tous les enfants étaient entassés – quand ils ne marchaient pas – dans un *conestooga wagon*, un chariot de vingt pieds de long sur huit de large, muni de deux grosses roues à l'arrière, de deux, plus petites, à l'avant. Quatre coffres sanglés sur les côtés contenaient outils, rabots, moules à bougies, barattes, seaux à graisse, moule à gaufres, et le cric pour changer les essieux. Le baquet à lessive voisinait avec la chaufferette à braises. La mangeoire était retenue à l'arrière par des cordes.

Nos lits étaient des plus simples : couverture dessus, couverture dessous. Les trois cadets dormaient au milieu, non loin de Charlotte et de Robert, les deux aînés du côté de la mangeoire. De ma place, je voyais le vide, les cailloux et la

58

route. Interminable. Lente. Épuisante. La route. Celle qui allait devenir ma compagne, ma rude amie. La route.

J'étais parvenue à m'isoler des autres, à me ménager une espèce d'alcôve entre le baquet à lessive, le berceau et le coffre à linge. Huit bœufs nous tiraient. Robert guidait l'unique cheval, sa Springfield à deux coups glissée sous la selle.

Johnson, Durk et Eléonora Smith avaient une Spencer. Eléonora exigeait de porter la carabine, Smith se contentait d'un Savage 1856. Tous avaient un Remington. Nous aussi, dans notre chariot. Le soir, je tâtonnais vers le Remington. Il me fascinait. J'aimais les armes à feu. J'aimais la liberté.

Les armes, les grands espaces, et cet amour qui, à jamais, avait imprimé sa brûlure sur ma vie d'errance. Cet amour plus fort que toutes les Winchester, plus fort que ces éclats, ces fulgurances, ces dangers, cette foi obscure, implacable. De Robert Cannary, j'avais l'irréductibilité. De Charlotte, l'impossibilité à vivre plusieurs amours. J'étais une enfant de huit ans et déjà ma vie était jouée.

Nous nous installâmes aux limites du Kansas, vers le Colorado. Les pieds d'Eléonora Smith étaient en sang. Elle était montée un moment sur la mule. Charlotte ne bougeait plus, ne parlait plus, ne gémissait plus depuis le matin. Robert, assis près d'elle, avait ouvert la Bible.

— Nous allons trouver une rivière.

Piètre consolation ! Le bruit de l'eau, de la fraîcheur... Une rivière et me voilà abreuvée, ressuscitée. Charlotte avait les yeux fermés, les paupières lourdes. Mon père la baptisa et elle reçut ce baptême sans comprendre, fermée au monde des vivants.

Nous trouvâmes une rivière, en effet, à quelques miles de Hay City, et les hommes décidèrent de s'arrêter.

Eléonora Smith détacha la mule du *chuk wagon*. Johnson et les autres remplirent les citernes et les cuveaux à lessive. Eléonora avait trop mal aux pieds. Elle jurait, tempêtait et descendit directement dans la rivière ; elle y trempa ses pieds, ses mollets tout rouges, ses gros genoux, ses cuisses ; elle retroussa ses jupons, l'eau l'éclaboussait jusqu'aux cheveux.

— Défense de me regarder ! hurlait-elle aux enfants attroupés.

Elle enleva jupe, caraco, caleçon. Son corps était une masse cubique, où rien ne parlait de féminité, excepté les seins, très velus, juste au-dessus d'un pubis foisonnant. Eléonora rinça furieusement ses vêtements. Ils sécheraient au vent. En attendant, elle avait enfilé le caleçon de Smith et enduit de graisse ses pieds douloureux, ainsi que son gros derrière, écorché par le dos de la mule.

Comme nous éclations de rire, elle se tourna d'un seul bloc, furieuse :

— Attendez que je vous mette le cul dans le même état !

Elle n'en eut pas l'occasion, pas plus qu'elle ne termina sa phrase. Il y eut une galopade subite, puis des détonations. Eléonora tomba à la renverse sur le lit caillouteux de la rivière. Les enfants remontèrent en criant vers le corral. Seule, je restai et m'approchai d'Eléonora. Elle avait reçu une rafale et gisait sur les cailloux, la cervelle éclatée. C'était dégoûtant, je hoquetai. Une main s'abattit sur ma nuque, on me poussa, on me tira, je tombai dans une crevasse. On chuchota à mon oreille :

— Ne bouge pas, tais-toi ou c'en est fait. Dix hommes veulent ma peau.

C'était Wild Bill Hickok. J'avais huit ans. Ou vingt-cinq. C'était la même chose. Tout allait commencer.

2

CALAMITY JANE

Je ne portais ni corset ni guimpe, comme Lou-lou Belle au saloon d'Abilene, mais une grosse robe en bure de coton taillée au cou, aux manches, libérant juste mes mollets cachés par des bas de fil. Pour l'instant, mes bas étaient retournés sur de grosses chaussures de garçon, car moi aussi, j'allais plonger dans la rivière. Ma longue natte, serrée par un cordon en cuir, battait mes reins et, s'il était vrai que mon linge était très blanc, cette blancheur était davantage due à l'usure qu'au lavage.

Une ceinture de corde retenait à ma taille un couteau – oh, toucher le Navy de cet homme, sa crosse d'argent, et tirer. Homme, étais-tu un dieu ou un bandit ? Je saignais un peu au front et mon crâne avait une bosse.

— Tais-toi, dit-il.

J'avais voulu crier, grimper hors du trou, mais

sa main sur ma cheville m'attira sous les rochers. Quelques secondes plus tard, on faisait feu de toutes parts.

Au-delà des rocs et des arbustes, j'aperçus l'attelage de cet inconnu, appartenant à l'armée.

Des bandits avaient attaqué le chariot où s'entassaient munitions et couvertures. Des bandits : le mot n'était pas trop fort. J'avais vu comment ils avaient abattu Eléonora dont le gros ventre se gonflait d'eau.

L'homme m'avait sauvée en m'attirant dans ce trou, car les coups de feu n'arrêtaient pas. Les autres enfants avaient détalé. Je crus en voir valser un sous les balles, se relever, puis se cacher derrière d'autres rochers. Moi, j'étais coincée. J'avais d'abord voulu prendre sur mes genoux la tête d'Eléonora. Sa tête en bouillie. Eléonora presque nue, ballonnée, dans le caleçon de Smith, ridicule. Ridicule et morte. Toute ma vie, je me pencherai sur des mourants, des blessés, des morts. Je n'ai jamais pu supporter leur abandon. Le seul service que l'on peut rendre à un défunt consiste en ce murmure affectueux, ce dernier regard.

Eléonora fut ma première morte de violence, avec cette soudaineté ignoble. Innocente, bourrue, courageuse, je l'aimais bien. Elle avait piqué du nez dans la boue, elle était tombée sur les cailloux, son corps s'était mis à flotter sur le dos...

À la même seconde, Charlotte, ma mère, entra

en agonie. Je le sentis si fort que je me mis à hurler.

— Couche-toi et tais-toi ! dit l'homme.

Il cria presque, c'était une question de survie. Il se tenait debout, dans ce trou de rochers. Ainsi avais-je imaginé, parfois, le dieu du vent, des plaines, des buffles et de la liberté. Pour moi, il incarnait la Force. Je regardais ses jambes gainées de cuir, ses pieds solides, son torse que je devinais sous la veste nordiste. Les cheveux étaient longs. Je n'avais jamais vu un homme aux cheveux longs. Robert Cannary, Smith et les autres portaient la barbe et avaient le crâne rasé. Robert eut, un temps, une crinière rouge qu'il tailla ensuite, quand il fut totalement imprégné des textes bibliques. Comme lui, le chef des « saints », Brigham Young, avait un regard fixe, des lèvres minces, des prunelles exaltées, le dos courbé des mormons. Courbé sous le poids des charrettes, des bêtes, des enfants, des orages et de leur foi.

Cet homme-là était droit, pareil à l'aigle royal au combat. Le bras tendu, le Navy à crosse d'argent à la main, il tirait, tirait, tirait ; deux types étaient tombés des chevaux qui tournaient autour de notre repaire. La mort, venue de la main de cet homme, avait quelque chose de foudroyant. Il était la foudre et le tonnerre. Tassée au fond du trou rocheux, je ne voyais que son dos et ses cheveux fauves, dorés, des cheveux de femme, un brasier dans la fin du jour. Il tirait et tirait encore. Il était temps : quatre des bandits l'avaient repéré. Je poussai un hurlement et bondis : l'un d'eux (n'était-ce pas celui qui avait fracassé le crâne d'Eléonora ?) était à quelques mètres de lui, il allait tirer. Je me jetai dans ses jambes. Je le mordis au mollet. Malgré les *chaps,* cette doublure en cuir attachée au pantalon, je griffai, je frappai. Un fracas sur ma tête. J'étais morte. L'homme s'écroula ou bien était-ce moi ? Je me retrouvai assommée sous le corps du bandit que Wild Bill Hickok venait d'abattre.

— Ça va ? dit-il.

Assise en boule, je me remettais peu à peu. Il me donna à boire. Je reçus le choc de ses yeux bleus. Ou mauves. Ou verts. Une aurore boréale traversée d'un éclat rouge. Les yeux d'un tueur. L'amour était un tueur. Les dix bandits gisaient, abattus par lui. Dix : pas un de moins, pas un de plus. En quelques minutes. Dix hommes abattus par un Navy à crosse d'argent. Un homme aux Cheveux et yeux d'archange. L'ange Moroni dont parlait avec exaltation Robert Cannary avait-il ce corps, cette voix, cette vaillance ? Les mains étaient délicates, étonnantes de finesse. Longues, blanches.

— Je m'appelle James Bill Hickok. On m'a surnommé Wild Bill. Et toi ?

— Martha Jane Cannary.

— Tu fais partie du convoi, là-haut ?

Assis, les mains croisées entre les genoux, il semblait méditer.

— Je suis né à Toy Groves. Et toi ?

— À Princeton, dans le Missouri.

— Ah, ah ! Ceux du Missouri sont de sales types. Ils aiment l'argent et les esclaves. Je fais partie des hommes libres.

— Oui, dis-je machinalement, fascinée par les mains paisibles qui venaient de tuer dix hommes.

— Tu es une bonne fille. Tu m'as sauvé la vie.

Il retourna d'un coup de pied le type abattu.

— Viens, dit-il, je vais te ramener chez tes parents.

Eléonora avait glissé sur les cailloux. Des corbeaux rôdaient.

— Il va falloir l'enterrer, dit-il.

— Et les autres ?

Je désignai le tas informe.

— Les chacals s'en chargeront. La racaille doit être dévorée par la racaille. Elle, c'est autre chose.

Il la tira sur la berge. La balle avait fracassé le front, ouvert le nez, crevé un œil.

— Elle est affreuse, n'est-ce pas ?

— Oui, dit-il. Nous aussi, morts, nous serons affreux. Dans ce pays, si tu veux vivre le plus longtemps possible, tire d'abord, discute ensuite.

Il coupa des branches, ramena des cailloux pour cacher Eléonora provisoirement. Il s'approcha de l'attelage. Une des mules était tombée, jambe cassée ; elle battait l'air, couchée sur le flanc.

— Dommage, dit-il.

Il tira. Je ne regardai pas.

— As-tu une fiancée ? dis-je.

— J'ai été policier dans le comté de Johnson et j'ai aimé Mary, la fille de John Owen. Elle était à moitié indienne et je n'ai pu l'épouser.

Un grand trait rouge barrait le ciel. La pluie allait tomber. Violemment. Quand Wild Bill se retournerait, il pourrait toujours appeler.

J'avais filé aussi vite qu'un lièvre.

Il était dit que les enfants encombreraient ma vie, qu'ils seraient l'essentiel de mes préoccupations. L'amour, en moi, serait aussi maternel. Les enfants m'ont toujours troublée, émue, enchantée, désespérée.

Après avoir enterré Eléonora et Charlotte côte à côte (ni nom ni croix), nous repartîmes.

La tombe de Charlotte, la tombe d'Eléonora : un drôle de trou, que les hommes creusèrent sans mot dire, sous le soleil cuisant. Un méchant soleil. Un méchant chagrin. Les enfants... Ils étaient dignes, effondrés, courageux, déjà voués à leur destin de lutte quotidienne. Les tombes se trouvaient près de la rivière, derrière le petit canyon où l'homme (l'amour) m'était apparu.

Je dus m'occuper de douze gosses. Je dus laver, changer Petit John qui avait fait pipi sur lui. Petit Robert dépérissait. J'essayais de lui faire avaler une bouillie de maïs. Il pleurait, rejetait la tête en arrière. Je mis plus d'une heure à le calmer. Il s'endormit enfin, à peine nourri, exsangue.

Quand Charlotte mourut, Petit Robert était dans ses bras. Il fallut la force de Robert pour dénouer les bras de ma mère. Petit Robert hoquetait et, pendant plusieurs jours, il mangea à peine malgré mes efforts.

Je le lavai dans le baquet à lessive. J'avais à peine regardé Charlotte.

Les femmes lui avaient passé sa plus belle robe. J'avais du mal à reconnaître cette femme correctement vêtue, chaussée, les mains croisées sur une croix de bois. Elle paraissait bouder, son visage était soudain très jeune.

En réalité, elle était très jeune (vingt-sept ans, peut-être) mais la vie, la maladie en avaient fait une vieille femme. La mort lui restituait sa jeunesse et on eût dit que, progressivement, son visage s'habituait aux ombres et au repos.

Ai-je éprouvé du chagrin ? Tout en moi était habité par l'image de Wild Bill Hickok. Un ange m'habitait ; il m'avait investie tout entière. Un ange qui pouvait aussi devenir implacable. Ainsi sont les anges messagers du monde, perturbateurs. Wild Bill était venu en même temps que le trépas et la peur. Le doute, le doute si noir s'était mué en lumière. Et je n'eus pas de chagrin.

À la place des larmes, un grand feu me brûlait et me donna envie d'agir.

Tous les enfants le sentirent car ils se serrèrent autour de moi, tandis que Robert, Johnson et Smith creusaient près de la rivière. Les femmes passèrent une robe informe à Eléonora, sans lui ôter le ridicule caleçon de Smith. Elles l'enveloppèrent dans une couverture de cheval et Robert lut les grands passages de la Bible où il est question de l'ange, de la lumière et de la foi. Les hommes restaient tête nue. Ils transpiraient. Ils descendirent Eléonora la première avec des « han », car elle pesait lourd. Les cordes mordaient la chair de ses épaules. Je faillis crier : « Arrêtez, vous lui faites mal ! » Ses enfants se blottissaient près de moi.

Quand on voulut descendre Charlotte près d'Eléonora, une des cordes glissa. Je courus et soutins ses chevilles. Les hommes ne songèrent pas à me repousser. Les prières de Robert tonnaient dans la chaleur immobile.

Les enfants entassèrent ensuite des cailloux, plantèrent une croix et gravèrent un nom : « Eléonora Smith. » Tournoiement des corbeaux. Cris des vautours. Je savais qu'ils avaient commencé à dépecer les dix corps abattus par Wild Bill Hickok, parmi les rochers où nichaient les serpents à sonnettes.

Le soir, je fis bouillir le maïs jusqu'à ce qu'il devienne cette purée épaisse qu'on mélange au sirop d'érable. Une partie était plongée dans une solution de chaux restée au *chuk wagon,* notre cantine ; c'était ainsi qu'on obtenait le *roming,* servi avec un morceau de pain au froment. On avait cuit des haricots ainsi que des morceaux de potiron et de navet.

Notre mauvais café, chauffé et réchauffé, fut distribué en premier, bien que Robert voulût désormais l'interdire, surtout pendant un deuil :

— Le café est un péché. Il n'y a pas de petits péchés. Il y a le péché, et c'est tout.

Robert m'arracha la cafetière des mains et la vida en entier sur le chemin.

— L'heure est aux prières. Dieu a frappé. Tout est péché.

Les enfants étaient terrifiés, les femmes se soumirent.

— Nous devons gagner la Terre promise.

Robert entra en fureur (était-ce le fait du chagrin ?) et piétina la cafetière.

Nous ne bûmes que de l'eau jusqu'au Grand Lac Salé et, en moi, monta ce flux que suscitèrent toujours le despotisme, le fanatisme absurde, la domination des mâles : la révolte.

Cette nuit-là, à demi endormie contre Petit Robert et Petit John, je pensais à l'homme au Navy à crosse d'argent. Je le retrouverais, je boirais un jour avec lui le café coupé d'alcool, il prendrait mes mains et me dirait : « Jane, embrassons-nous ! » Notre amour brillerait plus que les étoiles et le soleil réunis.

Il nous fallut encore quatre mois avant d'arriver.

Nous partions aussi tôt que possible. Nos arrêts se faisaient courts, rares. Robert exigeait que nous avancions même la nuit. Pour éviter de charger les chariots, nous marchions à côté. Les bêtes ahanaient, certaines s'écroulaient ; il fallait les abattre. Viande, légumes séchés, fruits secs finissaient par s'épuiser. Nous parcourions quotidiennement trente kilomètres.

Rien ne s'arrangea lorsque nous eûmes atteint le Grand Lac Salé.

Robert eut beau se jeter à genoux, baiser la terre, implorer, les yeux au ciel : « Une seule bergerie, un seul berger », Brigham Young, le chef des mormons, réunit le conseil des apôtres et exigea des nouveaux venus le respect des lois. Nous fûmes refoulés vers la chaîne des lotissements mormons, à Carson City, du côté du Nevada : un désert.

Notre groupe fut disloqué : Johnson et Smith durent grimper jusqu'au San Bernardino, en Californie. Les « saints » fondaient sans cesse de nouveaux lotissements : plus de trois cent cinquante-huit. Quand nous arrivâmes, dix ans s'étaient écoulés depuis que Washington avait reconnu le territoire de l'Utah dont il était devenu gouverneur. Nous étions nombreux, trop nombreux : nos chariots furent confisqués et échangés contre des charrettes à bras, légères, les *handcarts,* dont Brigham Young décréta l'utilité et, surtout, l'obligation. Elles étaient construites par les charpentiers mormons. Nous partîmes en deux compagnies pour Carson City, avec cette chanson aux lèvres. Robert chantait tout le temps, du moment qu'il s'agissait d'honorer sa foi :

> *Qui se soucie de partir avec des chariots ?*
> *Pas nous qui sommes libres et forts.*
> *Notre foi et nos bras avec bonne volonté*
> *Pousseront nos charrettes tout au long du chemin.*

Notre compagnie atteignit Sion deux mois plus tard. Celle de Smith et de Johnson (déjà pourvus de nouvelles épouses) n'arriva jamais : dès la frontière du Nevada, les vivres manquèrent, la neige tomba. Lorsque les équipes de secours arrivèrent deux cents tombes avaient déjà été creusées. Smith était devenu fou : huit de ses enfants étaient morts de faim. Il les avait entassés dans la charrette à bras, oubliant les trois autres. Ils pourrissaient lentement. Smith se frappait la tête contre le sol en chantant :

> *Notre foi et nos bras avec bonne volonté*
> *Pousseront nos charrettes tout au long du chemin.*

Smith retourna avec les survivants à Salt Lake City, flanqué de ses trois enfants vivants.

Les nouvelles épouses étaient mortes. Smith épousa de nouveau trois femmes, afin d'assurer l'édification de la communauté. Elles eurent chacune huit enfants que Smith promena en chantant dans une charrette à bras. « Les enfants sont pour les saints les moyens de construire. » Brigham Young avait prêché l'exemple en épousant vingt-sept femmes qui lui avaient donné cinquante-six enfants.

Je voulais, plus que jamais, être un homme.

Nous n'allâmes pas jusqu'à Carson City ; nous fîmes halte au pied des montagnes Wasatch où je passai sept ans de ma vie à trimer plus dur que les vingt-sept femmes de Brigham Young. Robert prit trois épouses, aussi éprouvais-je moins de scrupules à laisser les enfants entassés dans la grange du fond, avec les femmes.

Ma robe de petite fille était en loques, mes pieds en sang, quand avait pris fin ce premier voyage.

Le mot de ferme semblait bien pompeux pour désigner l'ensemble des trois baraques qui constituaient la fortune de Robert. Trois baraques au sol de terre battue, semblables à notre première habitation. Une grange servait pour tout : lessive, animaux, accouchement des femmes, nursery.

Je portais la jupe d'une squaw, achetée quelques sous à une tribu voisine. Il nous arrivait de cohabiter avec les tribus proches, avant que les haines religieuses ne nous détruisissent mutuellement. Les Indiens faisaient du commerce avec nous. Ils descendaient à nos marchés, à l'orée de nos villes, de nos baraques. Il régnait à ces marchés une certaine convivialité. Le commerce était une bonne chose : une peau de buffle contre du maïs, des vêtements contre du café. Parfois, les Indiens attaquaient. Ils convoitaient les fusils et l'alcool.

Mon père s'était mis en tête de convertir les Indiens.

Je savais qu'il lui arriverait malheur ; il subirait le sort de Custer.

Robert partait au crépuscule, à dos de mule ; il rejoignait le camp indien où fumaient les feux.

Une fois, je l'avais accompagné. Une tribu cheyenne avait assassiné le pasteur Masons Whitman, sa femme et leurs enfants. Une tribu irréductible. Les Indiens nous regardaient avancer, couteau entre les dents. J'avais acheté ma jupe à une de ces femmes qui me reconnut. Je lui fis des signes d'amitié. Qu'apportions-nous ? Chevaux, armes, alcool ? C'était la conversion que les Indiens supportaient le moins. Ils redoutaient autant l'envahissement progressif de leurs terres que notre manie de convertir qui détruisait leurs mœurs, leur spiritualité.

Bible à la main, Robert récitait (il tonnait), prêchait, montrait du doigt totems, idoles, masques guerriers. Il allait se faire tuer. Il allait nous faire tuer. La mort était proche, la lune était rouge, la femme qui m'avait vendu la jupe avait disparu.

Nous étions seuls, Robert et moi, entourés d'ombres menaçantes. (« Tirer d'abord, discuter ensuite », clamait au fond de moi la voix de l'ange.)

— Assez ! dis-je brutalement à Robert Cannary.

Je le tirai par la manche, je fis avancer la mule. La Bible tomba. Robert grogna. Il descendit pour la ramasser, la mule s'affola, les ombres approchèrent. Robert continua à clamer la parole de Dieu et reçut un coup de coutelas dans la nuque.

Je sortis mon colt de dessous ma jupe indienne. Le colt de Wild Bill Hickok. Le Navy que j'avais réussi à lui voler. Voilà sept ans que je dormais avec lui. Personne n'avait jamais su que je portais constamment ce trésor sur moi. J'étais assez mal fagotée pour le dissimuler. Les Indiens prirent peur lorsque je tirai en l'air. Je partis au plus vite. Les flèches sifflaient. Je ne voulais pas tuer. Si Dieu existait, il devait m'envoyer ses anges pour couvrir ma fuite jusqu'aux baraques en torchis. L'ange Moroni, dernier prophète après Jésus ? Robert m'avait battue et entraînée avec lui pour prêcher : j'avais affirmé que je n'y croyais pas et n'y croirais jamais. Pas plus que je ne respectais les femmes de Robert et de tous les mormons : ventre et mamelles.

J'avais appris à tirer en cachette de Robert.

Je ne me retournai pas et m'enfuis. Robert
était mort.

3

CALAMITY JANE

1867. Je m'étais enfuie au matin, très tôt. Mon seul espoir : rejoindre les travailleurs de l'Union Pacific. Traverses, éléments de ponts, rails, les six mille trois cents premiers kilomètres avaient été construits avec peu d'aide : ceux de l'Union Pacific n'avaient obtenu que seize mille dollars par kilomètre, en bons du Trésor. Béni fut l'ingénieur en chef, Glenville M. Dodge ! En 1865 soixante-dix kilomètres seulement étaient posés à l'ouest de l'Omaha.

Patience. Moi aussi, je patientais. Robert vivant, je ne pouvais m'échapper des baraques en torchis. Il m'aurait rattrapée, cinglée de coups de cravache, au fond de la grange-aux-femmes.

Il l'avait fait une fois, lorsque j'avais mis l'habit d'homme pour tirer à la carabine dans la plaine, le Navy dissimulé. J'avais dérobé sa Springfield et tiré avec ivresse. Je n'avais pas raté mes cibles : des boîtes vides alignées au loin. Robert n'avait rien dit, mais il m'avait violemment tirée dans la grange où, affolées, muettes, courbées sur les baquets à lessive, les femmes s'activaient. Robert avait cogné si fort que j'étais restée quasi assommée pendant plusieurs heures. Petit John m'avait porté à boire. Les femmes avaient disparu. Les enfants pleuraient et ma révolte atteignait sa limite.

À partir de ce jour, Robert m'avait obligée à le suivre chez les Indiens avec sa Bible : « Seul le martyre peut racheter un tel péché. »

Je suppose qu'il parlait de l'habit d'homme et de mes propos. Je n'arrêtais pas de répéter que les Indiens étaient chez eux et avaient droit à leur propre religion. Le fouet partait toujours plus vite et à toute volée.

Les Indiens, après l'avoir abattu du coutelas lancé à la volée, avaient dépecé son corps en cinq parties.

Les cinq parties furent jetées, trois jours plus tard, au pied de notre baraque.

J'étais déjà partie quand les femmes découvrirent les restes de Robert Cannary.

L'habit d'homme ! J'avais enfilé caleçon, pantalon, *chaps,* blouse, tunique et je portais un chapeau dans lequel j'enroulais ma natte. J'avais dérobé le tout au fils Smith, l'aîné de la tribu. J'avais néanmoins roulé la jupe indienne sous ma selle. J'allais travailler à l'Union Pacific. Y serais-je ouvrière, bûcheronne, charretière ?

J'avais intérêt à filer au plus vite. J'avais volé un cheval. Un cheval de l'enclos des Johnson. Ou des Smith. Ou de Robert. Un cheval de la communauté. Sur la route de Cheyenne, j'avais aperçu deux types qui pourrissaient, attachés à l'orée d'une bourgade : on les avait lapidés pour avoir volé un cheval.

L'habit d'homme me vaudrait une rouée de coups, peut-être la prison, mais le vol du cheval, c'était la pendaison. Certains fermiers allaient jusqu'à décapiter sur une grosse pierre les voleurs de chevaux. Les conducteurs de diligence craignaient davantage le vol des chevaux que la mort des passagers...

Comment oublier les journées brûlantes passées à marquer les veaux et toutes les bêtes, malgré l'interdiction de Robert Cannary ?

Ce cheval, Soleil, mon premier cheval, je l'avais remarqué et aimé entre tous. J'avais aimé l'étoile blanche sur son front, ses flancs luisants et noirs, ses jambes fines, sa queue plus belle qu'une chevelure de femme, sa crinière éblouissante. J'avais monté Soleil un an plus tôt. À cru. J'avais filé tout droit vers la Green River. Quelle raclée le soir même ! Robert accompagnait ses coups d'injures, et les femmes tremblaient.

En cette aube de novembre, je fredonnais un chant sauvage. Je clamais la liberté, la liberté, accrochée au cou de Soleil. Je dépassai la ligne de l'Union Pacific, franchis les monts Wasatch, aux abords du Grand Lac Salé.

La pluie glaciale avait commencé à cingler mon dos malgré la capote plus lourde que la bâche du chariot où Charlotte était morte.

Je fus affectée aux équipes de poseurs de traverses. Crocker, qui dirigeait le chantier, avait un mal fou à trouver de la main-d'œuvre, aussi embauchait-on des chinois. Ils étaient plus de deux mille le long du ballast quand j'arrivai, exténuée, près du premier campement, une sorte de village de toile où s'entassaient les travailleurs ainsi que des parasites divers. Après trente heures de chevauchée et de marche à pied – la route, la route –, j'atteignis une des galeries menant au premier tunnel.

J'entendais des bruits d'explosion. Les Chinois étaient employés aux tâches les plus dangereuses et, souvent, sautaient avec la mine.

Un dénommé Mac Donner mâchouillait un cigare devant une baraque en toile, une sorte de saloon où trois filles mélancoliques étaient assises près des joueurs.

— D'où viens-tu ? demanda-t-il.

J'eus un geste vague vers l'ouest.

— Je veux travailler pour l'Union Pacific. J'ai faim et soif, et je possède trois dollars. Je m'appelle Martha Jane Cannary.

J'étais exaspérée de froid, de faim – de peur – Mac Donner mâchouillait toujours son cigare.

— Fais voir.

Il parlait des trois dollars (volés dans la boîte à argent, sur l'étagère, au-dessus du lit de Robert).

— Viens, dit-il sans même regarder les trois pièces qui brillaient dans l'ombre.

Pour ne pas dépenser mon petit pécule, j'avais mangé des racines et un oiseau égorgé au couteau, plumé, grillé à mon feu.

Lorsque je lui montrai les pièces, je fis tomber mon chapeau, ma natte se défit. Les yeux de Mac Donner s'allumèrent.

— Quel âge as-tu ? J'attachais Soleil au poteau près de la tente.

J'avais quinze ans, mais j'étais vieille de ces interminables heures de fugue. J'avais froid. J'avais faim. J'avais bu l'eau des torrents, avalé autant de pluie que de coups. Depuis longtemps, depuis toujours, je connaissais l'endurance, la passion de l'endurance. Quand je serrais le Navy dans ma paume, un grand feu m'habitait. Sans ce souvenir, je n'aurais eu aucun courage, aucun but. Je n'aurais été personne.

Mac Donner dit : « Fiche le camp ! » à une des filles qui s'approchait et au type du fond, Candle, contremaître à la jonction des lignes. Mac Donner me tendit un flacon de whisky. L'alcool descendit en moi, brûla mon gosier, dévora ma tête, obscurcit mes yeux. Toute ma vie, ensuite, je chercherais cette violence du feu de l'alcool et je comprenais les Indiens : quoi de plus tentant que d'endormir grâce à l'alcool, l'humiliation, le désespoir et l'épuisement – oh, cette peur quasi palpable, rouge comme l'intérieur d'un corps !

J'avais quinze ans, et mes mains tremblaient sur le flacon de Mac Donner.

Je buvais, je buvais, j'avalais ce feu, cet égout, ce démon, jusqu'à glisser au pied du tonneau qui servait de bar où, indifférent, le dénommé Candle poussait du pied une fille appelée Lola. Mac Donner m'entraîna sous l'autre tente qui puait le bouc, l'urine et l'écurie ; tout mon corps n'était que souffrance sous la bouche et le ventre de ce coyote qui m'envoya bel et bien son poing dans la figure avant de me violer.

Les Chinois étaient les plus endurants. Levés à l'aube, couchés à la nuit, nourris d'une louche de haricots, nu-pieds, ils ahanaient sans se plaindre, grimpaient le long des étais, creusaient, colmataient, portaient les traverses sur leur dos, oubliaient le froid et la faim. L'hiver 1867 fut terrible.

Je travaillais à leur rythme.

Mac Candle m'avait signé un contrat mais il m'avait volé Soleil.

— Tu auras ton cheval si tu travailles le soir avec les filles.

Mac Donner ricanait dans l'ombre. Les deux compères faisaient ainsi des affaires d'or sur le dos des esclaves que nous étions. Soleil était désormais la propriété de Mac Donner et j'appris à dominer la révolte qui, depuis l'enfance, m'étouffait. Je me vengerais de Mac Donner.

L'Archange m'aiderait. Je ne savais quand, ni où, mais je me vengerais.

Je courbais l'échine sous la pluie, le vent, la grêle et le soleil. Les mains en sang, les jambes lourdes. Le Navy dormait contre moi.

Les Chinois étaient-ils aussi habités par ce souffle noir qui ne me laissait aucun repos et qui stimulait ma volonté ? La vengeance ? L'Ouest était-il donc une longue histoire de vengeance ? « Tirer d'abord, discuter ensuite », avait dit l'Ange, avait dit l'homme.

L'Amérique ; l'histoire de ces hommes qui s'égaraient et se retrouvaient, cet or volé, repris, ces chevaux dérobés en risquant la corde, ces femmes en larmes au fond des granges tandis que volaient les flèches enflammées, ces vaillantes qui accouchaient seules pour reprendre aussitôt le travail, l'Amérique et ses pasteurs, ses bandits, la souveraineté de la force, la faiblesse humiliée tandis que parlaient les fusils, que les crânes éclataient sous les balles et que se dressaient les potences au son des pianos mécaniques.

Je me vengerais. Je reprendrais Soleil et la route. Je retrouverais l'Ange.

Les Chinois se taisaient dans leur barbe blanchie et pointue. Nous portions, creusions, posions les poteaux. Il nous fallut huit mois pour sortir du tunnel. Les Irlandais étaient les pires compagnons. Ils mettaient le feu aux mines dans les tranchées sans prévenir les Chinois et moi-même qui travaillions au-dessus d'eux. Mac Donner était irlandais, et il ricanait chaque fois que sautait un groupe de Chinois isolés.

Li et Wong étaient devenus mes amis. J'avais soigné Wong d'un abcès à la gencive et arraché une de ses dents avec la pointe de mon couteau rougi, au fond de ma turne de toile et de planches. Wong me vouait toute sa reconnaissance et voulait tuer Mac Donner. J'avais une meilleure idée. Je voulais le faire valser avec mon Navy jusqu'à le voir tomber mort.

Quarante-cinq Chinois, des amis de Li et de Wong, avaient été déchiquetés par une explosion au-dessus du tunnel, au printemps. Le choc nous avait si rudement secoués que j'avais eu le bras droit démis. L'infirmier, Crook, m'avait « arrangée » de si belle façon que j'avais hurlé de douleur ; j'avais dû me calmer au whisky. Je dépensais tout ce que je gagnais en alcool pour tenir sans pleurer. Mac Donner m'avait laissée, misérable, au fond de la grange. Le contremaître Candle était intervenu quand Mac Donner parla de me brûler les cheveux avec ses allumettes « pour rigoler ». Lola m'avait rendu mes vêtements, si sales que j'avais dû lui emprunter une de ses robes.

— Si tu veux travailler aux traverses, c'est d'accord, avait grogné le contremaître.

J'étais en si piteux état que, même au saloon,

personne n'aurait voulu de moi. Le poste aux traverses était bourré de mines qui sautaient à l'improviste. Mac Donner ricanait.

— Tu veux un métier d'homme, débrouille-toi.

Je vécus huit mois dans ce bouge infect. On m'y laissa plus tranquille qu'en bas, au camp des Irlandais.

Wong, Li et moi-même creusâmes, avec une vingtaine de Chinois, une sape au-dessous du carré des Irlandais dirigés par Candle. Ils s'étaient tordus de rire lorsqu'on avait retrouvé des Chinois déchiquetés.

Nous nous taisions car nous allions agir. Nous aussi, nous allions nous offrir du spectacle. Wong fit un signe convenu. Sous un ciel d'étain Wong fit « le » signe et Li actionna le détonateur. J'appuyais avec lui de toutes mes forces.

Il y eut un bruit épouvantable : la montagne parut s'écrouler, ou était-ce le Grand Lac Salé qui s'ouvrait pour nous engloutir ? Les quarante Irlandais, dont Candle, furent ensevelis.

Nous avançâmes vers le campement où se trouvaient Dodge et les ingénieurs. Peu nous importait la potence ou l'exil. Notre exaspération prenait sa source dans l'esprit de justice. On nous avait massacrés. Nous avions massacré. « Tire d'abord, discute ensuite ».

Il y eut un remue-ménage incroyable. Les Chinois m'entouraient, nous formions une foule véhémente et déterminée. Mourir nous était égal. Notre vie se justifiait d'un seul coup. Notre honneur était sauf, notre colère intacte, notre force infinie. Dodge s'avança vers nous, Wong et Li brandissaient leurs pioches. Je les vis sur le point de fendre en deux l'ingénieur et les siens.

— Assez ! dis-je, m'interposant, les bras en croix.

— Très bien, dit Dodge sans sourciller, nous manifesterons désormais aux Chinois le respect qui leur est dû.

— Si vous mentez, je vous tue, dis-je en sortant mon Navy. Je n'aimais pas son ironie.

L'inauguration de la voie ferrée toute neuve aurait lieu au Promontory Point, sommet situé à une vingtaine de jours de marche d'Ogden, au nord-est du Grand Lac Salé. Nous avions obtenu, en plus de la trêve et de l'officialisation du compromis passé entre l'Union Pacific et la Central Pacific, une couverture supplémentaire, une gamelle de maïs et du café. Dodge demanda à me voir.

Au nom de la pacification William Cody tua quatre mille bisons pour nourrir les douze mille hommes employés au terminus de la voie du Kansas Pacific. Les frères Goddard, responsables par contrat de l'approvisionnement du personnel de la voie, donnèrent à William Cody le surnom de Buffalo Bill. La pacification passait par de bien étranges manifestations où la survie avait un goût de massacre, mais les rails progressaient, la pose des traverses, les trains arrivaient,

86

les révoltes grondaient et mes seize ans éclataient. J'avais un teint de soleil. Mes yeux piqués d'or. Mon corps plus délié que celui de l'antilope.

Dodge était un petit homme au front dégarni, couvert de taches de son. L'hiver avait été si rude qu'il n'avait pas quitté son manteau, même pour dormir. L'hygiène n'était pas la préoccupation essentielle dans l'Ouest. Il fallait casser la glace pour se laver, boire, entretenir le linge. Wong avait trouvé un système ingénieux. Il barattait le linge au fond d'un cuveau où tournait une sorte d'hélice en bois – plus tard, à Deadwood, Wong serait blanchisseur et y ferait fortune. Dodge donnait son linge à laver à Wong contre un demi-dollar, le dimanche. En principe, nous nous reposions le dimanche. Assis dans nos turnes, nous jouions au poker. Notre maigre salaire était englouti au jeu, en alcool et, pour les gars, chez les filles de Mac Donner.

Wong passait son dimanche à laver. Il sautait à pieds joints sur les pantalons infâmes, se transformait en baratte, devenait bleu quand il gelait, continuait quand même, pauvre arbuste courbé. Il portait les kilos de linge mouillé sur son dos, se transformait en mule, étendait le tout sur des cordes tendues entre les poteaux, derrière la carrière où ces cochons d'Irlandais étaient ensevelis.

— Je n'ai pas tué, dis-je à Dodge. J'ai aidé les hommes à régler leurs comptes. À ce prix le chemin de fer pourra s'achever. Il y allait de notre honneur.

— Comment t'appelles-tu ? demanda Dodge. On n'emploie jamais les femmes ici, sauf aux cantines.

— C'est faux. On emploie tout le monde. Les femmes sont rares, donc très utiles. Quand les hommes tirent les chariots, les femmes remplacent les bœufs. Et en plus, elles ont les enfants à porter, à nourrir.

— On m'a déjà parlé de toi, dit encore Dodge. Les Chinois t'appellent *le Diable blanc.*

— Ce nom m'a été donné par les Indiens Sioux, en août dernier, quand ils ont dévalé le ravin et exterminé trente Blancs.

Ils avaient investi le ravin où les Irlandais portaient les traverses. C'était si lourd qu'une camaraderie sans équivoque nous unissait : il n'y avait plus de sexes. Mac Dhuik, un vieil Irlandais, se sentait presque mal sous le soleil. Le dos brûlé, le cœur retourné, il jurait :

— Bon Dieu, c'est lourd ! Cannary, viens par là.

Les Irlandais m'appelaient Cannary. Ni femme, ni homme : fille d'un dénommé Cannary dont les cinq morceaux avaient été enterrés par ses épouses mormones effarées, mais libérées de sa tutelle. Il n'y eut pas de croix sur ses restes. Il leur avait fait la leçon.

Exceptionnellement, ce jour-là, je n'étais pas avec les Chinois. On m'appelait là où l'on avait besoin d'un coup de main supplémentaire. Sur ce coin de plateau, le danger était plus grand que partout ailleurs. J'avais bourré mon caleçon d'homme de tissus achetés à Lola. Aucun homme, même pas Wong, n'aurait fait cette lessive mensuelle à ma place. Ce linge, je le lavais la nuit et le faisais sécher avec les vêtements masculins. Au début, les types ricanaient, puis ils s'étaient habitués ; certains même s'attendrissaient sur mes étranges drapeaux féminins.

Je rampais pour mieux pousser la traverse. J'avais réussi à caler le bois. Les gars m'avaient dit : « Cannary, tu es plus forte qu'un homme. »

Dhuik avait l'air étrangement immobile, un drôle de sourire aux lèvres. Un rictus plutôt.

— Pousse-toi, dis-je. Je n'ai pas fini.

Une flèche était plantée dans son dos. Il tomba d'un seul coup sur ma traverse. Notre équipe se trouvait près d'un fort militaire provisoire ; nous étions cernés. Nos armes étaient restées sur les hauteurs (sauf mon Navy) et les flèches sifflaient de tous côtés. Les Cheyennes attaquaient toujours en rond, véritable cyclone. J'avais remarqué, face à la butte d'où ils dévalaient, une grotte où parfois nous entassions nos vivres, (ce chantier-là avait duré trois mois).

— Vite, hurlai-je, par ici !

Plusieurs tombèrent, nous n'étions plus que vingt à parvenir dans l'abri. Les Sioux avaient détaché nos mules, semant la panique.

Ce fut au cours de ce combat que je connus Bill Vinaigre. Il allait rester mon ami jusqu'au bout.

— C'est après cette attaque du petit canyon que les Indiens t'ont surnommée *Diable blanc* ? demanda Dodge.

— Oui, monsieur, car jamais je n'ai tué. Je me suis toujours défendue comme un diable, mais sans tuer. Je les fais danser en tirant entre leurs pieds et je pousse des hurlements, je troue leur chapeau, je casse bras et jambes, je sais faire claquer le fouet à lanières pour abattre les types lancés au galop.

— Jamais tué... jamais tué... bougonna Dodge, tu y vas un peu fort, Cannary. Et les Irlandais ? Ceux de la mine ?

— Un tas de vermine qui martyrisait les Chinois. Ils avaient attaché un pauvre gars nommé Lu Lang et brûlé la plante des pieds avec une chandelle. J'ai eu beau le soigner (je suis bonne infirmière), il est mort dans mes bras. C'est à ce prix que se construit votre chemin de fer. Bill Vinaigre avait entendu les cris de ce pauvre type, mais il était trop tard.

— Bill Vinaigre a crevé un œil du voyou à la chandelle.

— Ce n'est que justice. Bill Vinaigre est peut-être un ivrogne notoire, mais il a le cœur sur la main. Bien heureux qu'il ne l'ait pas descendu.

— Vous vous en êtes chargée, avec les quarante autres.

— Les Irlandais avaient continué à brûler les pieds du frère de Lu Lang. Crook a dû lui couper un pied qui se gangrenait. Lang a été très courageux. Je l'ai tenu pendant l'opération. Malgré son moignon, il travaille toujours aux traverses. Il n'a même pas touché une indemnité. Vos Irlandais étaient des bandits qui ne méritaient que la potence.

— Martha Jane Cannary, tu es une bonne fille, dit brusquement Dodge. Voilà cinquante dollars.

— Je veux la promesse que l'on ne tourmentera plus les Chinois. Je veux monter dans la locomotive Roger 119, quand elle arrivera de Sacramento.

— La nôtre s'appelle la Jupiter 60. Elle remorquera un wagon pullman.

Dodge sortit deux verres. Je bus d'une traite, ma natte défaite. Les yeux de Dodge s'allumèrent. Il s'approcha de moi, la bouche avide, et posa ses mains sur mes épaules. Je le repoussai d'un seul coup :

— Je veux me venger de Mac Donner. Il possède les tentes, les saloons, les actions sur les compagnies de bétail, lui, le sale « baron » du rail, le voleur, le violeur. Je veux reprendre mon cheval, Soleil.

— Je te fais confiance, dit Dodge. Dieu garde tes ennemis ! Tu as de la chance que l'explosion ait eu l'air d'un accident. »

Dodge : un type qui n'aimait pas les histoires. J'avais empoché ses dollars et son whisky.

Les Indiens avaient de bonnes raisons de nous harceler. En novembre 1868, quand les Irlandais avaient sauté sur la mine, le général Custer attaqua le camp du Cheyenne Black Kettle et tua cent d'entre eux sans épargner les femmes et les enfants. Les gazettes nous parvenaient, distribuées par les messagers du Pony Express. Je lus une nouvelle qui me fit battre le cœur : Wild Bill Hickok et Buffalo Bill s'étaient unis au général Karr et au cinquième régiment de cavalerie. Karr détestait Wild Bill Hickok à cause d'une bagarre qui avait éclaté entre eux et Jack Harvey. Wild Bill était alors marshal à Ellsworth, et il gagnait au poker avec une telle insolence que Jack Harvey tricha aux cartes. Wild Bill le provoqua en duel et lui logea une balle dans le bras ; une autre balle lui frôla les cheveux ! Il eut si peur qu'il voua une haine solide à Wild Bill.

La gazette – *le Harper's New Monthly Magazine* – tremblait dans mes mains, m'apportant des nouvelles de Wild Bill. Il n'avait donc pas été un mirage de petite fille à la vie rude et sans tendresse. Je priais les dieux, tous les dieux, ceux des sources, du soleil, des montagnes et des plaines, pour que ta vie fût protégée. Allais-tu mourir avant d'avoir baisé ma bouche, effacé cette souillure infligée par Mac Donner ?

S'il n'y avait pas eu cette souillure, aurais-je tant voulu me venger des Irlandais ? La véritable violence avait été sur moi de cette brute, un soir où je grelottais de froid, de faim, de peur et de solitude.

J'irais jusqu'à Abilene, je n'aurais pas peur de cette route si longue... Abilene où résonnait le nom déjà célèbre de Wild Bill Hickok. La ville t'avait fait marshal. Les bandits t'appelaient le Tueur.

Je lus la gazette et bus avec Bill Vinaigre. Je rejoignis le premier saloon en toile où étaient tolérés les Chinois. Tous disaient que Thomas C. Durant, vice-président de l'Union Pacific, viendrait boire avec nous. Bill Vinaigre dansa la bourrée sur un tonneau, son violon désaccordé coincé sous le menton. Il pensait comme moi au sujet des agissements de Custer. La bande de Mac Donner ricanait : c'était bien fait pour ces sauvages. Je savais que Custer était un prétentieux, un assassin qui ferait fondre sur l'Amérique une honte indélébile.

Un dénommé John Dick arriva à bride abattue. C'était un gars de l'Est, il avait tout vu : Custer avait lui-même ouvert le ventre des squaws à coups de baïonnette, quand elles étaient enceintes, il allait jusqu'à extirper le fœtus au bout de son sabre.

— Et ses mensonges ! beugla Bill Vinaigre. On avait promis à Black Kettle des fusils. Le traité de Medicine Lodge était formel. Black Kettle s'était présenté en personne à Fort Larned.

George Armstrong Custer était un fou d'orgueil. Il aurait tué celui qui aurait eu l'audace de le fixer dans les yeux en le traitant de *petit homme*. Les Indiens le savaient. Custer était un mélange de vanité et d'inhumanité. Adjoint du général Sheridan, on le surnommait le *boy* général. Et Dieu sait qu'il prenait soin de son apparence ! Custer était plus prostitué que les filles du Greenfront qui coupent leurs robes dans du satin couleur de sang frais. Il était lieutenant-colonel au septième régiment ; il avait les cheveux longs ; sa tunique de velours noir au col marin, orné d'une étoile, ressemblait à une défroque de théâtre. Sa première étoile, son unique étoile, était le prix des squaws assassinées, et il la portait, misérable lueur épinglée à chacun de ses costumes de clown.

Bill Vinaigre vociferait :

— Et un chapeau de cow-boy par-dessus tout ça !

Bill Vinaigre grattait furieusement son violon. On disait que, au bord de la Wichita River, on entendait jusqu'au ciel les gémissements des survivants : Sioux, Arapahos, Crows, Cheyennes du Nord. Ils se vengeraient.

Moi aussi, je me vengerais. Le demi-frère de

Mac Donner, Jack Mac Call, arrivé le matin même, parlait de détruire le saloon chinois pour construire sa propre baraque. Sa spécialité : tirer dans le dos, pour un seul *cent*.

Bill Vinaigre était un curieux ami : ivrogne, crasseux, pouilleux, couvert de gale durant tout un été. Il me prêta une couverture quand je grelottais sous la tente, lors de ce premier hiver passé ici. Bill Vinaigre avait un nez incroyable : plus gros qu'un potiron, tirant sur le violet quand soufflait le blizzard – un blizzard à déterrer les morts. Il virait au noir quand le soleil grillait nos os, desséchait nos âmes, lessivait nos yeux.

Le nez de Bill Vinaigre était plus sûr qu'un baromètre.

Bill Vinaigre avait deux Springfield. Comme j'avais soigné son panaris, il m'en donna une, «volée à l'ennemi». Il m'offrit une provision de balles pour mon Navy qu'il admirait.

— Où as-tu déniché ce trésor ?

La crosse en argent le faisait rêver.

— Je ne connais qu'un type qui ait possédé un Navy à crosse d'argent... Un type redoutable... Un certain Hickok. On dit que...

— Ça va, dis-je brutalement en empochant mon trésor. Merci pour les balles et la Springfield. Les bons amis sont ceux qui ne posent pas de questions. La familiarité n'amène jamais rien de bon. Je ne te demande pas d'où vient la Springfield. Fais de même pour le Navy et tout ira bien. »

Une Springfield volée à l'ennemi. Quel ennemi ? Dans ce pays, l'ennemi était tout ce qui bougeait dans les fourrés, derrière les rochers, tout ce qui vous réveillait la nuit, toutes les ombres non identifiées. Pour survivre, la Springfield.

Wong et Li se chargeaient de mon fardeau quand les traverses me broyaient les mains. Ils m'avaient appris à résister à la chaleur en me donnant à mâcher certaines herbes de la prairie. Grâce à eux, j'avais acquis l'endurance, une concentration mentale plus que physique. La liberté... une attitude de l'esprit. Pauvreté, maladie, dépouillement, deuil, rien ne pouvait désormais m'atteindre.

La liberté était mon rude paradis.

Si Bill Vinaigre me donna le goût de la boisson, Wong et Li me firent prendre celui de l'abstinence. L'oncle Cy, mon autre ami, m'initia au maniement des armes.

Oncle Cy était arrivé peu de temps après moi, noir de poussière, couvert de poils et de boue, tirant un chariot flanqué de trois mules. Sa famille avait été exterminée par les Indiens fous de haine depuis le massacre de Custer. La ferme d'oncle Cy était à quelques kilomètres du chantier. Le mauvais temps l'avait sauvé. Il était resté bloqué, avec ses mules et son chariot, au ravin de l'Homme Bleu.

Sa ferme avait été brûlée, les bêtes dispersées. Oncle Cy n'avait rien dit devant les scalps suspendus au portail d'entrée. Ceux de sa femme et de ses enfants avaient été cloués à une roue de chariot. Et oncle Cy avait marché, marché, marché.

Il n'avait plus l'air d'un homme, mais d'une bête aux yeux fixes.

Mac Donner l'embaucha et lui donna du pain, des haricots, du lard, un flacon de whisky. Il lui fit décaper des fers à cheval, lui prit deux de ses mules.

— Dans ton chariot, tu as des couvertures, ça te suffira.

Cy avait trop faim et trop froid pour négocier.

Il fut mon compagnon de traverses. Il disait que je ressemblais à Marie, sa seconde fille ; son scalp avait été accroché près de celui de sa mère, dans la cour où crépitait l'incendie.

Oncle Cy en avait vu d'autres avant d'installer sa ferme, désormais détruite. Il avait fait partie du tragique convoi des frères Donner, en 1840. Oncle Cy avait vingt ans à l'époque où la fièvre de l'or provoqua cette ruée vers la Californie. Le convoi se composait de deux jeunes gens venus d'Allemagne, George et Jacob Donner, un Irlandais, James Prazier, et sa femme, Margaret.

D'autres familles les accompagnaient, ainsi que beaucoup d'enfants.

Au pied des montagnes Rocheuses, proches de la Squaw Valley, les frères Donner quittèrent leurs compagnons et s'aventurèrent dans la vallée. Une vallée à la terre sèche, écailleuse.

L'eau était rare. Boire devenait obsédant. Le point d'eau qu'ils découvrirent avait tout d'un mirage. Infect, saturé d'alcali. Ils avaient si soif qu'ils burent, mais ils furent aussitôt pris de vomissements. Une tourmente de neige égara les chariots – la voix d'oncle Cy chavirait vers la fin du récit. La soif et la faim poussèrent les frères Donner à se battre : ils s'entre-tuèrent à coups de poignard ; les survivants mangèrent les bras des cadavres taillés à la hache.

James, Margaret, oncle Cy, Mac Donner, avaient pris une piste différente. Mac Donner était devenu fou quand un survivant lui rapporta que son père avait été dévoré par ces hommes enragés.

Mac Donner, dont je me vengerais.

— Depuis l'horrible fin de son père, dit oncle Cy, Mac Donner est fou. Il a gagné beaucoup d'or en dévorant les autres tout vifs. Il le clame partout. Il m'a parfaitement reconnu.

— Il m'a battue, violée, volée.

Oncle Cy haussa les épaules.

— La haine est une occupation sans gloire. Tu perds ton temps. Va plutôt fréquenter les femmes au village de toile. Que peut devenir une femme seule sur les routes, parmi les hommes et les dangers ?

— Je n'aime pas beaucoup les bonnes femmes. Je préfère travailler au chemin de fer que torcher leurs mômes et écouter leurs radotages.

— Pourtant, tu es une femme, Martha Jane. Tu te marieras un jour et tu auras des enfants.

— Tu rêves ? dit oncle Cy. Pourtant, il faut y aller, si tu veux ton croûton, ton dollar et ta couverture.

Je me demandais si les rêves de Custer n'étaient pas ponctués par l'air du *Gang Oven,* cette marche que jouait le régiment lorsqu'il donna l'assaut au village de Wichita. L'éclaireur, California Joe, conduisait Custer. Les Indiens étaient devenus des ennemis implacables. Plus tenaces que la haine, cette haine que, contrairement à oncle Cy, je ne trouvais pas si inutile. Cette haine me secouait tel un ouragan quand j'aperçus Mac Donner tirant à coups de revolver, pour s'amuser, sur de malheureux Chinois.

Le dernier rail est enfin posé en ce matin du dix mai 1869. J'avais dix-sept ans et c'était la fête. J'avais mis ma belle jupe indienne. Les femmes m'acceptaient mal parce que je n'allais pas au temple, ne lisais pas la Bible, portais l'habit d'homme. Je buvais, je jurais et il m'arrivait de faire l'amour avec Charley Burke, si jeune.

Charley et ses beaux cheveux noirs, ses grands yeux bleus, naïfs.

— Je veux t'épouser, Jane, disait-il.

Il me suivait comme une ombre, ce qui m'exaspérait car je ne l'aimais pas. Il répétait :

— Un jour, j'aurai une ferme et tu m'épouseras.

Les autres femmes criaient au scandale, prétendaient que j'étais une catin ou une folle. Elles me toléraient car j'aimais les enfants. Les travailleurs étaient venus avec leurs familles et, en deux ans, des bébés étaient nés. J'aidais aux accouchements (si j'avais été un homme, j'aurais aimé être médecin). J'avais gardé et bercé toute la nuit un bébé atteint de fièvre et de diarrhées. Je l'avais baigné d'eau fraîche, essuyé avec des linges passés à la cendre chaude et, par ma foi, je crois bien que je lui avais sauvé la vie. Je me demande encore jusqu'à quel point sauver la vie d'un enfant n'est pas la seule raison de survivre à la mélancolie, au désespoir et à la mort. Anne Sprinson, la mère du petit, sanglotait, m'embrassait. Elle me donna toute sa fortune : des bas en fil blanc et des bottines lacées. Quand je me regardais dans l'eau de la rivière, mes longs cheveux défaits, mes belles jambes de femme, je ne me trouvais pas si mal. M'aimeras-tu, l'Ange, m'aimeras-tu ?

Lors de l'inauguration de la voie ferrée, les deux états-majors s'étaient rencontrés, oubliant le passé. Les deux compagnies de chemin de fer s'étaient quasiment entre-tuées pendant les travaux : rivalité, rancœur, luttes sournoises au nom des intérêts divergents. Or, le but semblait enfin atteint : la victoire réunissait tout le monde ce dix mai 1869.

Charles Savage, le photographe, planta son trépied. Blancs, Jaunes, Noirs et chefs d'équipe se donnèrent la main. Bill Vinaigre escalada wagons et locomotives, bientôt suivi par nous tous. La liesse, l'enthousiasme devenaient frénétiques. Seul Charley Burke était sombre.

— Tu as de belles jambes, Cannary ! crièrent les types.

J'étais la première à embrasser la Jupiter 60, la superbe machine, la sauvage, la bouffeuse d'hommes... Charles Savage pressa le déclencheur : nous passions à la postérité ; les mécaniciens me jetèrent de bras en bras, les officiels applaudirent.

— À vous l'honneur, Martha Jane Cannary ! enfoncez les tire-fond[1] à coups de masse !

— Non, à vous, Leland Stafort !

Leland Stafort se pencha. Comment avions-nous eu la force d'achever ce travail de titan ? Charles Savage changea ses plaques. La photo du siècle était tirée : l'inauguration au Promontory Point. Des hommes en habit, la barbe

---

1. Grosse vis qui sert à fixer un rail sur une traverse. La pose du dernier tire-fond revêt une importance particulière puisqu'elle symbolise la fin des travaux et la victoire sur l'Ouest.

longue, des Chinois épanouis, des ruffians, des bandits, des putains, des mères de famille, des travailleurs, des hommes de l'Ouest capables pour une heure de se réconcilier, fiers de leur labeur. Vivre, survivre, construire.

Bizarrement, on ne me voyait pas sur la photo. J'avais disparu. À ma place, un nuage, une buée. Charles Savage hocha la tête :

— Tout le soleil était sur toi. Tu as été plus forte que l'image.

Dans la foule en délire, on apercevait un vieillard anonyme, beau et douloureux. Lui non plus n'était pas visible sur le cliché. Il s'agissait d'Alexander Majors, fondateur des convois de chariots et du Pony Express. L'Ouest allait naître grâce à Alexander Majors, même si les trains seraient un jour sa ruine.

Sous le soleil, les tire-fond m'éblouissaient. Celui du Nevada était en argent, celui de l'Arizona en or, fer et argent. Quant au Golden Peak, il était d'or, l'or venu de Californie.

La foule hurlait d'enthousiasme.

L'heure était à la fraternité. Pourtant, à cette seconde précise, je sursautai en apercevant Mac Donner, planté au milieu de la délégation officielle, en train d'admirer les tire-fond. Par mon âme, je lui décochai un uppercut si précis à la mâchoire que le chacal tomba, la bouche en sang, crachant une dent. Je m'acharnai, je l'aurais tué ; je me relevai, prête à venger mon honneur. S'il n'y avait eu Bill Vinaigre pour balancer son poing dans la figure de Jack Mac Call, c'en était fait de moi, car le traître voulait me tirer dans le dos.

Ce fut le paroxysme de la journée. Les Chinois applaudirent, deux types en profitèrent pour se battre, tout le monde criait. J'eus le bonheur, en fin de compte, de récupérer Soleil. Messieurs les officiels firent preuve de clémence (l'ingénieur Dodge plaida ma cause). Entre la potence, la maison de correction et le bordel, mon sort se joua ce jour-là. J'obtins mes dollars, mon cheval. Je partis avec Alexander Majors qui m'avait demandé fort poliment si j'accepterais d'être conductrice d'attelages dans son entreprise.

J'allais reprendre la route.

SITTING BULL

Regardez, mes frères, le printemps est venu. La terre a reçu les baisers du soleil et nous verrons bientôt les fruits de cet amour !

Chaque graine lève et, de même, chaque animal est en vie. C'est à ce pouvoir mystérieux que nous devons, nous aussi, notre existence, et c'est pourquoi nous concédons à nos voisins, ainsi qu'à nos voisins animaux, le droit d'habiter cette terre. Cependant, écoutez-moi, mes frères, nous devons maintenant compter avec une autre race, petite et faible quand nos pères l'ont rencontrée pour la première fois, mais aujourd'hui devenue tyrannique. Fort étrangement, ces hommes blancs avaient la volonté de cultiver le sol. L'amour de posséder, chez eux, est une maladie. Le peuple a fait des lois que les riches peuvent transgresser, mais non les pauvres. Ils prélèvent des taxes sur ceux qui n'ont rien et sur les faibles pour entretenir les riches qui gouvernent. Ils revendiquent notre mère à tous, la terre, pour eux seuls et ils se barricadent contre leurs voisins ; ils défigurent cette terre avec leurs constructions et leurs rebuts. Cette nation est comme un torrent de neige fondue qui sort de son lit et détruit tout sur son passage. Nous ne pouvons vivre côte à côte. Il y a sept ans seulement, nous avions signé un traité qui nous assurait que les terrains de chasse aux bisons nous seraient acquis pour toujours. Mes frères, devons-nous nous soumettre ou devons-nous leur dire : « Tuez-moi avant de prendre possession de ma patrie » ?

Quel traité le Blanc a-t-il respecté que l'homme rouge ait rompu ? Aucun. Quel traité l'homme blanc a-t-il jamais passé avec nous et respecté par la suite ? Aucun. Quand j'étais enfant, les Sioux étaient les maîtres du monde ; le soleil se levait et se couchait sur leurs terres. Ils menaient dix mille hommes au combat. Où sont les guerriers aujourd'hui ? Qui les a exterminés ? Où sont nos terres ? Qui les pille ? Quel homme blanc peut dire que je lui ai volé sa terre ou un seul de ses dollars ? Pourtant, ils clament que je suis un voleur. Quelle femme blanche, même isolée, ai-je jamais capturée ou insultée ? Pourtant, ils prétendent que je suis un mauvais Indien. Quel homme blanc m'a jamais vu soûl ? Qui est jamais venu à moi, affamé, et reparti le ventre vide ? Qui m'a jamais vu battre mes femmes et tromper mes enfants ? Quelle loi ai-je violée ? Ai-je tort d'aimer ma propre loi ? Est-ce mal de ma part d'avoir la peau rouge, d'être un Sioux, d'être né là où mon père vivait, de vouloir mourir pour mon peuple et mon pays ?

4

CELINDA HICKOK

Je m'appelle Celinda Hickok. Je suis née le trois septembre 1839. Je marche sans bruit dans notre maison, à Toy Grove, dans le Kansas. Un printemps acide a rendu la plaine aussi verte que le ciel. Le ciel était traversé de nuages en forme de lune, d'oiseaux, de rocs disloqués, de fers de lance... Fer de lance... On venait d'en extraire un débris de la jambe de mon frère James, dit Wild Bill. Il avait été blessé à Fort Wallace, surnommé Wild, « le sauvage ». Ce frère, je l'aime jusqu'au vertige. Les femmes et les hommes profitèrent de ce surnom pour justifier leurs saletés, leurs trahisons. Mais pour moi et pour notre mère, Polly, Wild restait James. Petit James. Blessé au cours de l'exercice de ses fonctions de marshal, il demeura trois jours ici, dans cette maison qui sent le pain chaud, le sirop d'érable. La maison où il était né. Notre maison.

Je fais chauffer le thé, le sers dans une tasse en porcelaine anglaise. Étions-nous descendants de l'illustre maison « Hicckok » (deux « c »), dont le blason écossais représente deux épées entrecroisées ? Polly l'affirme. Parmi mes autres frères et sœurs, les avis étaient partagés : Lorenzo et Lydia y croyaient, James s'en moquait.

Quant à Wild Bill, on prétendait qu'il avait déjà tué tellement d'hommes qu'il aurait dû être pendu haut et court. Même s'il exterminait la terre entière, je continuerais de l'aimer avec mon ventre. Puisse le Seigneur me pardonner, mais l'âme est bien située au fond du ventre.

Le Dr Smithson enleva le fer sans employer de chloroforme. James avait refusé l'anesthésie. Assis sur le lit en bois sculpté, James soutenait lui-même sa jambe et ne tremblait pas. Je me trouvais près du Dr Smithson, pâle, un mauvais bonheur en moi. Aucune autre femme n'était là. Quand il était en danger, James revenait vers moi. À la maison, j'étais toujours là pour le soigner, l'apaiser. Moi, Celinda Hickok, la sœur qui rêvait de son corps et confessait ce crime au pasteur muet.

Je me couvrais ensuite la tête de cendres et me flagellais. Le fer de lance extrait, je le pris et l'emportai pieusement dans ma chambre. Avec ce bout de métal, je me griffai la poitrine pour saigner à mon tour. Je me punissais de tant désirer le corps de mon frère.

N'avais-je pas déjà empêché son mariage avec

Mary ? Mary que j'avais fait lyncher en la dénon-
çant comme une Indienne.

James était aussi méchant que moi et nous
nous comprenions. Pour me plaire, il avait refusé
le chloroforme. Avait-il deviné ce que je ferais de
ce fer ? Quand le Dr Smithson arracha le bout
de lance, je tombai, les yeux fixes, en poussant
un cri sauvage.

La terre est verte, le ciel est vert. Et terreux
mon teint, plus verte que bleue ma prunelle. La
peau de mes mains ressemble à celle du serpent
vert qui avait mordu James douze ans plus tôt.

Quand James avait soudain basculé en arrière,
livide, je m'étais précipitée pour appliquer ma
bouche sur la morsure. Le serpent semblait doré
dans le soleil. Quoi de plus beau qu'un serpent
venimeux dans le soleil ?

Le serpent avait disparu, englouti par la
lumière. Je baisai la saignée du bras, là où se
rejoignaient les fleuves des veines, au tracé plus
compliqué que ceux des Black Hills. J'aspirai de
toutes mes forces. Devais-je avouer l'inavoua-
ble ? J'aimais le goût du venin. J'en avalai un
peu ; il avait le parfum du sang. Une ivresse me
prit. Je ne pensais plus au serpent ; la mort était
cette plaie minuscule où je buvais avec délices.

Je suis Celinda Hickok, dite Cindy. Hannah,
cette quaker que ma famille recueillit, m'appelait

Cindy. Elle fut mon esclave. James était abolitionniste – j'ai toujours aimé les esclaves.

Une odeur de tarte aux pommes flotte dans la maison. Le rire de Hannah, les jupes bruissantes, le visage luisant, bloc d'ébène aux lèvres rouges. Hannah, rivée à nous par des liens plus forts que l'amour ou la haine. Même affranchie, mes yeux lui disaient qu'elle était une esclave. Elle se souvenait encore : sa famille entière et ses enfants fouettés à mort sous ses yeux par les Sudistes.

— Mam'zelle Cindy ! Mam'zelle Cindy !

Elle brandit un gros bâton et massacra le serpent d'or qui glissait lentement vers mes chevilles. Le bâton me cingla les reins car l'esclave avait l'âme d'une mamma : elle avait surpris le baiser et mes dents qui avaient longuement mordu les lèvres de James. Elle savait que j'aimais être fouettée. Et injuriée.

— Vous n'avez pas honte, mam'zelle Cindy ! Vous n'avez pas honte !

Non, je n'avais pas honte. Je n'avais pas eu honte en racontant que Mary était indienne. J'avais aussi détruit ton autre amour, James, la femme de Mac Canless ; tu avais tué Mac Canless. Je le savais. J'étais la seule à le savoir. C'était en mars 1861.

À cause de ce crime – de cet amour –, tu avais dû fuir, toujours fuir. Ici, je te protégeais, ici je te gardais. Avec Polly, notre mère, et Hannah, nous aurions tué ceux qui auraient voulu te traîner à la potence.

Je te gardais, mais je te perdais sans cesse. Un mois après que tu eus abattu Mac Canless et ses deux amis, la guerre éclata, tout fut saccagé. Je ne savais plus qui j'étais, je souhaitais ta mort tant tu me manquais, James ! James !

Tu fus sauvé par la guerre. La guerre, le sang, le crime allaient être tes anges gardiens. Tu fus agent secret. Écouter. Voir. Entendre. Sans que l'on t'écoute, sans que l'on te voie. Sans que l'on t'entende. Telle fut ta vie.

Pourquoi, toi qui ne confias jamais un secret, toi, le beau, le muet, dont on savait tout sans que jamais tu ne parles, m'avouas-tu être tombé amoureux d'une petite fille de huit ans qui s'était battue à tes côtés, tandis que tu tuais dix hommes menaçant l'attelage dont tu étais responsable ?

— Je vais reprendre la route, disais-tu.

La guerre te perdait, la guerre te sauvait. Je hurlai un cri muet : Dieu, Dieu des enfers, mon âme se damne, mon frère se damne. Mes désirs ne sont qu'impureté et infamie : je veux le corps de mon frère rivé au mien comme la pointe de la flèche dans ses chairs.

Je monte jusqu'à ta chambre. Tu feins de dormir. Le docteur a bandé très fort ta jambe rehaussée par un coussin. La tasse de thé tremble dans mes mains. J'ai envie de crier, de pleurer. Tu vas partir et j'errerai encore une fois dans la maison. Seule, penchée sur le livre de prières. J'allais cirer moi-même ta chambre, enfouir ma joue dans les draps fleurant ton odeur. M'enivrer de ces effluves. Toi, toi.

Suis-je vraiment seule ?

On me fit épouser Erastus Dewey, le trois janvier 1867. Erastus prêchait au temple, Erastus dont je détestais les mains, la maigre barbe, les jambes trop courtes, la boiterie... Martha, notre fille, était élevée par Hannah et par Polly et non par moi, sa mère. J'avais honni mon corps habité par elle. Si au moins j'avais accouché d'un garçon, d'un petit James. Lydia, ma jeune sœur, aimait Martha et la consolait souvent. Lydia me tourmentait, car elle te ressemblait. Vous étiez deux étoiles dans le même ciel. Vous aviez les mêmes prunelles bleues, grises, un ciel d'orage. La même bouche impitoyable aux lèvres pleines, les pommettes hautes, la chevelure plus opulente que celle du général Custer... Lydia était belle et toi, tu préférais Lydia, tu préférais tout ce qui te ressemblait. Lydia avait droit à tes confidences, aux fragments de ta vie. À Lydia tu avais dit le secret de ton amour pour la fillette de huit ans qui t'avait sauvé la vie et volé ton Navy.

Je ne suis que l'ombre : j'écoute aux portes, aux fenêtres et aux serrures. Tu me parles à peine, tu réclames Lydia.

Comme Lydia était belle le jour de son

mariage, ce vingt-trois juillet 1863 ! Elle avait trouvé mari avant moi, bien qu'elle fût ma cadette. Harvey Stevenson était beau lui aussi, fin et musclé, élégant dans son costume. Lydia, parée de dentelle du Sud, ressemblait à une reine. Je te haïssais, je te haïssais car James effleurait ta bouche en murmurant : « Ma petite sœur, ma Lydia. » Jamais il ne m'avait parlé ainsi. Lydia eut un fils, dont James raffolait. « *Uncle James* », balbutiait l'enfant dès qu'il sut parler. Tu lui appris à tirer.

Nous étions tous sur la photo de mariage : Horace, Lorenzo, Olivier, Polly, papa William Alonzo, mort depuis, remplacé par les gendres...

James, avec ton chapeau blanc, ton costume de gentleman, tu surpassais tout le monde par la taille et la grâce. Même les mariés étaient éclipsés.

Mon mariage fut terne et désolant. J'avais froid. Le blizzard, la glace, la neige composaient mon bouquet de noces. Pendant la nuit, le corps d'Erastus s'épuisa en vain sur le mien. J'étais plus fermée qu'un tombeau.

Tu n'étais pas présent ce jour-là. Tu te battais en duel avec Jack Hervey à Ellsworth, une balle éclaboussa ton front d'étoiles de sang... Tu signas un contrat d'éclaireur avec l'armée. On raconta que tu avais abattu une vingtaine d'Indiens. On disait que tu incarnais la justice, la vengeance. On t'appelait « le sauvage » – *Wild* –, celui qui dégainait avant de parler. À tout, tu préférais le silence.

J'accouchai en hurlant ; le serpent d'or m'obsédait.

— C'est une fille, mam'zelle Cindy, dit Hannah.

Ellsworth rôtissait sous les charbons ardents de l'été.

Les Indiens ne t'appelaient pas Wild Bill, mais *Violence de la terre et de l'orage*. Là où tu passais, se levaient les passions. Il n'y avait pas une ville, une plaine, une rivière, un gouffre, un saloon, une chambre, un lit de femme où tu ne laissais une trace de cette passion, de cette violence – de ce silence.

À chaque duel, à chaque triomphe, tu faisais monter Aurore, ta jument, sur le billard du saloon et elle tournait ; elle dansait, tenue en laisse par ta main amoureuse. Que préférais-tu ?

— Les juments et les femmes, disais-tu.

Tu avais toujours subtilement haï les hommes.

— Je les connais trop. Ils ne valent rien.

Quatre ans plus tôt, à Springfield, dans l'Illinois, tu jouais aux cartes avec David Tutt. Il te vola ta montre et, au matin du vingt juillet, avant que tout ne flambe dans la chaleur du jour, tu l'avais abattu d'une balle dans la tête devant la foule. Cette foule que tu méprisais, car elle se laissait éblouir par le spectacle de la mort.

La nuit même, tu fis danser Aurore sur la table de billard tandis que l'on enfermait à la hâte David Tutt dans une caisse en bois blanc.

— Que la terre lui ferme le bec ! hurla la foule.

À cause de toi, Polly était malade : son cœur tremblait à chaque nouveau triomphe, à chaque nouvelle blessure. Elle rêvait la nuit de ta main armée du Navy que l'enfant t'avait volé. Dans les rêves de Polly, dans mes rêves, ce n'était que détonations. Ta main tirait, tirait, tirait sur des baraques vides, à Ellsworth ou à Springfield.

Polly se réveillait en tremblant.

Je me réveillais en hurlant de ces cris muets qui me suffoquaient.

Tu étais mon tourment, ma passion, mon trouble plaisir. Un plaisir plus rouge que des entrailles. Les entrailles toutes fumantes que la baïonnette de Custer avait sorties du ventre des squaws.

Le cauchemar de ta main qui tirait, tirait, tirait n'était pas près de finir : encore faible de ta blessure, tu repartis (tu pars toujours). Tu avais été nommé marshal à Hays City et tu tirais, tu tirais, tu tirais.

Bill Melvin mourut de ton fusil pour avoir volé des mules. En réalité, il avait eu l'audace de gagner aux cartes contre toi. Tu ne pardonnais rien. Ton orgueil était plus meurtrier que les sabres du septième de cavalerie.

— Tous des lâches, murmurais-tu après une bagarre.

Août. Polly tomba dans l'escalier. Elle rêvait tout éveillée. Tu tirais, tu tirais, tu tirais.

En septembre, au saloon de John Bitter, tu avais tué le dénommé Sam Stahwhum. Un tricheur. Appuyé contre le mur, tu tirais, tu tirais, tu tirais. Les hommes te craignaient. Tu affolais les femmes ; tu entrais dans la légende. Étais-tu un justicier ? On te déclara non coupable.

Quinze jours plus tard, c'était moi qui hurlais dans la maison. J'avais rêvé qu'on t'abattait en te tirant dans le dos. J'avais vu la balle, le trou dans ta chair, la mort sur ton visage, ta bouche en sang. Ta main ouverte, molle, sans défense, avait laissé tomber les cartes à jouer. Mais non. Tu avais encore tiré et abattu deux individus qui avaient osé te toiser devant la poste.

Sauve-toi ! Sauve-toi ! Les hommes t'admiraient, mais un jour ils t'abattraient. Si on t'aimait autant, ce devait être le signe que l'on te haïssait plus encore. Sauve-toi ! Mon cœur allait lâcher. Je priais, je priais, je baisais le fer de ta lance. Ton corps. Ta chair, ma chair. Sauve-toi !

Tu avais tiré : un soldat ivre, à Fort Hays, avait vociféré : « J'aurai ta peau, Wild Bill Hickok ! » La balle était entrée dans son œil droit, la cervelle avait coulé sur le trottoir. Je hurlais dans mon rêve, j'avais vu la cervelle et la potence, la jument Aurore qui dansait – chaque fois qu'elle dansait, une cervelle sautait –, ta fuite avec elle, car, cette fois, tu avais mal joué : on te déclara coupable.

Tu partis pour Abilene. L'été 1870, la gorge de Polly se serrait lorsqu'elle nettoyait ta chambre murmurant ses craintes : Jamais on ne te reverrait.

5

« Abilene s'ouvrait à tous les vents. Les
gens du bétail avaient donné à la ville ses
clefs et libéré tous ses loups. »
W. Mc Leod Raine

AGNES THATCHER LAKE

Nous n'avions pas installé notre cirque – le
Hippo Olympiad and Mammoth Circus – à Abilene pour le silence et la tranquillité de cette
ville. J'avais toujours détesté le bruit, le cirque et
la fureur.

Mon rêve eût été une vie d'amoureuse
comblée. Peut-être étais-je passée toute ma vie à
côté de moi-même, de ma vraie vie, de mes
désirs profonds ? Même ma grande passion pour
Wild Bill Hickok, notre mariage, si bref, si douloureux – veuve quasiment au jour de mes
noces –, fut un accident.

Désormais, ils sont tous morts. Je suis assez

riche, installée à Cincinnati, et une sorte de douceur habite mon cœur éteint. La vieillesse a du bon.

J'étais si jeune quand William Lake m'épousa ! Il avait installé son cirque à Alsatia. La veille du spectacle, il m'avait vue caracoler sur les chevaux de mon père. Caracoler, sauter les obstacles... J'entendis applaudir, William Bill Thatcher me jeta :

— Tu es très belle. Veux-tu m'épouser ?

William Thatcher Lake était plus âgé que moi. Il avait des tempes grises, une carrure athlétique ; il tirait très bien à la carabine et aimait autant que moi les chevaux.

— Veux-tu m'épouser ?

Nous étions onze enfants à la ferme. Une demande en mariage était aussi intéressante qu'un vrai métier. William Bill semblait m'aimer. Sa passion pourrait me faire croire que moi aussi, je l'aimais. Nous traversâmes tous les États avec le cirque. Nous avions des clowns, trois Noirs, un jongleur : Jivarou, des nains, et notre numéro de chevaux. Était-ce à cause des chevaux que tu m'avais aimée ?

— Tu es plus belle qu'une pouliche.

Tu défaisais mes cheveux noirs.

— En tulle rose, avec des bas noirs, tu es la femme et le cheval.

Je me souviens de ta jalousie quand je caracolais, vêtue de tulle. Tu avais envie de tuer ceux j'avais attirés.

Emma naquit le vingt-deux février 1856. Au début de ma grossesse, je continuais mon numéro de la femme et du cheval. Je pouvais tenir debout tandis que la jument galopait. Je me rattrapais à son encolure ; mes jambes apparaissaient, gainées de soie, à la fois visibles et invisibles, à portée de main et de lèvres...

— Tes jambes sont à portée de ma bouche... Ah, dévorer tes jambes...

Ma beauté était mes jambes, comme celle des chevaux de race. Un jour, je tombai évanouie. Depuis juillet, j'avais mal au cœur et au ventre. Mes jambes nues sur le sable du cirque... Les hommes applaudissaient. Les hommes de l'Ohio. J'étais enceinte et j'avais envie de manger le sable. Emma, ma fille, serait écuyère, elle aussi, à cause de la beauté de ses jambes.

Serais-je donc toujours veuve au mois d'août ? En cet été brûlant où je devais survivre, le cœur sec, tout en moi se tordait de chagrin. Pourquoi fallait-il que mes hommes meurent assassinés ? William en août 1869, à Gramby, dans le Missouri, et Wild Bill en août 1876, à Deadwood. Chaque fois, je repris la route, seule, chef de la troupe. Je prenais Emma dans mes bras, je menais le cirque, et le soir je caracolais en bas noirs et tulle rose, seule, seule.

Nous étions en été 1871. J'avais fait installer notre cirque à Abilene. Emma avait quinze ans, j'étais dure, décidée à réussir, à élever Emma. Wild Bill me regarda caracoler et tomba amoureux de mes jambes « à portée de sa bouche ». Je n'avais ni vingt ans ni trente, mais quarante. Mon visage s'était alourdi. Abilene résonnait de coups de feu. Wild Bill essayait de maintenir l'ordre.

— Tes jambes, disait-il. Manger tes jambes.

Il était un seigneur avec une voix plus faible que ne le laissait supposer sa carrure. Il était beau. Je mourais de plaisir entre ses bras. Emma s'agitait sous sa tente, proche de la mienne. Les chevaux frémissaient, la chaleur nous brûlait, la passion nous incendiait.

Les Texans étaient les plus terribles. J'étais une femme seule qui dirigeait un cirque et ma taille était toujours belle. J'avais le regard franc, qui ne vacillait pas. Mais je ne voyais plus rien dès que j'entrais en piste. Il me semblait que, peu à peu, la couleur de mes yeux changeait. Couleur de fond d'étang. La passion marquait durement une femme de mon âge. Je perdais mes forces. James Butler Hickok était plus jeune que moi. Sa simple vue me troublait et de ce trouble naissait mon plaisir. Les Texans venaient à mon spectacle et scandaient : « Agnes ! Agnes ! », dès que j'apparaissais sur ma jument noire au front étoilé de blanc. James Butler devait m'avouer qu'il était aussi tombé amoureux de la jument.

Abilene était une ville de bétail. Tout le jour,

on entendait le raclement des sabots et les beu-
glements des troupeaux. Les cow-boys allaient
boire chez Pearl, dans Texas Street, et à l'Alamo
Saloon. Abilene, première *cow-town*, ville de
bétail à l'ouest du Mississippi... L'œuvre de
Joseph Mac Coy qui, de trois cents hectares en
friche, fit un centre de cinq mille individus : agitation, profits immédiats. Abilene était la ville
des joueurs, des plaisirs et des meurtres plus que
celle de l'austérité laborieuse ou protestante. S'il
n'y avait pas eu Abilene, cet amour-là eût-il
existé ?

Le bruit était infernal : souffle des bêtes, choc
des cornes et des sabots, *Hi Yippy !* hurlé cent
fois par jour. Une drôle de fille s'y fit remarquer :
elle claquait un long fouet. On crut d'abord que
c'était un très jeune homme, il fallait de la force
pour conduire un attelage. Mais son chapeau
glissa et un Texan jeta par-dessus le meuglement
des vaches :

— On se retrouve chez Pearl ce soir, Martha
Jane ?

La poussière montait des rues en un nuage si
épais que je ne voyais plus rien. Je pus apercevoir, sous le chapeau d'homme, une natte de
cheveux auburn, un singulier regard brun et or,
abrité derrière de longs cils, un regard de femme.
Entre les dents très blanches, un cigare éteint
que la jeune fille cracha au loin. Dressée sur le
banc, je vis sa taille fine serrée dans un gros cein-

turon où étaient passés deux colts. Sur ses reins se balançait une Winchester à deux canons.

— Vous êtes des culs-terreux ! Jeta la jeune fille aux Texans qui entouraient son attelage.

L'un d'eux répondit :

— Attention à ta peau, Martha Jane.

Elle fit claquer son grand fouet avec un rire de gorge qui me parut interminable et presque enfantin. Elle sauta à bas de la charrette, se dirigea vers un bloc de granit sombre érigé sur l'unique pelouse verte, et elle déchiffra à haute voix l'inscription gravée sur la tombe :

Thomas J. Smith
Marshal d'Abilene, 1870
Mort en martyr du devoir le deux
novembre 1870.

— Les culs-terreux de votre espèce ont détruit les braves, dit-elle.

Les Texans ricanèrent. Elle dégaina et tira entre leurs pieds jusqu'à ce qu'ils disparaissent. Elle portait un Navy.

Le soir même, ils allaient encore crier à mon spectacle : «Agnes ! Agnes ! » Le vertige me prendrait, comment me défendre ? Et Emma ? Qui pourrait nous protéger ? J'étais triste d'avoir eu une fille. Que faire d'elle ? Le cirque, les chevaux, les hommes ? Les hommes... Ses quinze ans et sa beauté attiraient le regard. Le regard des hommes. Les femmes venaient peu à mon

spectacle et les hommes hurlaient : « Emma !
Emma ! » quand elle courait, agrippée à l'encolure d'un mustang couleur de feu. J'exigeai
qu'elle s'habillât en homme ; je connaissais trop,
pour les avoir subies, ces réflexions obscènes sur
nos jambes et nos corps.

Emma était gracile, avec des yeux de biche.
Emma aimait les robes, les dentelles, les bouil-
lonnés. Elle essayait mes tenues de scène, détestait le pantalon, même brodé d'or, celui que je
lui avais fait faire par une Mexicaine. Je la trouvais souvent devant mon miroir venu d'Angleterre, un cadeau de William, habillée de tulle et
de soie, les jambes nues. Je devenais violente, je
la poussais, j'arrachais parfois le jupon.

— Emma, ne t'habille pas ainsi !

Ses prunelles viraient au gris-vert. Elle me
toisait.

— Tu es la seule femme que je connaisse à
s'exhiber nue devant les hommes.

Elle me défiait. Je la giflais. Quelle cohabita-
tion possible entre une fille de quinze ans et une
mère encore jeune ? Je la giflai encore le soir où,
par bravade elle entra en scène devant les
Texans, avec mes bas et un simple maillot de
corps. Les Texans se déchaînèrent : « Emma !
Emma ! » Je pleurai.

— Aux jeunes à montrer leurs jambes, pas
aux vieilles, me jeta-t-elle. Quelle horreur, ces
vieilles femmes qui caracolent nues... Tu me
dégoûtes.

Nous nous empoignâmes sous ma tente. Elle éclata en sanglots. Alors, je pus la consoler.

Trop vieille ? J'eus quarante ans cette année-là et mes jambes étaient restées intactes. Avais-je vu les années passer, Emma grandir ? J'avais été toujours en voyage, plantant nos tentes, le soir, partant le lendemain. Je n'avais connu que l'errance et la lutte pour survivre. J'avais défié l'âge, la peur, la vieillesse et la mort. Et j'avais en effet oublié l'âge, la peur, la vieillesse et la mort.

Notre troupe comptait quinze hommes, leurs femmes, des bêtes, des chariots, des carabines. Nous savions tous tirer, résister au froid, à la fatigue, à la faim, franchir les torrents, vaincre les dangers, les flèches des Sioux, les balles des *desperados*, les épidémies qui nous faisaient grelotter de fièvre... Emma voyageait près de moi, parlait peu, criait dans son sommeil. Elle n'arrivait pas à oublier le corps de son père criblé de balles. Elle avait treize ans quand il fut tué. Depuis plus de deux ans, l'homme, c'était moi.

Dès notre arrivée à Abilene, je demandai protection au marshal James Butler Hickok, dit Wild Bill Hickok.

Le bruit ! Tout ce bruit ! Cinq cent mille bêtes piaffaient dans les enclos, près du chemin de fer. Les Texans s'entassaient à l'Alamo Saloon. Le marshal habitait tout près de là. La *cabane à Hic-*

kok, comme ils disaient. J'y allai dès le matin de notre arrivée.

Les nains détachaient les chevaux ; le lanceur de couteaux et les clowns montaient le chapiteau. Emma servait de cible au lanceur de couteaux. Je ne voulais plus la voir écuyère. William lui avait appris le métier dès l'âge de sept ans. Au début, morte de peur, elle pleurait, gesticulait de terreur, et j'avais dû l'arracher à la forme en carton qui représentait un nuage couronné d'étoiles.

— Tu resteras écuyère, ne pleure plus.

Emma reniflait, cachée contre mon cou.

Après la mort de William, elle eut un curieux revirement. Nous étions à Cincinnati et je la trouvai, s'exerçant avec Jivarou, le lanceur, un doux colosse à la carrure effrayante. Emma criait : « Encore, Jivarou ! » Il avait lancé plus de cent coutelas et la silhouette d'Emma, sur la cible, était comme découpée en pointillé...

— Papa serait content, dit-elle.

Duck Curdy était chargé de sortir les costumes des malles. Pendant le spectacle, il était aussi l'« homme-souris ». Il ne parlait pas, ne riait pas, ne pleurait pas. Il était petit, à peine cinq pieds de haut ; on lui mettait un masque fait d'un court museau couvert de poils, avec des yeux ronds et fixes. Enfant, Emma en avait très peur. À présent, elle lui caressait le museau et lui donnait des morceaux de sucre.

— Pauvre Duck, disait-elle.

Duck adorait le sucre et rongeait, rongeait, accroupi sur sa couche minuscule. Les nains se moquaient de lui. William l'avait acheté pour quelques *pence* en Angleterre.

Les nains étaient quatre : robustes, farceurs, ils passaient leur temps à se grimper sur le dos pour tourmenter l'homme-souris en lui faisant avaler du sel. Ils craignaient mon fouet, car il m'arrivait de les cingler quand ils devenaient méchants. Mi-bêtes, mi-hommes.

Les trois clowns, d'anciens *desperados*, échappés de justesse à la potence, avaient été enduits de suie pour ne pas être reconnus. Dès que nous atteindrions le Mexique, ils disparaîtraient du cirque. Un Indien complétait la troupe : Ours Debout – *Standing Bear*. Il était jeune, presque muet. Je l'avais ramassé à moitié mort de faim. Le public le considérait comme un animal. Il avait à ses yeux moins d'importance qu'un cheval.

J'avais entendu la jeune fille à l'attelage cracher ces mots :

— Tant que les culs-terreux considéreront les Indiens comme des animaux, ils resteront des culs-terreux.

Ils s'étaient engouffrés à l'Alamo Saloon, sauf Martha Jane qui louait une chambre un peu plus bas, dans Texas Street, au Drovers Cottage, chez Lou Gore.

James Butler Hickok m'écoutait. Il avait cessé de se balancer sur son rocking-chair et croisé ses mains sous son menton. De belles mains de pasteur, blanches, aux ongles délicats. Des mains étonnantes pour un tueur. De belles mains qui ne tremblaient pas, nonchalantes, douces. Des fauves au repos. Il avait le menton carré, imberbe, les mâchoires fortes, les lèvres rouges ; il laissait échapper ses paroles en un murmure.

— Vous êtes madame Agnes Thatcher Lake, directrice du cirque Lake, et vous comptez rester à Abilene jusqu'à l'automne.

La voix ressemblait aux mains : douce, presque basse, à peine audible. Il continuait à se balancer, quoique, par courtoisie, il eût déplié ses jambes. Une image s'imposa à moi : celle du tigre, d'un animal noble, lent, féroce, d'une férocité inouïe. C'était aussi le visage de l'amour, du plaisir.

— Abilene n'est pas une ville tranquille pour une dame... Il est vrai que vous n'êtes pas n'importe quelle dame...

Je me laissais bercer par la voix douce. Je regardais les lèvres rouges... J'eus envie, soudain, de serrer les dents. Désirer un homme à cause du dessin de sa bouche... L'amour prenait la forme de ses lèvres, de cette bouche close et pleine, prête à s'ouvrir pour goûter ou dévorer le corps d'une femme. Le mien. Il avait la volupté des carnassiers, des chasseurs.

James Butler Hickok dit : « Vous permettez ? » et alluma un cigare.

Au-dessus de la bouche, du piège terrible de la bouche – non, je n'échapperais pas au piège –, il y avait la moustache d'or roussi. Ses beaux cheveux blonds, longs, descendaient jusqu'aux épaules. Le regard était-il plus beau encore ? Ce regard évoquait les prunelles de certains animaux assoiffés de sang. Il avait le regard du lanceur de couteaux quand il jette à la volée ses pics mortels sans toucher le corps de celle qui repose contre la cible...

— Je viendrai ce soir à votre spectacle, dit enfin le marshal.

Il se leva. Il était très grand dans son costume de toile et de velours. Était-ce un prince, était-ce un ange ? Son regard s'adoucit, il sourit et je sus que j'étais perdue quand cette bouche se pencha sur ma main pour la baiser.

Derrière le rideau tiré, on entendait les Texans hurler *Dixie,* leur hymne préféré. Le marshal n'aimait pas ça, mais ils étaient au bord de la révolte, excités par un certain Philip Coe, et un autre de ses comparses arrivé en ville la veille, un dénommé John Mac Call. Philip Coe et Mac Call investissaient tous les saloons. Je n'aimais guère voir mes bancs occupés par ces types-là. Après le spectacle, le colonel Sidney Barnett, fils de Thomas Barnett, avait demandé à me voir ainsi que Carol Corgrove et Tom O'Donnell. C'étaient des agents de Barnum, dont les spectacles se produisaient à New York malgré l'échec de C. D. French, un as du lasso.

Un bel homme était monté dans mon chariot-caravane, mieux arrangé qu'un salon de Richmond : William Cody – Buffalo Bill. Il avait aimé mon spectacle. Sa proposition me concernait ainsi qu'Emma, l'Indien Standing Bear et toute ma troupe. Il n'aimait pas beaucoup Curdy, l'homme-souris, mais appréciait mon numéro d'écuyère et celui d'Emma.

— Emma est mieux en écuyère qu'en cible, dit William Cody qui dut s'asseoir car sa tête touchait mon plafond de toile.

Je dépliai mon paravent et je me changeai. Je mis ma plus belle robe, couleur gorge-de-pigeon ; j'avais sous mes jupes un colt armé dont je ne me servais pas. Mais c'était un principe. Jivarou nous apporta du whisky. Il était attaché à mon service. Farouche et muet. William Lake l'avait sauvé d'un massacre et, depuis, il se dévouait à notre famille. Il aurait fait n'importe quoi pour moi et surtout pour Emma qu'il aimait jusqu'à la vénération. Curdy et Jivarou étaient les esclaves d'Emma :

— Jivarou, grand chien triste, passe-moi mes lassos... Jivarou, lave-moi le dos.

Sans pudeur et sans vice, Emma entrait nue dans les torrents, Jivarou, silencieux, frottait son dos, surveillait les alentours.

130

William Cody semblait de plus en plus inté-
ressé par notre troupe.

— Un jour, dit-il, j'aurai mon cirque et je ne
vous oublierai pas.

— Si tu nous traites comme les bisons, grommelait Barnett, tu risques un franc succès.

— Pour la dextérité au lasso, tu devrais
employer Bill Pickett, le cow-boy noir, conseilla
Carol Corgrove.

— Abilene est un cirque, dis-je. Vous avez vu
cette drôle de fille habillée en homme, qui
conduit les attelages, qui jure et qui crache en
secouant sa crinière ?

Tous dirent en chœur :

— Martha Jane Cannary.

— Le marshal l'a surnommée Calamity Jane,
dit Barnett après un silence.

Ils avaient suivi des pistes différentes pour se
retrouver à Abilene ce soir d'août, devant mon
whisky. L'Oregon, Santa Fe, Sedalia, Chisholm.
Nous avions aussi appris à ne pas poser de questions. En chariots d'escorte ou en carrioles, notre
vie consistait en lessives dans les rivières quand
on en trouvait, en manœuvres des troupeaux.
Nous venions de faire douze semaines de pistes
et par tous les temps. Il fallait économiser nos
forces et ménager les bêtes. Philip Coe le savait.
Ces bêtes étaient arrivées à Abilene amaigries,
harassées, énervées ; il s'agit de les vendre. En
créant les premiers postes de bétail à Austin, terminus Abilene, Jesse Chilsum savait ce qu'il fai-

sait. Lou Gore – la Madame – avait saisi sa chance et s'était installée pour un temps à Abilene, avec ses filles aux bas noirs.

— Tu t'habilles comme les filles de Lou Gore, maman, disait Emma.

— J'aurai un cirque semblable à celui de Barnum et Bailey. Nous irons jusqu'en Europe, dit Buffalo Bill.

Il se versa une nouvelle rasade de whisky. Barnett haussa les épaules :

— La célébrité te monte à la tête ! Ce n'est pas parce qu'on a battu Bill Comstock à la chasse aux buffles qu'il faut engager Agnes et sa troupe !

— Et ma course de trois cent cinquante-cinq kilomètres que tu oublies, Barnett ? Cinquante-huit heures d'affilée sans descendre de cheval. J'étais parti de Fort Larned où j'étais scout...

— C'est à la presse, demandai-je, que vous devez votre surnom de Buffalo Bill ?

— Oui, au reporter Ned Buntline, puisque les éditeurs Street and Smith ont lancé la série *Buffalo Bill, roi des éclaireurs.*

Je n'eus pas le temps de répondre, Jivarou avait frappé : le marshal voulait me voir. James Butler Hickok était entré. Je laissai mon visage dans l'ombre car j'avais rougi, comme Emma quand un homme la fixait.

— Ah, reprit Barnett, voici notre homme :

Wild Bill Hickok, celui qui nous permettra de monter son spectacle de l'Ouest sauvage. Qu'en pensez-vous ?

— Plus tard, plus tard, répondit-il. L'année prochaine peut-être...

Il avait une voix basse et sourde qui me bouleversait. À la façon dont il me regarda – pourquoi les yeux d'un tueur peuvent-ils se faire si caressants ? – tous se levèrent, un à un, cédant la place au plus beau, au plus fort, c'est-à-dire à celui que l'hôtesse avait secrètement choisi. Délicatesse soudaine dans la brutalité de cette ville de bétail dont le vacarme éclaboussait mes murs. Les pas décrurent sur les marches de bois, jusqu'aux enclos où mugissaient les bêtes, devant les saloons toujours ouverts. Ce fut moi qui fermai la porte, poussai le verrou, soufflai la lampe. La nuit était si claire que James Butler Hickok, immobile, contemplait un spectacle réservé à lui seul. Je dégrafai la robe gorge-de-pigeon. Elle glissa à mes pieds ; je gardai mes bas noirs, mon corset à rubans, je respirais à peine. Il ne parlait pas, regardait, posait sa main gantée sur le haut de ma cuisse, enlevait le colt, glissait sa jambe entre les miennes. Je tremblai, j'avançai en aveugle, me soudai à cet homme dont la bouche et la voix ne cessaient plus de prononcer mon nom.

6

CALAMITY JANE

Les chambres... toutes ces chambres habitées depuis Princeton. Ces chambres des fugues, de l'errance que je connaissais depuis toujours et connaîtrais encore jusqu'à mon dernier jour. Toutes ces chambres identiques... de quoi me souviendrai-je, en fait de chambre, à l'heure de ma mort ? Un toit brûlant ou glacial, les étoiles ou le feu du soleil, les rondins des murs cinglés par la pluie ou craquants de chaleur, le confort sommaire d'une paillasse douteuse sous mes reins, et les insectes qui empêchaient de dormir... Mon dernier lit serait-il fait avec des draps blancs comme ceux des Sudistes riches ?

Janey, ma fille, naîtra sur une de ces paillasses de fortune, les bêtes préféraient encore l'herbe et la terre.

On disait que Celinda Hickok cirait régulièrement le parquet de la chambre du marshal, à

Toy Grove, et qu'elle brodait pour lui des couvre-lits au crochet. On disait aussi qu'Agnes Thatcher Lake mettait pour lui les draps de satin mauve que lui avait offerts son premier mari.

Avec l'argent que me donna ce brave Alexander Majors, je louai une chambre dans Texas Street, au Drovers Cottage, chez Lou Gore.

Toutes ces chambres... Tous mes châteaux d'absence... La chambre de Lou Gore était située sous les toits, au bout d'un couloir. On entendait les portes claquer, le bruit des bottes des Texans. Le lit de bois était vermoulu. Je lançais à toute volée mes vêtements sur l'unique chaise peinte en rouge et vert, décorée comme les portières des diligences Wells and Fargo.

Le bruit ne cessait jamais. Les Texans chantaient, hurlaient, cassaient les bouteilles, buvaient au goulot en dansant sur les tables au son de violons mal accordés. Lou Gore, une forte femme moustachue, grognait :

— Chacals !

Elle donnait de grands coups de serpillière sur le comptoir où ils s'agglutinaient tels des corbeaux claquant du bec.

Je jetais mes vêtements car ils me collaient à la peau. J'étais sale. Je puais souvent, moi qui aimais tant l'eau des torrents. J'adorais m'y tremper au risque d'attraper la fièvre. Je m'y ébrouais avec mon cher Soleil, je me roulais dans l'eau, piaffais de joie, buvais longuement. J'enfilais mes vêtements qui n'avaient que rarement

eu le temps de sécher : les guêtres, les chaus-
settes, les bottes, le pantalon, les *chaps* en cuir,
trois blouses, un chapeau pour cacher mon
visage. Ma ceinture à colt (le cher Navy) et la
Winchester étaient les compagnons que je
retrouvais avec soulagement.

En hiver, à Abilene, il fallait casser la glace
pour boire et se laver. Le sang du mois, en cette
saison, m'était un supplice : je devais faire chauffer de l'eau au milieu des marmites de haricots
et de lard. Lou Gore maugréait :

— Toi, ma fille, tu finiras comme les autres :
prostituée ou à la botte d'un homme.

Se laver était un luxe, mon luxe. J'avais aidé
les Texans à enfermer le bétail. J'avais conduit
un attelage, la poussière et le soleil me brûlaient
les yeux. Les Texans s'échauffaient pour un rien.
Ils étaient ainsi.

Lou Gore m'aimait bien. Elle tolérait que j'en-
fume ma chambre avec mon cigare et que j'exige
de l'eau chaude. Je la payais en dollars.

— Quand tu seras vieille, tu sentiras aussi
mauvais qu'un putois et tu y prendras goût,
gouaillait-elle en frappant à coups de pied dans
ma porte.

Elle montait un baquet d'eau fumante. Je la
payais bien. Presque tous mes dollars passaient
à régler ma pension chez Lou Gore et les baquets
d'eau chaude. Lou Gore me protégeait contre les
Texans, excités quand je descendais pour goûter
sa cuisine et boire son café noyé de whisky.

Depuis le jour où elle avait tiré sur un Texan qui m'avait agressée, puis l'avait chassé du bar à coups de pied, les types me respectaient. Disons qu'ils se tenaient à peu près tranquilles. Ce soir-là, Lou Gore leur confisqua le chaudron à haricots et les priva des tables de jeu.

— Chienne ! hurlait mon agresseur, tu me cireras les bottes, j'aurai ta peau !

— Dehors ! cul-terreux !

Le chahut était inouï, les insultes pleuvaient. Le marshal rappliqua. Les croupiers, les joueurs, les voyous, les cow-boys, les prostituées quittèrent l'Alamo Saloon de Pearl pour voir ce qui se passait au Drovers Cottage.

J'étais à terre, à quatre pattes, à demi assommée. Les balles de Lou Gore sifflaient. Je pleurais de rage. J'avais devant les yeux cette spirale rouge qui s'enflammait lorsque je me sentais humiliée, ridicule, du simple fait que j'étais une femme. Je bondis sur le Texan qui voulait tout casser. Je dois avouer que j'avais bu et une voix du ciel, une voix plus douce que les fleurs de la *Bear Butte*, caressa mon oreille :

— Cela suffit, Martha Jane. Calmez-vous, ou je vais être obligé de vous faire enfermer.

Je venais de mordre le Texan à la joue.

Lou Gore, indifférente, était retournée à ses casseroles. Les types hurlaient, les portes claquaient, les filles piaulaient en s'enfuyant, les chevaux hennissaient et les vaches faisaient un vacarme infernal, et moi, je n'entendais plus rien, je ne voyais plus rien. Il n'y avait plus que Wild Bill Hickok...

Il me tenait aux épaules. Il tenait à pleines mains cette chair des épaules, si douce, et j'eus tout à coup envie de dentelle et de satin. Pourquoi n'étais-je pas une pute que l'on achetait pour trois dollars ? Ne voulait-il pas m'acheter pour trois dollars ? Je voulais devenir la poussière et la terre, les étoiles et la lune, l'air et l'eau. J'avais reconnu l'Ange.

Quelque chose passa dans son regard. Il resserra son étreinte :

— Tu es la petite fille des Gorges Noires ? Il y a longtemps...

J'entendis ces mots sans qu'il eût besoin de les prononcer : ils étaient inscrits sur ses lèvres, dans son œil, tour à tour tendre et féroce. L'Ange posa la main sous mon chapeau couvert de sable, de boue et de poussière, il toucha ma nuque ; ma natte se défit et balaya mes reins.

J'avais déjà disparu aux Gorges Noires, onze ans auparavant, comme je disparus de nouveau ce soir-là.

— Tiens, voilà ta flotte. Le bain de la princesse est prêt, dit Lou Gore.

Je bondis sur mes pieds, mon Navy à portée de main : ainsi va ma vie. Je rêvassais, allongée sur mon lit.

— Tiens-toi tranquille, princesse, ici tu es en

paix... tu n'es tout de même pas à l'Arpent du Diable ou chez Apple Jack ou au Bull's Head Saloon. Quant à l'Alamo Saloon, n'en parlons pas. Si tu y entres, c'est pour y mourir ou attraper la vérole.

Nue, je plongeai dans le cuveau, le gant était rêche. Lou Gore s'assit en soufflant sur le lit défait.

— Tu es une drôle de fille, tout de même.

Je m'étrillai, je m'ébrouai, mes pieds étaient écorchés – neuf heures passées à conduire les attelages. La glace ternie me renvoya l'image de mon corps, long et mince, aux seins petits, fermes, placés haut.

— Tu as de belles jambes, Martha Jane. Si tu voulais travailler avec mes filles, tu gagnerais plus que sur tes attelages, au milieu des bouses de bison.

À Billings, j'avais travaillé six mois au Pan Saloon, chez Anna Turke. Alexander Majors venait de mourir, l'armée ne m'avait gardée que quinze jours. Une femme... Ils n'arrivaient pas à s'y faire. Le premier mois, ça marcha, car j'étais déguisée en homme, mais un jour il y eut du sang sur ma selle. Je fus renvoyée. Le colonel fit : « Hum, hum, comprends-moi, je ne veux pas avoir d'histoires. » Je louai une chambre chez Mme Moustache. Elle me proposa : « Cinquante, cinquante » ; j'enrageai, mais j'acceptai.

J'enfilai une robe rouge et noir, un corset à rubans et des bas résille qui me serraient trop. Les gars donnaient dix dollars supplémentaires pour pouvoir ouvrir mon corset avec leur couteau. J'acceptai une fois. La seconde, j'eus peur d'être blessée. Le type originaire de l'Illinois avait des éclairs bizarres dans les yeux. Je lui envoyai mon poing dans la figure et, comme il voulut me donner un coup de pied dans le ventre, je l'envoyai rouler au sol. Mme Moustache criait d'en bas : « C'est fini, là-haut, oui ? » Je pris mes chers vêtements d'homme, mon Navy, mon sac de dollars cousu au fond de ma culotte et je descendis au bar.

— C'est fini, madame Moustache !

Sa bouche était surmontée d'une véritable moustache grise. Je n'avais jamais vu ça. Les mêmes poils gris sortaient de ses oreilles et de son nez. Une vraie mormone. Une des femmes de mon père avait eu, elle aussi, des poils sur le visage et sur le corps. Madame Moustache avait des hanches plus larges que le Mississippi, des mains d'homme faites pour tresser des cordes de pendus. Une heure plus tard, je partais avec mon balluchon, mes dollars. La garce poilue voulut confisquer les dollars qu'elle avait trouvés dans ma culotte. Je sellai Soleil et partis travailler à une centaine de kilomètres de là, à la pose du télégraphe. J'avais presque la paix sur les chantiers d'hommes. Les types de l'Union Pacific avaient fait mon éloge, j'avais, comme on dit, ma réputation.

Les Indiens nous attaquaient sans répit. Ils n'arrivaient pas à oublier Wichita. Je bourlinguai quelque temps avant de reprendre la route pour rejoindre Abilene et les Texans. L'armée, cette fois, m'avait acceptée comme conductrice d'attelages. Le Texan Marcus Terry avait besoin d'une personne de confiance pour ramener une partie de ses bêtes avec du ravitaillement : j'offris mes services. Avec les Texans, il y avait toujours des histoires. C'étaient des culs-terreux.

— Ça m'étonnerait que ça dure, cette affaire de bétail, dit Lou Gore. Ça n'aura qu'un temps. Comme Abilene.

Je m'essuyai avec mon drap, raide d'apprêt. Je passai ma chère tenue de vagabonde, rude, efficace, qui laissait mes mouvements libres. Dans mes fontes de selle, j'enroulai deux couvertures, ma cafetière, une gamelle, un peu de linge, du savon noir et ma belle jupe indienne que je n'avais plus portée depuis Promontory Point.

— Tu es une drôle de fille, soupira encore Lou Gore. Tu finiras dans le ruisseau ou sur la paille. Dans le meilleur des cas.

— Au prix où est la paille, ce sera une belle fin, Lou Gore !

Quelqu'un frappa.

— Laisse ton Navy tranquille, grogna Lou Gore.

Elle me sourit et brailla soudain :

— Qui est-ce ?

— Agnes Thatcher Lake.

La femme avait une voix rauque et voluptueuse.

— J'aimerais employer Martha Jane dans mon cirque.

— Entrez, dis-je.

— C'est quand même pas une vie pour toi ! ronchonna Lou Gore.

Elle empoigna le lourd cuveau et le souleva d'un coup. Dans les couloirs claquaient les bottes. On entendait crier les cow-boys. Mais je n'avais pas peur d'eux, je n'avais jamais eu peur des hommes.

À Cheyenne, l'année précédente, j'avais appris à boire sans m'enivrer. Je savais chiquer, cracher par terre le tabac noir et tirer plus vite que Joe Barcelona.

— À part ta violence, tu es une gentille fille, dit encore Lou Gore. Plutôt bien faite, avec tes jambes de pouliche, ta taille de chat sauvage, et cette peau de lait, délicate sous tes cheveux. Sans parler de ta jeunesse... Ton infatigable jeunesse. Mais je vais te dire une chose : quand tu craches ou quand tu chiques, quand tu bois ou quand tu lances ton fouet à la volée en traitant les hommes de culs-terreux et les bigotes de chacals puants, eh bien, tu perds un peu de ton charme... un peu seulement... Les hommes, au fond, aiment recevoir des raclées. Ce sont des chiens. Plus tu tapes dessus, plus ils remuent la queue. Une chose est sûre : tu es une drôle de fille.

Elle s'éloigna dans le couloir en menaçant un Texan qui venait de la gratifier d'une claque sur son large postérieur. Je l'entendis crier :

— Que l'enfer grille ta pute de mère !

— J'ai vu le marshal, dit la femme nommée Agnes Thatcher Lake.

J'avais tout de suite pensé : « la femme », en observant ce visage dissimulé sous une voilette de dentelle noire, la taille serrée dans une guêpière de même teinte, les mitaines qui laissaient voir les ongles rouges, la cheville fine sous le cuir de la botte d'écuyère. « La femme », avec sa cravache et son réticule, son parfum d'iris et de patchouli flottant dans la dentelle de ses manches. Elle enleva la mitaine de sa main gauche où je vis briller deux alliances en or rose.

« Une veuve », me dis-je encore.

La mantille, rejetée en arrière, révéla des cheveux noirs et huilés, un menton alourdi. La veuve avait quelque chose d'obscène plus que de sensuel. Il semblait qu'elle ne pouvait que provoquer le désir obscur, originel. Les hommes ne devaient penser qu'à la renverser sur le sol avant d'arracher ses vêtements, mordre ses seins qu'on devinait sous le satin de la robe ponceau.

Ses yeux étaient très beaux, sa paupière bistrée

s'abaissait lorsqu'on la regardait de manière trop directe (ce qui était toujours mon cas. « Tu n'as pas un regard de femme », disait Lou Gore). C'était vrai. Je ne serais jamais comme ces péronnelles en jarretelles, jacassant au fond du temple, le dimanche.

J'allumai un petit cigare noir, à la fumée et à l'odeur si âcres que la femme porta un mouchoir parfumé à ses narines. Sous son déguisement honorable, ce n'était pas une *lady*. Elle virevoltait quasi nue sur un cheval malgré son âge. Je voyais les rides au coin des yeux, la pâte trop blanche masquant les muscles distendus de son cou.

— Le marshal m'a offert de rester à Abilene tout le mois d'août. On dit que vous tirez très bien. Je vous ai vue conduire l'attelage. Voulez-vous travailler pour notre cirque jusqu'à l'automne ?

— Quel genre de travail ?

— Emma, ma fille, sert de cible à Jivarou et Jivarou ne travaille qu'aux couteaux. J'ai besoin d'un bon tireur pour remplacer les couteaux par des balles... Je ne vois guère que vous ou le marshal pour tirer aussi bien.

Quand le marshal avait posé sa main sur ma nuque, j'avais éprouvé peines et délices. Tout se diluait dans la fumée de mon cigare. J'avais trop couru les routes, franchi les rivières, les vallées, chevauchant Soleil, le front brûlant ou mouillé de pluie... Mon seul repère était cette étoile de cuivre qui brillait sur la veste de Wild Bill Hickok.

L'amour, point fixe ; météore surgi du chaos de ces routes.

— Voulez-vous remplacer Jivarou ? demanda la femme. Qu'en penses-tu ?

— Pourquoi me tutoyez-vous ?

— Tu es si jeune... Presque de l'âge d'Emma.

— J'aurai dix-neuf ans en septembre.

— Je peux te donner une belle somme pour un mois, Martha Jane.

— Mon contrat avec les Texans se termine en septembre. J'ai été engagée par un type qui avait besoin d'un conducteur d'attelages. Lui-même travaille pour un autre qui obéit à un « baron ». L'affaire représente cent mille têtes de bétail.

— Tu n'as pas d'ennuis, avec tous ces hommes ?

— Moins qu'avec les bonnes femmes. Ils sont durs.

— Comme moi ? En cas de problème, il y a le marshal, n'est-ce pas ?

Son visage se plissa de façon bizarre, exprimant un malaise secret, insaisissable, une menace ; un vol de vautours obscurcissant le ciel. Pendant quelques secondes, je pus lire le soupçon dans ses yeux.

— Le marshal ? demanda-t-elle d'une voix faible.

— Il me défend. À l'Alamo Saloon, il a tiré entre les pieds de Philip Coe, le chef des Texans, qui ne voulait pas me payer. Philip Coe a juré d'avoir sa peau, alors à mon tour, je défends le marshal !

Lentement, la femme remit sa voilette. Je pensais à l'Ange... Tout à coup, malgré ma jeunesse, j'enviai la taille d'Agnes Thatcher Lake, la volupté de ses bras et de ses épaules, de sa chair plus douce que les *pancakes* de Lou Gore. J'enviai même sa bouche trop épaisse, marquée d'une ride à chaque coin, la gorge qu'on devinait sous l'écharpe gorge-de-pigeon. Elle était vieille et fourbe, les hommes devaient avoir d'elle le désir que l'on éprouve à goûter les fruits trop mûrs dont le parfum étourdit avant de soulever le cœur... J'enviai le corset, les dentelles, les boucles sous le chapeau à aigrette. Je me levai. J'étais plus grande qu'elle malgré mes talons plats. Je me levai, le cœur battant, le regard dur, comme on le devine sur les rares photos de moi – un regard d'aventurière ou d'amoureuse.

— J'irai voir votre spectacle, Agnes Lake. Mais je ne tirerai pas sur Emma.

Philip Coe et sa bande étaient assis au premier rang et faisaient un chahut d'enfer. Les nains exécutaient leur numéro, se jetaient en l'air et se rattrapaient, formaient une pyramide qu'ils détruisaient aussitôt ou une colonne vivante qui courait derrière l'homme-souris vêtu d'argent et d'écailles. Il y eut un silence quand l'homme-souris grimpa sur les épaules des nains et se suspendit un instant dans les airs à une corde invisible, pour tournoyer ensuite.

Le vacarme reprit lorsque parut Emma, mince, fragile, le profil parfait et le regard fixe, les membres aussi déliés que ceux d'Agnes, la lèvre dédaigneuse. Elle était vêtue d'un maillot mordoré acheté à Chicago. Les Texans hurlaient car les poignards de Jivarou passaient si près d'elle que chaque coup semblait le dernier.

Standing Bear tendait les couteaux un à un, impassible. Il lança à son tour une flèche dans le diadème étoilé qui couronnait les cheveux tressés d'Emma. L'étoile surmontant le diadème fut fendue en deux, l'enthousiasme des Texans devint du délire. Jivarou emporta Emma sur un poney ravissant, rose, tandis que Standing Bear s'exerçait au lasso.

Agnes entra alors en scène. Le lasso allait, venait, tourbillonnait. Je ne savais plus distinguer Agnes d'Emma. Elles ne formaient qu'un seul corps d'or et de strass dont Jivarou jouait à sa guise, implacable et précis. Pour finir, le poney se tint sur ses jambes arrière et dansa comme un chien.

À ce moment-là, Philip Coe tourna la tête du côté de l'entrée, car Wild Bill Hickok était adossé à un pilier. J'aurais tout donné pour quitter ce groupe tonitruant et frôler son ombre, seulement son ombre. Tout me parut soudain illuminé par sa présence.

Je fus saisie de jalousie et de désespoir. Agnes Thatcher Lake revenait, debout sur un mustang étoilé de blanc – Agnes était superbe, à cet instant. Il y eut un tonnerre d'applaudissements. Les jambes d'Agnes étaient aussi belles que la robe du cheval. J'avais perdu la partie.

Agnes tourna d'abord lentement autour de la piste. On pouvait croire qu'elle ne voyait pas le marshal dont les paupières baissées laissaient filtrer un regard insaisissable : c'était ce regard-là qu'il avait, cette jouissance-là qu'il éprouvait quand il tuait ou quand il aimait.

Cette nuit-là, je fis tous les saloons. Je partis au cours du spectacle et j'errai dans Texas Street. J'entrai chez Pearl, où l'énorme Tommy me servit de la bière et du whisky, au milieu d'un tas de voyous attablés pour une partie de poker.

— Alors, Martha Jane, qu'est-ce qui ne va pas ?

Je répondis par une bordée de jurons. Je jurais par le saint nom de Dieu et de tous les personnages de la Bible de Robert Cannary. Que l'enfer damne les protestants, les mormons, les puritains et les putains ! Cette vieille garce d'Agnes Lake, cette jument obscène à la croupe immonde... Le gros Tommy hurla de rire et m'offrit de la bière, mais je préférais le whisky, surtout le sien. Il prétendait qu'il venait d'Écosse, je n'en croyais rien. Dès que vous l'avaliez, vous aviez l'impression de boire un tas de punaises écrasées dans la pisse du diable.

Je quittai Pearl pour entrer à l'Arpent du Diable tenu par Lull, mon ami. Je marchais encore droit. Je chiquai, crachai, jurai. Lull me dit :

— Martha Jane, je vais te faire un café.

— À condition d'y verser une rasade de ce que tu sais, Lull !

— Martha Jane, tu n'es pas raisonnable.

À l'Arpent du Diable, trois filles vêtues de faille noire, les épaules nues, la poitrine serrée dans des corsets à lacets rouges, attendaient au bar. Lull exigeait qu'on les traitât bien. Lola était la plus gentille : criblée de taches de son, la peau laiteuse tranchant sur la dentelle, les jarretelles visibles sous la jupe, les yeux plus bleus que le ciel du Dakota. Elle toussait à fendre l'âme.

Marge était une grande bringue tout de rouge vêtue (même ses cheveux étaient teints en rose), elle riait très fort et on pouvait voir le fond de sa gorge. Les Texans en raffolaient. Ines était la plus terrible : noiraude, venue du Mexique, jouant du couteau et capable de vider à coups de pied les mauvais payeurs. Il lui était arrivé de couper le nez d'un Texan qui ne demanda pas son reste. Il raconta qu'il avait été blessé à Wichita, mais personne ne le crut.

Lull hochait la tête :

— Il suffirait de peu de chose pour qu'une femme soit président des États-Unis.

149

— C'est ça, dis-je, ivre, du tabac plein la bouche. Dominer le monde n'a rien à voir avec ce qu'on a dans le pantalon.

Et je crachai à terre.

— Pourquoi bois-tu autant, Martha Jane ?

— J'ai soif. Plus j'ai soif, plus je bois.

— Logique, dit un type en costume, qui battait les cartes devant le pianota.

J'hésitai à rentrer au Drovers Cottage, à me coucher tout habillée. Ivre et folle de colère comme je l'étais, pourrais-je dormir ?

Je ne résistai pas à l'invite de l'Alamo Saloon qui jouxtait la « cabane à Hickok ». Je t'aime, je t'interdis de forniquer avec cette vieille truie qui pourrait être ta grand-mère ; ne te couvre pas de ridicule, elle veut que je tire sur sa fille, mais c'est sa peau que je vais cribler de balles, et...

L'Alamo Saloon était occupé par la bande de Philip Coe. Le spectacle était sans doute terminé. Philip Coe me devait cinquante dollars et prétendait me les avoir déjà payés. Ils se moquaient tous de moi. J'allais cogner, et m'en donner à cœur joie.

La femme avait dû enlever ses bas noirs, le tulle rose qui laissait voir ses seins. Robert Cannary disait : « Les seins sont les lanternes du démon. » Les mormons applaudissaient, leurs femmes bandaient leur poitrine si fort que leur peau était marbrée d'ecchymoses. À cet instant, le marshal dévorait les seins d'Agnes Thatcher Lake ; ses seins que j'imaginais presque bleus à leur extrémité, ses seins couleur des chairs les plus tendres, cachées dans les dentelles.

— C'est ma place ! beugla Philip Coe. Je m'étais assise entre deux cow-boys sur un tabouret en rondin. Tire-toi, Martha Jane, c'est ma place.

J'avalai deux verres coup sur coup ; tout tourna autour de moi, comme Agnes Thatcher Lake devait tourner sur son mustang, ou sur le corps de l'Ange. Je dégainai et tirai dans le chapeau de Philip Coe qui fut traversé de part en part. On me poussa à coups de botte ; on hurlait, on cassait des verres. Quelqu'un dit :

— Si seulement le pasteur pouvait lui parler !

Ça tournait autour de moi comme les chevaux sur la piste du cirque Lake. Tout devint noir. Je meurs, je meurs... Je fus tirée d'un seul coup du néant par la voix du marshal :

— Ça suffit, Martha Jane, je t'emmène cuver ton vin en prison.

La prison ? Était-ce pour moi l'antichambre du paradis ? Ce paradis résonnait des ronflements de Bill Vinaigre. Il dormait dans la cellule – la cage – en face de la mienne. À la grille, deux têtes apparurent, l'une chauve, l'autre hirsute. Il s'agissait des pasteurs Warrens et Sipes. Ils se déplaçaient toujours ensemble. Ils prêchaient ensemble. Ils ne crachaient ni sur les dollars ni sur l'alcool, et les jolies filles ne les laissaient pas indifférents. J'avais une telle horreur des hypocrites mormons, épris de mortifications et de dollars, qu'au début je me méfiais d'eux. Warrens et Sipes m'avaient à l'œil, bien sûr, à cause de ma tenue, de mon fusil, de mon Navy et de mes propos.

— Dieu baise ta putain de mère !

Ce juron, je ne le proférais qu'ivre morte. Le qu'en-dira-t-on s'en accommodait assez mal.

— Tu finiras à une potence ! me disait-on.

Je m'en moquais. J'aimais ma vie comme elle était, libre, âpre, gagnée durement. Tant pis si personne ne comprenait pourquoi je lançais aussi souvent cette obscénité. Tout me révoltait, tout me semblait injuste... Je voulais Wild Bill...

Sipes prétendait que, pour blasphémer ainsi, je devais être secrètement mystique. Quant à Warrens, sec comme une lance d'Apache, pur esprit se nourrissant de pain et d'eau, il priait plus pour moi que pour la conversion des Indiens.

Sipes se promenait la Bible à la main et préférait la bouteille au bénitier. Il avait une tête énorme, la peau grêlée de marques de la petite vérole. Il prétendait qu'au cours de la bataille de Wichita il avait donné l'extrême-onction aux Indiens comme aux hommes de Custer, ce qui lui avait valu la balafre qui marquait sa joue gauche. Il suivait alors l'armée de Custer. Warrens avait reçu une flèche, l'avait arrachée, avait inondé sa blessure d'alcool et récité des passages du Livre de Job. Il avait ramassé Sipes, assommé sous un cheval, et l'avait converti car l'autre

152

criait : « Maman, maman ! ». Touché par la foi, Sipes devint pasteur, et ne rêva plus que d'ordre, de probité et de rigueur morale. De l'amour, il n'admettait que le mariage, suivi d'une série de naissances. Warrens, lui, était un ascète. Il allait de saloons en saloons, toujours en quête d'une âme à sauver ; c'étaient Sipes et Warrens qui étaient allés chercher le marshal quand j'avais hurlé mes injures aux Texans.

— Martha Jane, me dit sévèrement Warrens, si vous proférez encore le saint nom de Dieu, vous serez jetée hors du temple et ne pourrez plus compter sur le royaume éternel.

— Éternel, ajouta Sipes, qui répétait toujours la dernière phrase de Warrens.

— Allez tous au diable ! grogna Bill Vinaigre.

De convois en diligences, d'aventures louches en tractations diverses et souvent malheureuses, Bill Vinaigre avait échoué à Abilene. Avec son sale caractère et son cœur d'or, il était mon meilleur ami ; il allait suivre mon périple et prendre ma défense à chaque occasion.

— Martha Jane est une chic fille, et même une belle fille.

Quand il avait beaucoup bu, il disait la vérité.

— Martha Jane est surtout une femme solitaire.

La liberté, c'est le bonheur... Martha Jane est une chic fille... Elle n'a jamais tué... Pas même un cul-terreux de votre espèce.

Un nommé Mulog, chez Lou Gore, m'avait

déjà tourmentée pour que je lui raconte ma vie. Bill Vinaigre lui avait tiré dessus et la balle avait effleuré son oreille. Une fois de plus, j'avais juré le saint nom de Dieu.

— Nous reviendrons te voir, dit Warrens.

— Nous reviendrons, répéta Sipes.

Tout à coup, rien n'alla plus. Mon cœur se soulevait. J'avais horreur des cages, de toutes les cages. Une nausée irrépressible me gagna. Accrochée aux barreaux, je criai des injures, je sanglotai. Ma solitude était immense et je me sentais mal. Je glissai à demi évanouie sur le sol...

— Calamity.

La voix était douce. Ta voix était douce. Qui avait dit que les tueurs étaient des brutes, des animaux que rien ne pouvait retenir lorsqu'ils étaient assoiffés de sang ? Je n'avais jamais rencontré un homme aux mains aussi chaudes, à la voix aussi caressante.

— Petite Calamity. Belle Calamity. Calamity Jane, *la Reine des Plaines*, Calamity...

Tout le monde avait disparu : Warrens, Sipes ; je n'entendais plus les ronflements de Bill Vinaigre.

— Je l'ai laissé partir, dit le marshal. Je voulais te parler. Je voulais être seul avec toi.

Sa voix dans l'ombre... mais non. La lampe posée sur le sol éclairait ses mains, ses yeux sous le grand chapeau clair.

— Dans le fond, c'est toi qui as raison, dit-il brusquement en s'asseyant près de moi.

Sa chaleur. La chaleur de ce corps d'homme. Je respirais à peine. La tête me tournait. Je voulais que tu m'aimes. Je voulais tes mains sur ma nuque. Et que tu cueilles mon visage comme un fruit d'été et boives mes lèvres closes aux autres hommes. On racontait des tas d'histoires sur mon compte, mais je n'avais jamais, sauf chez Mme Moustache, laissé beaucoup d'hommes m'approcher. Je vivais comme eux, je trimais aussi dur qu'eux ; j'affrontais les mêmes dangers qu'eux. L'agression de Mac Donner m'avait privée de tout désir. La Bible de mon père, les enseignements de Warrens et de Sipes n'y étaient pour rien. Les textes des saints sur la chasteté des femmes ne me touchaient guère, seules les circonstances m'avaient changée.

J'avais voulu une vie d'homme – j'allais dire une vie tout court. Ce choix s'était exprimé par le port des vêtements masculins. Les hommes étaient découragés par mon aspect : on pouvait dire que j'étais belle, mais tout en moi, subtilement ou grossièrement, repoussait. Il y avait plus : jamais je n'avais cessé de songer à toi, l'Ange, l'homme de ces Gorges Noires où il y avait eu tant de morts. Et, dans cette prison, à Abilene, ma vie de femme prenait une nouvelle importance, malgré l'alcool, l'angoisse, la fureur, et les blasphèmes.

À Fort Sanders, je vivais comme les soldats :

une rude couverture pour la nuit, un mauvais café à l'aube après le réveil au clairon, le départ dans le froid, la pluie et le vent avec le convoi de vivres. J'allais, en butte aux pires injures, toujours sur le qui-vive. Parfois une flèche se fichait entre mon chapeau et la toile du chariot... Les mains gelées, serrées sur mon petit sac de dollars, j'avais donc gagné Abilene, repaire des Texans. Là m'attendaient l'Ange et l'amour.

— Agnes Thatcher Lake est prête à t'employer dans son cirque, dit Wild Bill. Tu serais davantage en sécurité qu'avec tous ces gars soûls dès le matin.

— Jamais je ne travaillerai pour cette vieille sorcière !

— Je vais être obligé de renvoyer les Texans de la ville. Ils sont trop dangereux. Calamity, tu es en danger avec eux.

— Qu'est-ce que ça peut vous faire que je sois en danger ?

Il se leva. Il ouvrit la porte. J'entendis le grincement particulier du métal sur le métal. J'eus honte de la saleté de ma prison, de ma beuverie et j'eus une singulière réaction : je rejetai ma grosse natte en arrière, elle se défit à moitié. J'avais encore mal au cœur quand le marshal ouvrit le tiroir de la table de bois qui lui servait de bureau.

— Tiens, dit-il. Ton Navy.

— C'est le vôtre, vous le savez bien.

— Admettons que je te le donne.

Comme au temps des Gorges Noires, je filai dans la nuit, plus ivre que si j'avais bu, car il avait baisé ma bouche en retenant à pleines mains ma chevelure que même les filles des saloons m'enviaient.

7

CALAMITY JANE

Elle était partie, cette Agnes Lake, partie avec son cirque, ses saltimbanques, ses bestiaux, son lourd visage de femme satisfaite.

Depuis un mois, je ne décolérais plus.

Après la prison, agitée par toutes sortes de sentiments, de contradictions, je marchais dans Texas Street, incertaine – on me prenait pour un homme ivre ; je n'étais qu'une jeune fille amoureuse. L'amour marquait mes gestes, rendait mes idées incertaines. Jamais aucun autre homme ne m'avait fait cet effet-là. J'aurais tout donné – même si ce tout se réduisait, hélas, à ma personne, quelques dollars et un cheval – pour un autre baiser de toi. J'aurais donné ma liberté, ma passion pour le vent, l'espace, mon goût de la route et des torrents sauvages...

Je mourais de honte, non à cause de mes altercations au saloon ou à la prison, mais pour mes vêtements souillés, mon visage défait par l'humiliation. Je pouvais mourir de honte ; tu avais tout vu : la beauté de mes cheveux, mes ongles cassés, le cal de mes mains qui n'en altérait pas la finesse, mon regard et la blancheur de ma peau. Malheureusement, tu avais aussi vu les tâches de whisky sur mes bottes, mes genoux écorchés. J'avais beau fermer mes poings sur mes ongles abîmés, je ne ressemblais pas à une *lady*. Je ne ressemblais pas à la lourde femme aux bas noirs que tu convoitais et qui voulait m'employer dans son cirque pour mes qualités de tireur.

Parlons-en : je marchais de travers. Les rues d'Abilene étaient hantées la nuit par des bandits, de pauvres types qui auraient vendu leur âme pour une poignée de dollars. Le jeu était inégal, ils restaient des mâles. Je tâtais de la prison pour m'être enivrée et pour avoir sacré, moi qui n'avais jamais tué ni volé ; parce que j'étais une femme. Je ne me faisais pas d'illusions et j'avais envie de sangloter. Mon désespoir était violent ; je n'avais plus qu'une idée en tête : me laver, dissiper cette odeur, enlever la honte en même temps que les vêtements d'homme, me plonger dans l'eau.

Il était trop tard pour demander à Lou Gore de faire chauffer de l'eau. Je frappai à coups de poing à la porte de l'établissement de bains où une fournée de Texans s'ébrouaient. Ils venaient de parquer les bêtes à l'enclos, derrière le chemin de fer, et ils ne pensaient plus qu'au beau linge, à l'alcool et aux filles.

Si elle m'avait vue, Lou Gore se serait moquée de moi et aurait renouvelé sa proposition : « Travaille avec mes filles... » Mais je préférais, s'il fallait en arriver là, choisir l'Arpent du Diable. Je me serais plus volontiers mêlée à Ines, Lola et les autres car Wild Bill préférait ce genre de filles à celles de Lou Gore. M'aimerais-tu si je portais satin et jarretelles ? Tous les types du monde ne rêvent que de cela : une fille en jarretelles noires, offerte.

L'ennui, c'était mon caractère et ma manie des colts : dès que je lisais leur envie j'avais des démangeaisons dans la gâchette.

Les lunettes sur le nez, Bill Bander entrouvrit la porte de l'établissement de bains où les Texans s'ébrouaient, nus, hurlants, à trois par cuveau. Ça sentait l'écurie, l'urine de cheval, la poudre et la sueur. Bill Bander me dit :

— Enlève ton chapeau !

— Non, je me baigne toujours avec mon chapeau.

D'un revers de main, il fit voltiger mon couvre-chef et des sifflements montèrent des cuveaux.

— Cul-terreux !

Le brouhaha était indescriptible. Deux types nus se dressèrent en ricanant :

— Viens te baigner avec nous, ma belle !

— Je veux un cuveau pour moi seule, derrière le paravent.

Bill Bander grattait son crâne chauve, perplexe. Tous les types étaient debout : ils sifflaient, jappaient, meuglaient, secouaient leurs sexes en chantant *Dixie*.

— Martha Jane, répondit Bill Bander, je t'ai déjà dit que l'établissement de bains est réservé aux hommes.

— La propreté est donc une affaire d'hommes ?

— Martha Jane, ne fais pas ta mauvaise tête.

— Je paie, Bill Bander ! Voilà vingt dollars pour un bain !

Il hésitait. Le tintamarre de cette bande de voyous était infernal. L'un d'eux me cria une obscénité. Je dégainai et crevai le cuveau de dix balles. L'eau gicla. Il y eut un silence, puis un seul éclat de rire, poussé à l'unisson. Bill Bander s'énerva :

— Fiche le camp, Martha Jane !

Les hommes glapissaient et sifflaient de plus belle. Ils glissaient sur le sol trempé d'eau ; des rats couraient entre leurs pieds. C'était un charivari inouï et, malgré ma tristesse, je fus prise d'un fou rire.

— Vous pouvez me retrouver à l'Arpent du Diable, vermine, criai-je.

Et je disparus dans la nuit, toujours aussi sale et désespérée.

Lull ne voulait pas me voir travailler avec ses filles, mais je vins à bout de ses scrupules.

— Lull... c'est une histoire d'amour... Tâche de comprendre.

Il n'était pas convaincu. Il avait deviné.

— Tu es amoureuse du marshal, Martha Jane ?

Il me versa un verre de whisky.

— Le marshal s'est toqué d'Agnes Lake. Elle est plutôt mûre, mais ses jambes, sous la jupe de tulle, font encore un bel effet. Toute la ville en parle.

— Lull, prête-moi un costume de fille. Agnes Thatcher Lake est allée à Cincinnati. Si tu ne m'acceptes pas dans ton saloon, on finira par me trouver morte, d'alcool ou de balles sur le trottoir, devant la « cabane à Hickok ».

— Je ne te comprends pas, Martha Jane. Je t'ai connue plus combative. Ne devais-tu pas accompagner un troupeau de Philip Coe ?

— Ne me parle plus de ce bandit... Sais-tu avec qui il est acoquiné ? Avec John Mac Donner, la brute qui m'a autrefois brutalisée. J'avais quinze ans.

— Tu es une bonne fille. Fais comme tu voudras. Il y a une chambre de libre, entre celles d'Ines et de Lola. Que vas-tu dire à Lou Gore ?

— La vérité. Je dis toujours la vérité. Voilà pourquoi j'ai des ennuis. Lou Gore se doutait déjà de quelque chose quand je lui ai rendu sa clef, avant de me soûler à mort. Elle a loué ma chambre à deux voyageurs venus de New York City : Jim et Helen O'Neil. Jim O'Neil est riche, distingué. Il m'a dit : « Permettez-moi de vous dédommager, mademoiselle Jane. Nous voulons occuper votre chambre car cet établissement est le plus sûr de la ville. »

Lull siffla d'admiration :

— Fichtre ! Et que vient-il faire dans ce coupe-gorge d'Abilene ?

— Des affaires. C'est une sorte de « baron ». Il a vendu des troupeaux, des terres, une mine, et il s'installe définitivement à New York City. Il dit qu'il aurait besoin d'un convoyeur pour les accompagner, lui, sa femme, leur servante, Mamma Ross, jusqu'à Fort Pierre. Je me suis proposée. Le vingt août, je pars avec eux et le quinze septembre, je serai de retour ici. Agnes Thatcher Lake sera enfin loin.

Comment vivre avec la jalousie ? Alambic d'images mauvaises. Mon intransigeance ne m'aidait pas. Je serais fille, fille, fille. La jalousie salissait tout. Une tempête m'agitait, une tornade que rien ne pouvait calmer. Si je fus pendant quelque temps une fille, comme Mamie Werly, la préférée de Wild Bill, je restais obsédée par Wild. Prise entre le quotidien hideux – les bagarres pour de l'argent, le visage de ces brutes – et cet amour fou, je me perdais.

Ma mission auprès des O'Neil consistait à les accompagner jusqu'à Kansas City où les attendait le capitaine Massey, à bord d'un vapeur à roues. Le bateau crachait de la fumée, brûlait les pieds, gelait la tête et malmenait sérieusement. Helen O'Neil était de santé fragile. Dans la diligence de la Wells and Fargo, elle tenait sous son nez un mouchoir imbibé de sels. En costume couleur puce, coiffée d'un chapeau à voilette, gants en dentelle et bottines lacées, Helen O'Neil était une vraie dame. Lou Gore avait soigné son menu et sa tarte aux pommes. Son café était noyé d'alcool pour mieux réchauffer ses hôtes qui payaient bien et jouissaient, dans son établissement, d'une grande considération.

Mamma Ross, leur servante, occupait la chambre contiguë à la leur. Lou Gore m'avait fait une scène terrible lorsque j'avais annoncé ma décision de travailler chez Lull. Elle m'avait jeté mon paquet à la tête.

Le soir même, elle cirait le parquet et les meubles de fond en comble, paraît le lit de draps frais et transportait un fauteuil – arrivé d'Angleterre au terme de je ne sais quelles aventures – dans la chambre des O'Neil qui prit belle allure. Il y avait des fleurs, de la menthe sauvage et une Bible, cadeau de Sipes qui appréciait les tartes arrosées d'eau-de-vie de Lou Gore.

Helen resta alitée le temps des affaires de Jim.

Lou Gore veillait à son confort avec férocité : aucun type n'osait approcher la chambre de la « dame ». Il y eut moins de cris et de disputes dans la grande salle. Tous les jours, le cuveau d'eau chaude et le savon noir étaient montés à l'étage.

Mamma Ross aidait Helen à se plonger dans le bain.

Jim O'Neil avait donné une belle somme à Lou Gore et lui avait confié que Helen était désespérée de ne pouvoir avoir d'enfants.

Les pasteurs étaient dans la confidence. Helen préférait Warrens qui lui parlait de la survie de l'âme après la mort, de la prédestination. Elle aimait moins Sipes qui ressemblait aux Texans tapageurs.

Je ne sais par quel miracle, dans cette ville où le profit était roi, les O'Neil firent si grande impression. Jim O'Neil avait l'autorité d'un chef et l'allure d'un bourgeois, débonnaire, efficace. Il était le type d'homme dont l'Amérique avait besoin : un financier sûr, quoique bonhomme et plein d'humanité. Il avait établi sa banque et dirigeait un journal à New York City. Il avait eu affaire à Philip Coe pour la vente d'un troupeau dont il avait acheté plusieurs centaines de têtes. Jim O'Neil, Helen étaient venus de New York City à Saint Louis en chemin de fer. Leur voyage avait duré plus de six jours ; ensuite, ils avaient remonté le Missouri jusqu'à Kansas City. La diligence, la Wells and Fargo, les avait conduits jusqu'à Abilene, chez Lou Gore, où Helen s'était couchée immédiatement.

J'avais été chargée de les accompagner pendant une grande partie du trajet de retour. Aussi rendis-je à Lull, soulagé, son costume de fille qui avait si fort indigné Warrens et Sipes, et retrouvai avec bonheur mes *chaps*, mes colts et mes jurons.

— On te garde ta chambre, Calamity ! avait dit Lull. N'oublie pas que tu es une bonne fille.

Lou Gore était intervenue avec violence :

— Je suis contente que tu ne sois pas une affaire dans le rôle de fille de saloon !

— Les hommes préfèrent les vaches stupides en perruques rouges, dis-je.

Mais j'avais envie de pleurer devant la « cabane à Hickok », fermée depuis plusieurs jours ; il était parti accompagner le cirque d'Agnes Thatcher Lake. Jamais en ville il n'y avait eu un tel déchaînement de violences : c'était la fin d'Abilene ; la fin de la plus célèbre ville à bétail de l'Ouest.

Sans Mamma Ross, vaillante quakeresse depuis toujours au service des O'Neil, je me demande si Helen aurait supporté l'épreuve du voyage de retour. Jusqu'à Kansas City, nous fûmes secoués comme une bande de Sioux en transe autour des totems. Bringuebalés et malmenés sans aucun arrêt : la région était infestée d'Indiens qui ne décoléraient pas depuis le massacre de Wichita.

Dans la diligence, partageant le sort des O'Neil, il y avait un Mexicain volubile, bien vêtu, un cigare éteint aux lèvres, les ongles noirs, des bagues en or à chaque doigt. Il y avait John Tinkler, un brave homme, au regard caché derrière des lunettes cerclées d'acier, chauve, les mains moites. Notaire de son état, il rejoignait Rapid City après avoir séjourné à Abilene ; il en gardait un souvenir horrifié, mais avait courageusement rédigé ses actes, paraphé les ventes, enregistré les signatures. Il avait logé au Bull's Head Saloon, faute de place chez Lou Gore. Pour le tourmenter, les Texans ouvraient sa porte en pleine nuit, le faisaient danser en tirant des coups de feu entre ses pieds quand il traversait furtivement le saloon. Jim O'Neil l'avait prié de venir à Abilene pour enregistrer la vente de son troupeau ; il lui avait payé ses frais de déplacement et d'hébergement.

John Tinkler tint la serviette de cuir qui contenait les reçus serrée contre lui pendant tout le voyage, malgré les cahots. Le Mexicain crachait sans arrêt en dépit de l'avis de défense affiché dans la voiture.

À ces moments-là j'aimais mon état de célibataire. Il n'était pas question pour moi d'être pendue aux basques d'un homme et de lui laver ses chemises.

Je m'étais installée à côté du conducteur de la diligence, un nommé Calhoun. Un chic type. Chez Lull, il m'avait défendue contre les mauvaises langues. Il n'avait ni passé, ni avenir, ni maison, ni attaches. Comme moi, il se laissait porter par les événements. Il acceptait tous les métiers qu'on lui proposait.

Il me passa régulièrement les rênes pendant le voyage. Il fallait de la force pour garder le rythme, mener les six chevaux, passer les ornières sur la piste, prendre garde à ne pas verser, se mettre au galop et aller toujours, le fusil entre les jambes, les colts à portée de main, les dents serrées sur un cigare.

Je regardais mes mains : belles malgré les coups, les écorchures, les marques diverses, les ongles cassés. Je les gardais le plus souvent fermées. Depuis mon travail au chemin de fer, j'avais appris à cogner. J'avais des yeux dans le dos, le pied agile et je savais bondir comme un animal. La peau de mes paumes et de mes poignets était aussi douce que celle d'Agnes Thatcher Lake. Elles devaient être aussi aimantes lorsqu'elles enlaçaient le corps de l'amant.

J'avais rallumé mon cigare. De mauvaises images m'envahissaient. Je criais *Hi Yippy !* aux bêtes lorsqu'elles ralentissaient. Nous mîmes toute la nuit à traverser les forêts des Black Hills. Je ne sentais plus ma fatigue et j'étanchais ma soif au goulot de la flasque d'alcool que me tendait Calhoun. Helen laissait rouler sa tête sur l'épaule de Mamma Ross. Jim O'Neil pensait sombrement que jamais ils n'auraient d'enfants.

Septembre. Faut-il que la terreur imprime sa marque à tous mes souvenirs ? Faut-il que la peur et le sentiment du provisoire soient le prix à payer pour quelques heures de bonheur ?

La monotonie de mon voyage avec les O'Neil n'avait pas été exempte de difficultés. Je gagnais ma vie durement, je résistais, le dos douloureux, les mains gelées, le souffle court, le crâne chauffé à blanc, les pieds comme deux morceaux de bois coincés dans le cuir durci des bottes.

Mon existence était vouée à l'imprévisible. Un seul point demeurait fixe pour moi depuis l'âge de mes huit ans : cette vision de l'Ange. Une vision d'amour et de mort. Cette obsession ne devait plus me lâcher : le visage de Wild Bill Hickok, la forme de ses mains, la douceur de sa voix, l'insoutenable éclat de son regard. Je me sentais anéantie. L'Ange était-il ma force ou me détruisait-il ?

Un jour, des ours quittèrent les arbres où ils étaient réfugiés et attaquèrent l'équipage.

John Tinkler avait peur. Les ours n'étaient pas agressifs mais, énervés par la chaleur, ils empêchaient les chevaux de progresser. L'un d'eux se dressa et toucha presque ma botte. Calhoun voulut tirer, je l'en empêchai. Nous devions conserver notre calme et continuer d'avancer au milieu d'une vingtaine de bêtes qui passaient, repassaient devant les jambes des chevaux apeurés. Nous allions au pas. Les ours gênaient toujours notre marche et ne faisaient pas mine de renoncer à nous accompagner. Un des plus gros mâles, aux yeux jaunes, donna le signal du départ : il se releva sur ses pattes de derrière, se tourna vers la forêt, commença à s'éloigner, bientôt suivi par la bande. Nous reprîmes aussitôt le galop.

La jalousie ne me lâchait plus. J'étais hantée par tous ces visages de femmes qu'avait aimés Wild Bill : Agnes Thatcher Lake, Mamie Werly, une grande bringue à la peau piquetée d'or, aux cheveux de feu, haut perchée sur ses bottines à lacets. Je pensais à ses yeux verts lorsque j'aperçus un cobra non loin du Mexicain, qui se soulageait à quelques pas du convoi.

Je tirai. Helen porta la main à sa gorge et étouffa un cri. Jim O'Neil approuva de la tête et de la voix :

— Calamity Jane, vous êtes un bon tireur. Je vous laisserai mon adresse dans cette sacoche.

La sacoche était également remplie de dollars. Lorsque je quittai mes voyageurs à Saint Louis, nous nous embrassâmes après avoir soupé de haricots rouges, de *pancakes* et d'un bacon aussi dur que les semelles des bottes de Calhoun.

J'avais laissé Soleil dans l'enclos de Lull, hors de la ville, le temps de mon équipée. Ma sacoche cousue sous ma chemise, je m'y rendis dès mon retour à Abilene.

Lorsque je faisais la fille chez Lull, peu

d'hommes m'avaient eue en échange de leurs misérables dollars. J'étais toujours restée sur la défensive. « Tu n'es pas une affaire au bordel », disait Lou Gore. Mamie Werly se moquait de moi. Un beau soir, devant une rangée de Texans hilares, j'avais envoyé un direct dans la mâchoire de Mamie Werly. Elle était tombée sur le dos, avait gigoté un moment avant de se relever en hurlant : « Je te crèverai, Calamity ! » Elle m'en voulait surtout parce que j'avais arraché ses faux cils et révélé le gras de ses cuisses, sanglées par une jarretière à la propreté douteuse.

Ines et Lola étaient gentilles : je les faisais danser au son du violon de Bill Vinaigre. Quand un type montait avec moi, à part les maniaques du couteau, c'était plutôt pour s'offrir un quart d'heure d'affection :

— Pour la bagatelle, il y a Mamie Werly. Le marshal le sait ! Il a été bien accroché par cette vache aux cheveux rouges...

Une vache aux cuisses blanches... Agnes Lake. La jalousie revenait. Toutes ces femmes ne cessaient de tourner autour du marshal. À moi, mon cheval ! Je voulais parcourir la plaine, combattre mes démons.

J'avais entrevu Lull à son comptoir et il m'avait félicitée : la ville savait que j'avais mené les O'Neil à bon port. Calhoun avait fait la tournée des saloons après avoir remisé la diligence.

— Ta réputation de conductrice d'attelages

s'affirme, Calamity. Même Custer te prendrait dans son régiment.

— Custer est un bandit. Je vais voir Soleil.

— Pourquoi n'attends-tu pas demain ? Tu ne veux donc pas rester tranquille une nuit ?

On entendait un air de polka : Bill Vinaigre grattait son violon avec frénésie, Lola et Ines dansaient.

— Où est Mamie Werly ?

— Depuis le retour de Hickok, elle a disparu dans sa cabane. Elle fait une java terrible avec le marshal.

Je sortis en claquant la porte. La colère était moins forte que le chagrin. Seul mon cheval pouvait me consoler : caresser son encolure, baiser son cou, lui parler tout bas...

Septembre tomba sur la plaine avec des senteurs délicieuses qui m'apaisaient. Galoper avec Soleil, jusqu'à l'ivresse, penser à la mort, à la résurrection, dormir sans rêves...

Quelque chose avait bougé. Était-ce un lynx, un ours à la fourrure si douce que l'on ne pouvait croire qu'il vous aurait broyé en deux coups de mâchoires ? Quelque chose avait bougé. Un aigle ? Bon nombre de ces rapaces avaient été tués sur la *Bear Butte* ; ils enlevaient parfois un nouveau-né, un lapin ou une poule d'eau. On parlait dans l'ombre.

— Il faut l'abattre comme un chacal !

Un homme se trouvait près de l'enclos aux chevaux.

Je retins mon souffle. Je n'étais plus qu'ouïe, regard, animal à mon tour. Invisible, fondue à la terre, aux feuilles, aux herbes. Mon cœur battait au ralenti. Je reconnus la voix de John Mac Call, celle de Philip Coe. Les autres, je les devinais. Sept ou huit ombres, sept ou huit bandits. J'en avais des sueurs froides. Je savais qu'il s'agissait de la bande la plus redoutable d'Abilene, plus dangereuse que celle de Graf Dalton. Avec eux, il y avait les *desperados* de Philip Coe ; l'un d'eux était recherché pour avoir coupé la tête d'un fermier, dans le Kansas.

S'ils me voyaient, s'ils m'attrapaient, ils pourraient me tailler le nez et les oreilles. Ainsi se comportaient les Apaches avec les femmes adultères. Ensuite, ils me feraient danser nue à coups de revolver ; chacun me passerait sur le corps ; ils m'obligeraient à avaler de l'alcool, me tailladeraient les jarrets, me jetteraient dans l'enclos des bêtes affolées jusqu'à ce qu'elles me piétinent... Ils avaient traité ainsi une fille de chez Apple Jack qui avait refusé de leur obéir.

Le marshal voulait débarrasser Abilene de ces brutes. Il voulait les faire juger et pendre.

— Je sais où est Wild Bill Hickok, dit John Mac Call, mon frère me l'a appris. N'est-ce pas, Jack ?

Jack Mac Call était sorti de l'ombre. Le front

bas, l'œil rond et fixe, comme celui d'un prédateur.

— Où ?

Le groupe avait parlé d'une seule voix.

— Il habite une vieille cabane au sud de la ville, à trois miles, sur la gauche, et...

Je n'écoutai pas la suite. Je rampai pendant plus d'un kilomètre sur les genoux. Pour toi, s'il l'avait fallu, j'aurais traversé l'enfer. L'amour me brûlait. Les tueurs me précédaient, me devançaient peut-être. J'y parviendrais avant eux, je savais où était cette cabane. Il m'était arrivé d'y dormir quand j'en avais assez de tout, du bruit, des discours d'ivrogne, des bourgeoises qui détournaient le regard à ma vue... Je m'y réfugiais alors, elle était proche de la forêt. Il y avait un trou pour le feu, un lit de paille, trois couvertures qui sentaient le cheval, un baquet, un vieux puits, quelques bouts de chandelle, une boîte d'allumettes et, parfois, un morceau de bacon séché avec un pot de café.

Je rampais toujours. Je ne savais pas que la vieille cabane allait devenir plus somptueuse que le plus somptueux des palaces d'Atlanta. Je ne savais pas que ce lit bancal et crasseux serait la couche d'une reine.

Je rampais. Je rampais. Ma robe de mariée serait cette chemise déchirée, ce pantalon aussi rêche que la peau d'un bison, cette tunique de l'armée, ces bottes qui m'avaient été données lorsque je travaillais à la voie ferrée. Point de jarretelles, point d'organdi ni de moire, point de fleurs d'oranger ni de musique d'orgue pour mes noces, mais la terre et son âpreté, mes mains sales, mon visage maculé de boue. Ma seule gloire était le sang à mes genoux.

Derrière le volet clos de la vieille cabane vacillait une lumière. J'avais devancé toute la bande. Je m'étais faite chevreuil, couleuvre, oiseau. Je frappai, j'appelai à voix basse. Mes dents claquaient.

— Wild Bill, ouvrez-moi ! La bande de Philip Coe veut vous tuer... Je suis Calamity... Martha Jane...

Je frappais de plus en plus fort. La lumière s'était éteinte. Il ne me croyait pas. Il ne voulait pas m'ouvrir. Il allait mourir. Je pleurais. Je sanglotais.

— Ouvrez-moi ! Ils veulent vous tuer...

Je frappais, je glissais à genoux, je frappais... Les coups de feu éclatèrent autour de moi, tout près. J'étais prête à mourir.

Soudain, je me sentis tirée à l'intérieur. La porte fut brutalement refermée. Il tomba sur moi, une balle avait labouré son crâne. Les maudits l'entendirent s'écrouler. Je poussai le verrou d'un coup de poing. La porte ne résisterait pas longtemps. Les tueurs, au-dehors, ricanaient, frottaient des allumettes pour s'assurer de la mort du marshal.

Je n'oublierai jamais son visage quand, d'un bond, il fut debout, du sang plein la figure. Ses deux pistolets claquèrent à tour de rôle. Les bandits tombèrent les uns après les autres, en moins de vingt secondes ; sauf Coe et Jack Mac Call qui gronda :

— Je vengerai mon frère, Wild Bill Hickok ! Je te tuerai !

John Mac Call gisait sur les quatre autres, près du puits. Je murmurai : « Je t'aime, je t'aime. » J'étais incapable de bouger. Seul mon cœur était vivant.

Wild Bill me donna l'épingle d'or en forme de fer à cheval qui avait appartenu à Polly, sa mère. Il baisa très fort ma bouche et mes paupières.

— Tu es belle, si belle !

Jamais je n'avais entendu un homme me dire : « Tu es belle. » Parfois c'était : « Tu me plais. » Le plus souvent : « Je te veux. » Et, plus souvent encore : « Si je t'attrape, attention à ta peau ! » Il dit encore : « Tu me plais, je te veux. » Il y a des accents qu'une femme reconnaît entre tous...

— Je t'aime.

Le vent secouait les planches de notre royaume. La vieille cabane s'embrasait. Je ne connaissais pas ce bonheur d'un corps comblé. Je ne connaissais pas la beauté de mes cheveux dénoués, tenus à pleines mains par un homme, et cette douceur, après la houle du désir.

— Habille-toi, Jane. Il faut partir.

Les balles de Coe et de Mac Call avaient laissé des traces sur Wild Bill : une cicatrice ouverte au front, une autre à l'épaule droite. Je l'avais soigné du mieux que j'avais pu. J'avais désinfecté les plaies, enlevé la balle avec la pointe de mon couteau. Il n'avait pas crié. J'avais plus mal que lui. Nos vivres venaient des Six Fermes – on appelait ainsi le bourg minuscule situé à un kilomètre sur la route d'Abilene – et n'avaient coûté que quelques dollars. Je le soignais et il acceptait ma présence, mes mains sur lui. Nous parlions peu. Il savait que je l'aimais, il savait que je n'ignorais rien de ses tueries. Il me raconta Toy Grove où vivait sa famille. Il évoquait ses frères, Polly, sa mère, et Cindy dont le dévouement presque amoureux l'effrayait et le faisait fuir.

Il me montra la cicatrice sur sa cuisse :

— J'avais diablement mal quand j'ai quitté la maison, Cindy délirait à ma place ! Si tu savais, Jane, comme les femmes peuvent être pénibles quand elles s'accrochent à vous ! Je ne pensais qu'à fuir. Ma mère et ma sœur sont terribles...

— Et les autres ?

— Laisse-moi tranquille, Jane. Je t'aime.

Mon cœur cognait. J'avais enfilé ma chemise. Jambes nues sur le banc en bois, je répétais :

— Et les autres ?

— Tais-toi. Tu as mon amour, mon Navy et l'épingle d'or de ma mère. Ça ne te suffit pas ? Veux-tu que je t'épouse ? Je veux bien t'épouser. Mais fiche-moi la paix avec ta jalousie. Si tu veux perdre un homme, tourmente-le avec la jalousie.

Tête baissée, je ne répondis pas. Une larme coula sur ma joue, se perdit dans mes cheveux.

Il m'enlaça. Sa bouche dévorait la mienne, sa voix était mon espoir.

— Jane, petite sotte, tais-toi, et embrassons-nous !

Il avait pris mes chevilles entre ses mains, l'une après l'autre.

— Tu as des jambes superbes.

Je me retins de dire : « Comme Agnes Lake ? » Je connaissais le goût de l'Ange pour les belles jambes. Il ne couchait qu'avec des danseuses. Sa chemise rejoignit la mienne par terre.

Tes yeux me semblaient beaux et meurtriers. L'amour était redoutable. Je le redoutais. Je mourais de délices.

Nous galopâmes longtemps, serrés l'un contre l'autre. Nous respirions à l'unisson. De temps à autre, tu mordillais mes doigts. Ma joue se posait contre ta nuque. Était-ce là où t'atteindrait la balle de Jack Mac Call ? J'avais une tendresse absolue pour ce coin de ta peau : je frottais ma joue contre ton dos, j'y posais mes lèvres, je murmurais mes litanies amoureuses...

Nous marchions de temps en temps, pour ne pas épuiser la jument. Tu tenais les rênes sans quitter ma taille. Nous ne nous séparions plus.

— Tu vas vivre avec moi, Jane.

J'entendais à peine ta voix, je fermais les yeux, je m'accrochais à ton cou. Moi, si indépendante, je n'avais plus d'autre racine que cet amour fou.

— Ne bouge pas.

D'un bond, l'Ange me plaqua au sol, derrière un rocher. Deux cavaliers approchaient, de biais par rapport à notre route.

Nous retînmes notre souffle. Ils arrivèrent à la hauteur du rocher. L'Ange se releva et éclata de rire :

— Bienvenue, révérends. Justement, j'ai besoin de vous.

Sipes sursauta et Warrens haussa les épaules.

— Marshal, vous auriez pu vous dispenser de dégainer. Martha Jane, bonjour. On croyait que les Texans vous avaient abattus. Je suis heureux de vous voir.

— Les Texans racontent n'importe quoi.

— Wild, dit soudain Warrens d'un ton sévère, que comptes-tu faire ?

— Venger Martha Jane de Mac Call, des infamies qui circulent à son propos.

— Will Bill James Hickok, répéta Warrens, que comptes-tu faire ?

— Que comptes-tu faire ? reprit Sipes.

Warrens ressemblait alors à Robert Cannary quand il arrivait avec une Bible chez les Indiens. Il nous désigna l'un et l'autre, puis l'un à l'autre et tonna :

— Que comptes-tu faire ?

— L'épouser, dit Wild Bill. Elle est ma femme.

— J'y consens. Il est mon époux.

Deux autres hommes escortaient Warrens et

Sipes : Carol Corgrove et Tom O'Donnell. Ils servirent de témoins à notre drôle de mariage.

Nos noces eurent lieu tête nue dans le vent. Je donnai mon âme et je la perdis. Mon sort se joua en quelques secondes ; j'étais debout devant ce rocher, décoiffée, dépenaillée, ma main dans celle de l'Ange. Warrens disait les vieux mots sacrés :

— Martha Jane Cannary, fille de Robert et Charlotte Cannary, acceptes-tu de prendre pour époux James Butler Hickok, fils de William Alonzo Hickok et de Polly Hickok ?

— J'y consens.

Cette voix, qui me parvenait, ténue, déjà irréelle, était-elle l'écho de mon désir et non la réalité ?

— James Butler Hickok, fils de William Alonzo Hickok et de Polly Hickok, acceptes-tu de prendre pour épouse Martha Jane Cannary, fille de Robert et Charlotte Cannary, née à Princeton, dans le Missouri, en 1852 ?

— J'y consens.

Je voyais sa belle bouche murmurer ce « oui » ; ce « oui » qui ne le lia pourtant pas longtemps à moi. Ce « oui » qui me donnait rendez-vous plus tard, beaucoup plus tard, au fond d'une tombe...

Il me serra très fort contre lui. Tout redevint réalité, tout redevint possible.

— Jane, embrassons-nous !

Il répétait : « Embrassons-nous. » Et, pour la

première fois de ma vie, j'éclatai en sanglots devant tout le monde.

Je pleurai longtemps, agrippée à son épaule. Sipes faisait : « Hum, hum... » Warrens arracha une page à sa Bible ; il y griffonna nos noms, sa signature et la date du premier septembre 1870. Pour Warrens et Sipes, cette date était la bonne. D'après eux, notre amour commençait ce jour-là. Nous étions mari et femme à partir de ce premier septembre.

L'Ange glissa ce certificat de fortune entre mes seins, sous ma chemise.

— Je t'aime, dit-il. Je t'achèterai une bague à Abilene. Cesse de pleurer, Jane, sotte de Jane. Embrassons-nous.

Il répéta tout bas : « Ma femme » ; ses yeux devinrent plus doux. Il n'était plus le tueur, ni le casse-cou qui ne dormait que d'un œil, mais l'amoureux qui venait de cueillir une fleur pour la piquer dans mes cheveux.

— J'aimerais avoir un enfant avec toi.

Nous restâmes longtemps embrassés, accrochés l'un à l'autre.

Warrens et Sipes et leurs compagnons étaient partis. Nous nous étreignîmes encore et mes larmes coulaient toujours.

J'étais la mariée et la veuve.

Une mauvaise surprise m'attendait aux enclos. Coe et sa bande avaient abattu Soleil. Corgrove nous avait cherchés pour nous mettre en garde. J'étais livide. J'avais perdu mon cheval tant aimé. Abattre un cheval, dans l'Ouest, était un délit plus grave que de tuer un homme. Abattre un cheval était la pire des vengeances, l'insulte suprême, la haine absolue. Il m'était parfois arrivé de trouver sur ma route des voleurs de chevaux lynchés, agonisant sur un talus, attachés à des pieux. La bande à Coe avait déjà traîné un type hors de la ville et l'avait décapité sur une pierre pour une histoire de chevaux volés. Cette fois, dans l'enclos, Soleil gisait au milieu d'un attroupement de cow-boys. Mon cheval avait la tête éclatée. On s'était bassement vengé sur lui.

Wild Bill bouscula tout le monde :

— Où sont Coe et sa bande ?

— À l'Alamo Saloon.

Je caressai les naseaux de Soleil. Mon ami. Mon fidèle compagnon. Devant l'enclos, je commençai à creuser un trou. Cela me prit jusqu'au soir. Des hommes m'aidèrent. Un cheval mort réclamait le silence ; on lui accordait cette émotion et cette considération qu'on refusait aux femmes.

C'était la nuit du cinq octobre.

L'Ange allait m'offrir le second cadeau sanglant de nos noces : le cadavre de Philip Coe, l'assassin de Soleil. John Mac Call, l'assassin de ma jeunesse, et Philip Coe. Les cadeaux de Wild Bill étaient des offrandes barbares. Tirer d'abord, discuter ensuite. Le sang après l'amour et, après le sang, nos baisers fous, nos caresses...

Devant l'Alamo Saloon, au bout de Texas Street, un groupe de Texans ivres hurlaient : « À mort Wild Bill Hickok ! » Coe était avec eux, volubile, rouge, excité, prêt à tout.

L'Ange marcha droit sur eux. J'avais peur. Ils étaient décidés à t'abattre. Que pouvais-je faire ? Wild Bill n'était plus qu'à huit pieds du groupe. Philip Coe tira.

Texas Street était une fournaise. La foule grondait. Coe tira et mon cœur s'arrêta. Bill Vinaigre, la voix nouée d'émotion, me dit :

— Les balles de Coe n'ont fait que traverser le chapeau de ton homme... Regarde ! Coe est tombé...

Tu avais tiré. Tes balles – quatre balles – s'étaient logées dans le ventre du Texan. Il te regarda un moment sans comprendre. À l'agonie, il grimaçait de surprise. Il avait une moue désarmée, presque enfantine.

Un homme bondit vers toi : Michael Williams. Tu tiras encore. Une fille se tenait les tempes et hurlait. Michael Williams tomba mort. On prétendit ensuite que c'était un *bartender* de Kansas City, une sorte de policier, chargé de la sécurité des filles, supposé calmer les Texans toujours trop excités.

Les Texans emmenèrent Coe dans une maison voisine, un magasin triste et sale. Il mit trois heures à mourir, du sang plein la bouche, la haine au cœur ; en présence de Warrens, Coe déclara :

— Ça ne te portera pas chance, Wild Bill. Toi aussi, tu crèveras la bouche ouverte.

Après l'enterrement de Coe, il y eut une série d'émeutes visant Wild Bill, le faire juger et pendre. Wild Bill me confia à Lou Gore car j'étais aussi menacée de mort. On pria Wild Bill de restituer son étoile de marshal. Une forte prime était offerte pour l'abattre. Il ne se déplaçait plus sans son fusil. Je voyais s'allumer les yeux de Mamie Werly quand elle se précipitait pour le cacher dans sa chambre, à l'Apple Saloon. Quand enfin un avis fut publié qui expulsait les Texans, c'était trop tard. Wild Bill Hickok, mon époux, avait quitté la ville. Il me laissa une lettre et un superbe cheval : Satan, les balzanes blanches et un losange immaculé entre les yeux. Avec la lettre, je trouvai une petite boîte de velours bleu qui contenait une bague en or. Il me donnait rendez-vous plus tard, à Cheyenne.

Ne pas fumer, ne pas boire, ne pas porter le pantalon, ne pas jurer, ne pas aimer. Une définition de la femme blanche, protestante, bourgeoise, levant les yeux au ciel pour éviter le regard des hommes. Wild Bill Hickok, avait tenu nos relations secrètes.

— Sale bourgeois ! avais-je hurlé un soir en

poussant la porte de l'Alamo Saloon où frétillait Mamie Werly.

Wild Bill prétendait m'aimer, mais trouvait plus décent de s'afficher avec des danseuses. Nos disputes devenaient fracassantes : Wild me giflait :

— Attention, Jane, ta jalousie me fatigue. Je finirai par divorcer !

— Bateleur ! Bête de cirque ! Faux héros !

Dès le mois d'août 1872, Wild m'avait laissée à Cheyenne pour rejoindre Barnett et Agnes Lake. Il avait été engagé pour faire le « Monsieur Loyal, » lui, le grand Wild Bill Hickok. Je cachai mon certificat de mariage. J'avais une chambre dans Main Street, chez un cousin de Lull. Warrens et Sipes y avaient veillé. Cet été-là, Buffalo Bill mena sa grande chasse aux bisons pour éblouir un invité royal : le grand duc Alexis de Russie, à North Platte, dans le Nebraska.

Comédien exécrable, Buffalo Bill brillait surtout par sa réputation. Sa pièce, *The Scout of the Plains,* avait eu du succès. Il entraîna dans son sillage Wild Bill dont la vanité primait tout. Le pays était envahi par les brochures éditées par Street and Smith : *Buffalo Bill, le roi des éclaireurs.*

Je fumais, je buvais, je portais le pantalon, je jurais, je blasphémais et je t'aimais, je t'aimais, je t'aimais.

Flanqué de tes acolytes, Buffalo Bill, Ned Buntline, Colorado Charlie, Elisha Green,

Eugene Overton et Texas Jack, tu donnais un spectacle qui connut le succès. On n'entendait plus parler d'Agnes Lake. Je me méfiais. J'avais découvert plusieurs lettres d'elle, glissées dans les programmes du spectacle, à Kansas City. Ce soir-là, j'avais avalé plus d'alcool que d'habitude, tiré dans la porte du cirque avec mon Navy. Le lendemain, le cirque partait pour l'Est et ce fut la seconde fois que tu me giflas à tour de bras :

— Jane, j'en ai assez de toi !

Je fus prise de vomissements.

J'étais enceinte.

8

CALAMITY JANE

« Cher monsieur O'Neil,

Je suis allée à l'école pendant trois ans, monsieur O'Neil. Mon père me faisait lire la Bible, aussi je sais lire et écrire. Peu, mais assez pour me débrouiller. Et, si je vous écris, c'est pour me sortir de la détresse. J'ai un bébé de onze mois. Une petite fille, Janey, belle comme un amour, brune, les yeux bleus.

C'est ma fille. Janey est le fruit de mon bref mariage avec le marshal James Butler Hickok. Janey est née en septembre 1873, dans une cabane, près de Cheyenne, d'où je vous écris. James Butler Hickok était fâché avec moi quand j'attendais Janey. Il a disparu pendant plusieurs mois ; il travaillait dans un cirque, mais il était surtout aventurier et joueur. Il a eu quelques vilaines histoires à Dodge City. Le bruit a même couru qu'il avait tué trois Indiens : Whistler,

Badger et Hansmaller, près d'une rivière, mais je n'en crois rien. L'armée a fait une enquête, paraît-il. Je pense qu'on l'a confondu avec un autre Wild Bill, le bandit de la Rivière Bleue.

Le père de mon enfant est ce qu'il est, mais il n'est ni un traître ni un tueur d'Indiens. Il a été obligé de se cacher. Le cirque l'a aidé. Monsieur O'Neil tout cela ne me vient pas en ordre, excusez-moi. Tout ce que je puis affirmer, c'est que le sept janvier 1873, le capitaine Charles Meinhold, à la tête de la compagnie du troisième régiment de cavalerie, a quitté Fort McPherson avec deux officiers et une cinquantaine d'hommes pour éclaircir cette affaire. Peter, le chef des Indiens pawnees, a déclaré que ses hommes n'étaient pas responsables et a renvoyé ceux de l'armée à un certain Samuel Gaste, fermier. D'informations en confusion, un des hommes de Gaste a reconnu un certain Wild Bill, mais il s'agit en réalité du bandit de la Rivière Bleue, Jack Ralston. N'importe, Wild Bill Hickok a dû fuir. Il a même fait courir le bruit, en mars 1873, qu'il avait été assassiné à Fort Dodge.

Cher monsieur O'Neil, je vous donne cette précision du sept janvier car c'est la certitude de sa paternité. Ce jour-là, Wild Bill était avec moi, à Abilene. Nous nous étions disputés et j'avais crié :

— Tu ne reconnaîtras jamais mon enfant !

Il répondit :

— J'en ai assez de toi, Jane, et de tes scènes.

La veille, j'avais été malade et il avait cru que j'avais trop bu. J'étais enceinte, voilà tout, et j'ai toujours avec moi notre certificat de mariage. Wild Bill m'a chassée de sa vie. « Tu es trop jalouse. Tu me fais honte. Aucune femme ne se comporte comme toi. » Je savais qu'il allait rejoindre le cirque de William Cody, et surtout Agnes Thatcher Lake, mais j'ai ma fierté, monsieur O'Neil. J'ai pris Satan, mon cheval, et King, celui de Wild, plus quelques dollars ; j'ai rejoint la Yellowstone où Lull avait un ami au télégraphe :

— Ils ont besoin de main-d'œuvre, Jane. Tu trouveras du travail.

Je suis partie dans un bien triste état, souffrant du froid et de malaises. Croyez-moi, monsieur O'Neil, les plus compatissants ont été les Sioux. Ils m'aiment bien. Ils me trouvent un peu folle, mais ils savent que je ne leur ai jamais fait de mal, au contraire. Je m'arrange pour les avertir si on veut les chasser ou les exterminer.

Ils m'ont trouvée à demi morte de froid. C'est surtout le chagrin qui me tue. Je suis restée près de vingt jours avec eux. Les femmes m'ont donné des infusions d'herbes ; je pleurais sans cesse. Elles me disaient : « Pauvre *Diable blanc*. » Je comprends leur langage à défaut de le parler. Sitting Bull, leur chef, est venu me voir une fois. J'aimais son large visage immobile. Il m'a dit : « Tu es une femme au grand cœur, mais il va falloir repartir. Les Blancs sont nos ennemis... mortels... mortels... »

Il répétait ce mot et je croyais voir un grand aigle.

Vous pensez que je divague, monsieur O'Neil, mais je vous demande de me croire. Et vous me croirez, je le sais, je le sens.

À Old Clark City, rien n'a été facile, vu mon état. Parker, l'ami de Lull, a fini par se rendre à mes arguments et m'a permis de travailler au télégraphe contre quelques dollars, une *cabin,* deux couvertures et de la nourriture trois fois par jour. Heureusement, mon vieil ami Bill Vinaigre était déjà là depuis plusieurs semaines ; j'ai retrouvé aussi Lull et Mme Bander qui ont racheté le Texas Saloon de Parker. Mme Bander me gardait à dîner quand le temps était trop mauvais. Il m'arrivait de dormir chez eux, à l'étage. Peut-être mourrai-je un jour chez eux. Mes vrais amis viennent de l'Est... Ceux du télégraphe se moquaient de moi au début. Puis ils se sont montrés plus gentils, à cause de mon gros ventre. « Qui t'a fait ça, Jane ? » disaient-ils. Je brandissais mon certificat de mariage, sans succès. « Qui croira jamais à ton histoire, madame Hickok ! » J'ai donné plus d'un coup de poing à cause de ça et j'ai même failli en tuer un qui ricanait un peu trop fort à mon goût. Mais il disait peut-être la vérité.

— Ton Wild Bill a épousé la belle Agnes Thatcher Lake depuis longtemps !

C'est dur de travailler avec un ventre de six mois, endurer les moqueries, se nourrir du strict nécessaire, avoir trop chaud, trop froid ou trop faim... Cela m'a fait réfléchir, monsieur O'Neil. Que ferai-je de mon enfant, surtout si c'est une fille ? Je ne veux pas qu'elle finisse dans un saloon, au couvent ou dans les pattes d'un vilain fermier. Monsieur O'Neil, il n'y a guère de solutions pour les filles en ce monde. Je connais le prix que j'ai payé pour mon goût de la liberté.

Alors voici ma requête : si Helen n'a toujours pas d'enfant, acceptez d'adopter ma Janey. Je vous en prie.

J'ai eu ma fille le soir du vingt-quatre septembre. J'avais eu un malaise au télégraphe et Bill Vinaigre m'avait raccompagnée tout doucement, sur le dos de King, mon autre cheval moins nerveux que Satan. Il avait averti Mme Bander qui avait elle-même fait prévenir le Dr Sick. Il était temps : je me tordais de douleur dans cette cabane et je pleurais. Mais j'eus là mon plus grand rendez-vous d'amour.

Mme Bander s'est occupée de tout. Bill Vinaigre attendait devant la porte en jouant du violon. Le Dr Sick a dit : « C'est une fille ! » J'avais perdu conscience, après ces longs efforts, tenaillée par la souffrance. J'ai pu l'allaiter, la laver dans un baquet d'eau chauffé sur les braises ; mes pistolets étaient accrochés au mur. Drôle de mère que celle de ma Janey ! Une chose est sûre, monsieur O'Neil, je l'ai aimée tout de suite.

Ceux du télégraphe sont venus me voir. Chacun avait un petit cadeau pour Janey. Mme Bander avait apporté du linge. Son fils, Petit John, était né l'année précédente. Janey n'a manqué de rien. Bien sûr, elle menait une vie de petite pouliche des forêts, mais l'affection, la nourriture, la chaleur lui ont été données sans mesure.

Pendant les mois qui ont suivi, j'ai commencé à trembler pour elle. Je la hissais sur Satan dans un berceau indien, je l'allaitais, je me rendais à Yellowstone où l'on continuait à poser les poteaux du télégraphe. Tout était devenu difficile. Je souffrais de voir Janey enroulée dans une couverture, son berceau posé sur le sol.

Luke Vorhees, un parent de Clarke, des diligences Lewis and Clarke, m'a proposé de conduire un attelage à la fin 1874. Jamais je ne pourrai entraîner Janey dans cette vie-là.

Monsieur O'Neil, j'attends votre réponse. Je ne rejoindrai pas Luke Vorhees avant d'avoir reçu votre lettre. J'ai encore un peu d'argent, du lait et l'excellente Mme Bander qui m'aide du mieux qu'elle peut. Elle est prête à prendre Janey, mais je connais leurs difficultés. J'accepterai, si je n'ai pas d'autre solution, votre solution.

Martha Jane CANNARY HICKOK. »

Ceux du télégraphe étaient gentils. Janey dormait dans sa couverture, Satan paissait près de nous, nos gamelles chauffaient à côté du point d'eau, nous survivions. La petite ne manquait de rien sauf, bien sûr, d'un confort élémentaire pour un nourrisson. Elle attendrissait ceux qui la voyaient. Un homme plutôt timide, que j'avais connu au chemin de fer et presque aimé – Charley Burke –, ne me quittait pas. Je peux même dire qu'il m'encombrait.

— Jane, je t'épouse si tu veux.

Burke dormait parfois dans ma cabane. Il venait de l'Est et il avait bourlingué. Son rêve était resté le même depuis des années : amasser assez d'argent pour acheter une ferme et avoir une famille à lui. Il disait que j'étais la femme de sa vie.

— Je suis mariée, Burke, répondais-je. Tom O'Donnell, les révérends Warrens et Sipes peuvent en témoigner.

Je lui avais montré mon certificat de mariage. Il avait hoché la tête.

Il avait confirmé mes craintes : Wild Bill avait rejoint Agnes Lake. La jalousie m'avait reprise. Je jetai Burke hors de chez moi.

— Tu mens ! Va-t'en !

Janey pleurait. Burke pâlit, il porta la main à ses colts, puis il baissa la tête :

— Tu as de la chance que je t'aime, Martha Jane. Il partit sans un mot et quitta Old Clark

City le jour même. Pourtant, il avait crié en talonnant son cheval :

— Un jour, tu m'épouseras, Jane.

Dans un nuage de poussière, il disparut. Wild Bill ! Les larmes me suffoquaient ; mes cris restèrent dans ma gorge. Je serrai Janey contre moi. Il y avait trois mois que ma lettre avait été envoyée. Janey commençait à marcher dans ses petits mocassins, mystérieux cadeau posé une nuit devant ma porte.

— Attention, Jane, me dit Bill Vinaigre, les Sioux rôdent autour de chez toi.

C'était un cadeau de la femme de Sitting Bull, Reine des Pluies. Avec les mocassins, il y avait une petite robe brodée de perles bleues et rouges.

Qui avait osé les appeler des sauvages ? William Cody, « Un bon indien est un indien mort »

De la fumée, de la poussière. Quand je fermais les yeux, je voyais une silhouette, une ombre, celle de l'Ange. Je pleurais, je me sentais ridicule, la bouche durcie, laide. L'Ange, je t'aime. Lâche, tu m'as abandonnée ; ta fille est née, que va-t-elle devenir ?

Je ressemblais à un homme. J'avais coupé une partie de mes cheveux ; mes pieds étaient torturés de cloques dans les bottes trop lourdes. Mes mains étaient rongées par les gros travaux. Mes seins encore lourds de lait me faisaient mal. Je pleurais, et je ne comprenais pas ce qu'on me disait :

— Martha Jane, vous êtes une bonne fille !

Devant moi se tenaient M. Jim O'Neil et sa femme, Helen. Ils étaient en costume de voyage. Stanley J. Morrow, photographe, était avec eux. Stanley J. Morrow nous suivait de chantier en saloon, avec son trépied, depuis Promontory Point. Plus tard, nous le retrouverions à Deadwood. Stanley J. Morrow avait photographié Janey à sa naissance, dans mes bras. J'avais envoyé cette petite photo à Wild Bill. J'avais écrit au dos : « *Little Bright Calamity* », et j'avais prié pour qu'elle lui parvînt. L'adresse de Toy Grove était la plus sûre. Stanley J. Morrow était un long type maigre, une sorte d'oiseau déplumé, embusqué derrière son trépied. Il aimait quand je posais pour lui en éclaireuse, avec ma Winchester et mon Navy.

On ne voyait que mes yeux, la fierté de mon allure et de mon regard. Si je pleurais, je n'étais plus rien, ni en photographie, ni dans la vie. Quand Helen et Jim O'Neil prirent Janey dans leurs bras, je chancelai, soutenue par le bras de Stanley Morrow.

Mamma Ross était détachée du groupe. Sur la photographie en noir et blanc, le visage de Helen semblait gris. Le voyage, une fois de plus, l'avait épuisée. Vivrait-elle assez longtemps pour élever Janey ? La peau de Mamma Ross brillait, noire, luisante. Sa voix était chaude et basse, elle chantait un air tendre. Le costume de Jim O'Neil était gris et noir. Je m'écroulai le cœur serré, aussi pâle que la neige de janvier sur la Yellow-stone.

À Omaha, je regardais le train qui t'emmenait, ma Janey. Je pensais aux jours terribles passés dans la Yellowstone Valley, aux jours où nous affrontions ensemble la vie sans Wild Bill, les pires difficultés ; je pensais à mon travail au télégraphe, aux nuits où tu délirais de fièvre, à ma peur pour ton avenir. Je séchai mes larmes. Ainsi donc, tu allais en Virginie ; tu aurais une belle maison, où tu aurais chaud l'hiver. Tu n'aurais jamais peur sur les routes, jamais faim. Que valait ma peine à côté de cette certitude ?

Je reçus une lettre de Helen. Elle me disait que tu étais sortie de ma vie pour toujours, car ils partaient pour l'Angleterre.

« Chère Jane, c'est à ce prix que Janey pourra s'épanouir avec nous. »

C'était la fin. Je ne te reverrais jamais.

Jamais !

Le soir après ton départ, je bus toute la nuit. Désormais, chaque fois que je parlais à un homme, on m'accusait d'être une traînée sans moralité. Mes pires ennemies restaient les saintes femmes de ces petites villes de l'Ouest. Elles avaient du ventre, du poil aux jambes ; elles ressemblaient à des vautours. J'avais donné Janey, mon trésor, ma beauté, les langues s'étaient déchaînées dans mon dos. Je haïssais toutes ces femmes. Je n'avais pas d'amies, excepté Mme Bander, et Lou Gore. Agnes Lake avait eu Bill parce qu'elle lui faisait peur. L'alcool me faisait voir la vérité, en cette nuit de dénuement. Wild Bill avait tué en légitime défense plus de cinquante hommes, et il avait peur d'Agnes Lake. Il était capable de l'avoir épousée par peur. À cause de pareils spécimens, j'avais perdu ma fille. Les pires *desperados* étaient moins dangereux que ce vieux coyote d'Agnes Lake.

Moi aussi, j'avais fait peur à Wild Bill ! J'avais ouvert un nouveau flacon d'alcool, et je voyais de plus en plus clair. Les filles riaient, les hommes répétaient : « Montre-nous ton certificat de mariage, madame Hickok ! »

Je disais la vérité, rien que la vérité.

J'ai fait peur à Wild Bill... Pour éviter les scènes il m'a quittée.

Janey était ma passion et ma vengeance. Il ne verrait jamais sa fille. J'étais partie par orgueil. Il savait que j'attendais mon bébé, il m'avait écrit plusieurs fois : « Reviens, Calamity, reviens ! » J'avais eu le courage de ne pas lui répondre. Je lui avais envoyé la photo de *Little Bright Calamity*.

Les lettres de Wild Bill m'arrivaient de tout le pays : Cincinnati, Toy Grove, Dodge City. Il y en eut même une postée d'Europe, quand le cirque de Buffalo Bill donna son spectacle en Angleterre. Un soir, peu avant d'accoucher, j'ouvris toutes les lettres, en une seule fois. Il y en avait plus de quinze. Je bus la coupe, le poison de ses mots. « Jane, ma femme, sotte de Jane, retrouvons-nous... Si c'est une fille, appelle-la Janey. Janey Hickok. » Pourquoi les brûlai-je toutes ?

J'avais l'orgueil d'un homme. J'étais née avec le dégoût de la condition de la femme. Les femmes, pourtant, savent construire des prisons pour leurs hommes. Des prisons qu'elles appellent « sécurité ». Je les détestais.

Je n'avais plus Janey.

L'hiver 1874 fut terrible, mais je ne sentis pas le froid, tant ma peine était grande. Je travaillais comme scout à Fort Sturgis, sous les ordres du capitaine Sheridan.

Nous étions chargés de retrouver la Gordon Party, un détachement de pionniers conduits par un certain Gordon. Sarah Campbell, la cuisinière de Custer, noire comme le fond d'un chaudron, me raconta toute l'histoire. L'armée avait interdit aux pionniers de chercher de l'or dans les Bad Lands, territoire sacré des Indiens. Un groupe avait désobéi ; l'hiver suivant, l'expédition de Custer et ce groupe disparurent. Nous fûmes chargés de les retrouver. La neige, la glace et la grêle nous tourmentèrent sans fin.

Je savais où ils étaient ! Ces quarante-huit hommes et une femme avec eux, Annie Tallent, se trouvaient certainement tapis dans un fortin que je connaissais en plein territoire sioux. Terrorisés, ils devaient écouter les roulements des tambours de guerre, les invocations, les danses, les malédictions, les gémissements qui accompagnaient les offrandes faites par les guerriers aux cornes de bison, sous la lune. Ils entendaient le grand cri de détresse des Sioux.

— Les Blancs vont-ils nous affamer ? Les dieux sont-ils en colère ? Pourquoi n'y a-t-il plus de bisons dans la plaine ?

Ils entendaient tout. Le piétinement de la danse d'aigle de Crazy Horse autour du totem de guerre, la danse de la colère, car les dieux s'incarnaient dans l'or, l'or sacré. Jamais un Indien n'eût touché à cet or ; il était la propriété des divinités, c'était lui qui apportait la bénédiction.

Toucher à l'or était bien une idée de Blanc. Une idée de sauvage. Pour les Indiens, s'approprier l'or, c'était saccager la beauté, spolier l'esprit, réduire l'or à des dollars, et les dollars à la possession de choses futiles et impures, qui finiraient par les détruire, eux, les Sioux !

Un cri ébranla les murs du fortin : WICHITA ! C'était le nom de la rivière maudite où une tribu avait été massacrée. Annie Tallent était la seule à garder courage. Elle lisait la Bible, écrivait ses Mémoires et priait de toutes ses forces.

En avril 1875 (ma Janey avait deux ans), on les découvrit enfin. Je connaissais ce fortin et mon intuition ne m'avait pas trompée. Le capitaine John Mix les aperçut au fond d'un trou de trente mètres de profondeur, près d'un torrent, la French Creek. C'étaient des morts vivants. Nous les sortîmes un à un, dans un silence total. Les Sioux avaient disparu dans les rochers mystérieux.

Ils ne devaient reparaître que pour établir leur vengeance, à Little Big Horn.

Une lettre était arrivée à Fort Sturgis. Une lettre d'Angleterre. Les O'Neil avaient changé ton nom en Jean Irene. Mais, pour moi, tu étais toujours Janey.

Tout le monde me félicita : le capitaine John Mix et le capitaine Sheridan. Celui-ci s'en prit aux mineurs qui volaient la terre des Indiens.

— Nous aurons à subir les pires massacres et nous l'aurons voulu ! bougonnait-il.

J'étais de son avis. Le phénomène de la Gordon Party s'était répété : on trouvait de l'or dans les Black Hills, et les pionniers partaient. Un des hommes de la Gordon Party avait affirmé aux journalistes du *New York Times* qu'il y avait aussi des pierres de quartz d'une taille inouïe.

Annie Tallent était une femme extraordinaire : elle avait un regard ferme et droit quand je lui tendis la main pour l'aider à sortir de ce qui avait failli lui servir de tombeau. Je fis office d'infirmière. Les malheureux que nous avions retrouvés étaient couverts de plaies, accablés de fièvre.

Le printemps qui suivit fut plus affreux que l'hiver. La pluie tomba pendant soixante-sept jours consécutifs. Nous vîmes la neige un deux juin. Je devais réchauffer mon whisky pour le boire. Mais cela n'empêcha pas la ruée vers ces plaines, ces vallées, ces monts, ces richesses encore intactes. Le chercheur d'or était né, successeur du *desperado*. Son attirail consistait en deux couvertures de laine, une toile de tente, une paire de bottes de cuir, des jambières de toile, un Levi's, un fusil Winchester, un revolver Smith and Wesson, sans compter le couteau, deux plats, la cuillère à thé, le petit four hollandais, la poêle à frire, un pot à double fond pour les braises, et un bon mulet. Le tout représentait vingt dollars. Vingt dollars suffisaient à nourrir un homme pendant plus de trois mois... J'en savais quelque chose ! Il m'était arrivé plus d'une fois de survivre avec vingt dollars. Il était vrai aussi que le whisky et les cigares avaient remplacé la viande dans mon alimentation.

Que de gueux s'étaient procuré ce triste attirail au nom de l'or !

Ils partaient en chantant à pleine voix :

Oh ! C'est pas une vie de ratisser et de creuser !
Celui qui s'y fait n'est qu'un fils de pute et rien de plus !

Un brasero s'allumait parfois non loin d'un fortin. Des hurlements s'en échappaient. Un misérable chercheur d'or s'était fait tailler en

201

pièces par un Sioux. On le retrouvait mort, le nez et les oreilles coupés, parfois enterré jusqu'au cou, la tête mangée par les fourmis.

J'avais soigné les enfants et Annie Tallent sous les tentes de secours du fort. Cette petite femme aux traits délicats fut très bonne avec moi. Je pansais la plaie de son bras droit. Elle avait été blessée par la chute d'un bloc de glace qui avait failli écraser un enfant.

— Rien n'arrête la folie des hommes, Calamity.

Ses cinq enfants se pressaient autour d'elle. Annie était une des rares femmes à ne pas se détourner quand je chiquais.

— Depuis que ma fille est partie, il me faut de l'alcool et du tabac pour tenir, Annie.

— Je ne vous demande rien, Calamity. Je regardais vos yeux.

Elle aperçut la petite épingle d'or agrafée à mon col.

— Ayez confiance, Calamity. Le grand amour peut espérer trouver une solution dans ce monde. Mais dans l'autre, tout s'arrange, j'en suis sûre.

Je n'avais plus de formes. J'étais grise comme un vieux chercheur d'or, pas très propre, pas très solide, encore honnête. J'avais vingt-six ans. La petite bague de mes noces brillait toujours.

— Martha Jane, je ne vous oublierai jamais !

9

CELINDA HICKOK

Tu tirais, tu tirais, tu tirais...

Dans la maison flotte toujours l'odeur de la tarte aux pommes. Polly vieillit beaucoup, cet été-là. Celui de la bataille de Little Big Horn. Elle s'enferme, laisse les mouches se poser sur son front et sur la pâte, au coin de la table. Elle marmonne des prières. C'est dimanche, elle fait une tarte aux pommes comme tu les aimes. Mais, ce dimanche-là, pas plus que les autres, tu ne viendras la manger. Polly n'a pas été réveillée par son mauvais rêve. Polly somnole et marmonne des prières où il est question de te protéger contre les bandits et les mauvaises femmes.

Toutes les femmes qui t'approchent sont de mauvaises femmes.

Le bruit avait couru que tu avais suivi une écuyère. Polly préférait encore te voir fréquenter les filles des saloons.

— Cela lui fait moins de tort dans ses fonctions de marshal.

Polly tremble que les femmes ne te détournent de ton devoir.

— Quand on est pris par une femme, on devient faible.

Jamais Polly n'emploie le mot « amour ». Elle dit « être pris ». Polly est une forte femme. De sa vie, elle ne fut jamais ni amoureuse, ni « prise ».

— Je me suis mariée pour procréer et j'ai procréé pour complaire au Seigneur.

Polly, cette nuit-là, ne dormit pas. Elle étala avec fureur la pâte à tarte. Octobre avait déjà noirci le ciel ; des traces sanglantes striaient les nuages par-dessus les toits. Polly n'avait pas dit un mot depuis la veille : on racontait que tu vivais avec une vagabonde, mi-homme, mi-fille, et que tu l'avais épousée.

La rumeur nous parvenait par les passants, les voyageurs, les journaliers employés à la ferme pour la saison. Elle nous parvint aussi par ces lignes lues dans le journal. Nous étions loin de tout et savions cependant tout à ton sujet.

Si Polly ne rêvait plus, moi, en revanche, je continuais à crier dans mes cauchemars. Erastus me secouait : « Cindy, Cindy ! » Martha s'agitait dans la chambre voisine. Je balbutiais :

— Il faut sauvegarder la réputation de mon très cher James Butler Hickok, mon frère, mon amour.

Je répétais : « Mon amour. » Erastus, atterré, sortit du lit. Debout dans la chambre, il lut la Bible à la lueur d'une chandelle.

— Martha, ma fille, dis-je d'une voix blanche, d'une voix de mauvais rêve, toute ta vie tu dois combattre la rumeur qui fait de James Butler Hickok le mari de cette coureuse des bois et des saloons, cette fille au cigare, celle qui blasphème le saint nom de Dieu et entraîne James à sa perte...

Ma tête roula, lourde. J'avais mal. Polly chercha machinalement sur sa blouse la trace de l'épingle d'or, en fer à cheval, qu'elle t'avait donnée quand tu avais été blessé : un porte-bonheur. Ma tête était pleine de ténèbres.

Quand Erastus rejoignit notre couche, je me levai, les mains tendues, j'allai dans ta chambre bien cirée où je m'endormis enfin.

Les lettres s'entassaient à la maison. Des lettres de femmes. Je les ouvrais à la vapeur de la bouilloire. Celles d'Agnes Lake me dégoûtaient. Cette créature n'y parlait que de sexe, de corps à corps, de la couleur de ta peau, de ton regard pendant l'amour. Elle t'appelait James. Elle était la seule à t'appeler par ce prénom de James. Ce furent ces lettres qui m'apprirent tout de toi. Je sus ce qui te faisait respecter dans l'Ouest : tu avais interdit de jouer *Dixie*, l'hymne texan, à Kansas City. Les Texans voulaient alors ta peau.

Moi, je ne pensais qu'à ton corps, à la douce morsure de ta bouche, à tes dents, à la soie de tes lèvres. Je savais que tu avais promis le mariage à bien des femmes... Tu en avais déjà épousé deux. Je recollais les enveloppes. J'aurais pu faire disparaître ces sales lettres. Les yeux me brûlaient. Je repoussais Martha dans l'escalier, je ne voyais même pas l'ombre d'Erastus. Polly avait vieilli depuis qu'on nous avait fait croire que tu avais été assassiné à Dodge City. La pire des lettres était arrivée d'Old Clark City. La femme-homme, Calamity Jane, dont la réputation d'alcoolique et de prostituée nous parvenait par les sermons du pasteur, le dimanche, osait écrire qu'un enfant – une fille – était né de son mariage avec toi. Il y avait la photo d'un bébé, et au dos, ces mots : « *Little Bright Calamity,* Janey Hickok. »

Imposture ! Polly s'était trouvée mal. Le cœur lui avait manqué. Mes frères et sœurs avaient haussé les épaules. Erastus, le faible, avait murmuré :

— Que d'histoires ! Laissez James Butler mener sa vie.

Polly eut le même cri que le mien : Imposture ! Je secouai Martha aux épaules :

— Jure-moi, quand tu seras grande, de renier de toutes tes forces cette histoire de bâtarde, ces mensonges !

Elle jura sur la Bible que le pasteur Smith lui avait offerte.

Nous te revîmes l'année où Custer te reçut, aux côtés de sa jolie épouse, Elisabeth Custer, dite Libbie. Elle-même nous écrivit une petite lettre pour nous rassurer sur ton compte, nous dire ton dévouement à ton pays. Polly lut et relut souvent cette bonne lettre à nos visiteurs :

« Au physique, Wild Bill Hickok n'est que perfection. C'est un délice de le regarder. Il porte deux pistolets à la ceinture, des bottes élégantes, une chemise en flanelle bleu nuit (la couleur de tes yeux ! Et cette fille, Calamity, affirmait que sa fille Janey avait les yeux bleu nuit), un plastron et un foulard écarlate. Sa chevelure drue, incomparable, fait de lui le plus bel homme que j'aie jamais vu – à l'exception bien sûr de mon mari, George Custer. »

Custer avait donné le départ de la ruée vers l'or, dans les Black Hills. Hélas, qui aurait pu te retenir ? Déjà, tu t'étais aventuré près de la French Creek où, disait-on, il y avait des coins prometteurs. Quand arriva le trois août 1874 la lettre de cette fille, Calamity. Elle avait donné l'enfant à des étrangers. Moi, je tremblai, je tremblai : Custer avait annoncé officiellement qu'il y avait de l'or dans les Black Hills. Tout allait se précipiter. L'année précédente avait été désastreuse : les récoltes avaient été détruites par des sauterelles géantes jusqu'à Chicago. Le pays résonnait d'un seul cri : « On trouve de l'or dans les Black Hills ! »

L'or fut-il la cause de tout ? La cause de Little Big Horn ? L'or était-il une passion damnant les âmes et corrompant les corps ? Comment empêcher les prospecteurs de pénétrer dans les Black Hills, la grande réserve des Sioux ? On trouvait de l'or dans les montagnes sacrées. Libbie le dirait plus tard, sous ses voiles de veuve :

— Tout est de la faute de l'or !

De l'or et des femmes ! Sans ces lettres, sans leur insistance à te poursuivre, tu vivrais encore.

Tu me cassas presque le poignet quand tu t'aperçus que j'avais dissimulé la lettre qui contenait la photo de la petite Janey, nue dans les bras d'une femme. À son doigt, la bague achetée à Abilene après vos noces grotesques. Tu glissas la photo dans ta poche, sous le colt qui ne te quittait jamais, tu emportas sans les ouvrir les lettres de la saltimbanque, Agnes Lake.

Tu quittas la maison de Toy Grove sans te retourner. Une phrase de toi me brûla long-temps :

— Pauvre Celinda ! Tu ne comprends rien à l'amour.

Il me restait la haine.

10

AGNES THATCHER LAKE

Cinq mars 1876. Jamais Emma n'avait été aussi odieuse. Elle avait vingt ans. Un soupçon m'assaillit. Emma était amoureuse de James Butler Hickok, qui allait devenir le matin même mon époux. Emma acceptait de faire la cible en maillot pailleté, à condition que ce fût James qui tirât sur elle : son habileté la rassurait, disait-elle. J'avais observé ses yeux pendant le numéro, et le frémissement de sa belle bouche quand il pointait son colt à crosse d'argent sur elle. Ses paupières battaient, elle fermait les paupières comme une femme amoureuse. Quand James se pencha sur elle pour lui souffler à l'oreille de sa voix trop douce : « Je vais épouser ta mère », elle murmura :

— Je me ferai désormais appeler Emma Hickok.

James lui offrit son regard si clair, son regard

de tueur ou d'amant. Le bleu de ses yeux était insoutenable et l'on n'y déchiffrait rien. Emma éclata en sanglots.

Elle sauta sur le plus beau de mes chevaux. Elle était devenue une écuyère exceptionnelle. William Cody aurait aimé l'employer dans son cirque. Emma portait des bas noirs sous une jupette brillante. J'avais renoncé à me fâcher. James, quelquefois, s'attardait à contempler le galbe de ses jambes.

— L'essentiel, pour une femme, ce sont les jambes. Tu es une belle fille, Emma.

Il lui parlait de sa voix lente, presque sourde, elle pâlissait.

Le révérend Warrens occupait le temple de Cincinnati ; nos amis S. L. Moyer et Minnie, sa femme, avaient organisé la réception de notre mariage dans leur belle maison victorienne.

— Elle me rappelle celle de Toy Grove, dit James.

Moyer et Minnie étaient nos témoins. Je portais une robe élégante, en ottoman, couleur puce. Emma détourna la tête lorsque le révérend nota nos noms et nos âges sur le registre de son église :

— Agnes Thatcher Lake, quarante-deux ans, James Butler Hickok, trente-neuf ans.

Nos nuits me rendaient mes trente ans. Sur les photos, j'avais l'air d'une femme mûre, mon corps était resté jeune et j'étais fière de ces jambes que James ne se lassait pas de caresser, ce ventre plat de gymnaste, mes seins haut placés...

— L'âge ne m'a jamais concerné. Là où est l'ardeur, est l'amour, disait James.

Quand il parlait ainsi, son regard devenait indéchiffrable. Je savais qu'il pensait à Martha Jane. Secrètement, il était plus lié à elle qu'à moi, mais lui-même l'ignorait.

— Tais-toi, dit-il en appuyant sa bouche sur la mienne.

Je n'avais pas proféré un mot. J'entendis Warrens murmurer à Sipes, dans le salon de Minnie :

— Je ne crois pas à ce mariage.

Cependant, James Butler me prit par la main :

— Je t'emmène en voyage de noces.

Emma eut une sorte de vertige. Le jeune Gil Robinson la reçut dans ses bras.

Nous ne quittions pas notre lit. Gil Robinson consolait Emma : « Un jour, tu m'aimeras. » Je vivais les heures les plus fortes de ma vie. Le plaisir était trop intense pour ressembler au bonheur. Tout était si fort que j'avais presque envie de voir cesser ce joug exquis.

— Je vais partir, Agnes, dit James.

Nu, vu de dos, il était beau. Ton dos, mon amour, ton dos était comme toujours aux aguets. Cela venait sans doute de ton habitude de jouer aux cartes le dos au mur, affronter l'ennemi de face, ne jamais reculer, tout en craignant toujours le pire. Ne sentir la peur que de dos...

La peau de ce dos était si douce ! On aurait

dit celle d'une femme. J'y posais ma joue ; j'entendais tes mots sans bien les comprendre. J'étais trop amoureuse pour te résister. J'avais toujours acquiescé à toutes les demandes de cet homme qui fut mon mari pendant cinq mois.

— Je vais partir, Agnes. Gagner de l'argent pour toi et pour Emma. J'ai organisé une expédition : la *Black Hills and Big Horn Expedition.* Elle partira de Saint Louis le seize mai, rejoindra Cheyenne par Jefferson City, Sedalia, Kansas City, Lincoln, Omaha. Pour vingt-cinq dollars, les voyageurs amateurs d'émotions fortes, protégés par notre groupe, iront de Sidney à Custer et de là au Big Horn.

— Avec qui ?

— Colorado Charlie Utter, son frère Steve, d'autres encore.

— Qui ?

J'étais devenue livide. Je ne supportais plus ma nudité. Je tirai à moi le couvre-lit de dentelle.

— Sais-tu que tu as l'air d'une vraie mariée ?

— Qui d'autre ?

J'avais crié d'une voix cassée, brisée... La voix de la femelle qui voit son mâle lui échapper.

— Il y aura Calamity Jane. C'est une bonne fille, aussi efficace que trois *desperados.* J'ai besoin d'elle.

Ton dos était immobile. Je tremblais. Je me sentais seule, vieille, ridicule sous ces stupides dentelles blanches. Je ne dis qu'un mot :

— Va-t'en !

212

11

CALAMITY JANE

Chaque participant doit se munir de :
un bon fusil, 6 mois de provisions,
3 couvertures et une tente.
L'expédition ira de Cheyenne à Custer.
Chaque participant paiera 25 dollars.
Tous à Deadwood ! La nouvelle ville de l'or !

Cette affiche se répandit. Elle n'était pas signée. Le bureau de recrutement était au bout de Main Street, à Cheyenne, non loin de chez Lull et Mme Danvers. On les savait prêts à émigrer à Deadwood.

Mon contrat avec l'armée avait pris fin. J'avais vingt-cinq dollars grâce à Sheridan et au capitaine John Mix. Je pouvais les envoyer à Jim O'Neil. J'y mettais mon point d'honneur ; je voulais participer à l'éducation de ma fille. Même si Janey vivait avec des parents riches, je souhaitais que l'argent gagné en prenant bien des risques lui parvienne. Toute ma vie, je me battrais pour assurer la subsistance de ma Janey. Gagner sa vie dans l'Ouest tenait du duel quotidien avec la mort. Ce n'était pas une question d'argent, mais d'amour, et d'honneur. Sang de mon sang, mon corps et ma peine te prouveraient que tu étais le plus grand amour de ma vie, une passion née d'une passion...

Les bruits les plus sordides avaient couru : on prétendait que j'avais tué mon enfant. L'infanticide était fréquent ; on trouvait parfois des corps de nouveau-nés dépecés par les vautours. Les femmes bien-pensantes l'avaient soufflé au pasteur. Le bruit s'était ensuite propagé au cours de ces thés bavards et stupides. Bill Vinaigre beuglait la vérité partout où il le pouvait. Ceux du télégraphe aussi.

Existerait-il, dans un siècle ou deux, un système qui permettrait aux femmes de travailler pendant que leur bébé serait à l'abri ? On n'avait pas toujours sa mère, sa tante, une amie comme Annie Tallent à qui confier son bien le plus précieux. Dérision des familles : Celinda Hickok allait mettre tout en œuvre dans l'esprit de ses descendants pour nier l'existence de Janey. J'avais pourtant sur moi mon certificat de mariage, cette page de Bible jaunie, intacte malgré le vent et la pluie. Soixante-sept jours au cours desquels la terre se transforma en un immense cloaque. La vie était rude : je devais gagner mon pain quotidien, tenir les hommes à distance, dormir d'un œil, la tête sur le fusil, repérer les attaques d'Indiens, scruter leurs traces dans la boue et la glaise... Les femmes, au fort, ne me fréquentaient guère. Elles singeaient les manières anglaises et prenaient le thé l'après-midi ; elles invitaient Annie Tallent qui leur répondait :

— Je n'irai pas sans Martha Jane Cannary. Sans elle, nous serions tous morts.

J'étais donc allée à un thé, moi, ivre de vent, de pluie, de pistes et de courses à cheval. Avec mon pantalon raide de pluie, mes mains rougies, mes cheveux cachés sous mon chapeau couleur d'orage...

Nos hôtesses ressemblaient à des perruches caquetantes. La pire était Sim Nat : elle devait rejoindre Deadwood où son frère tenait commerce. Je sortis ma fiole de whisky pour arroser mon thé. Une de ses semblables, Mary Debonisse, vilaine fée blette bourrée de tics, sans doute à cause de sa méchanceté, ne cessa de glousser des perfidies. Annie Tallent se leva :

— Au revoir, mesdames, merci de votre accueil.

Nous les plantâmes devant leurs tasses. Je sortis en jurant. Le lendemain, j'accompagnai Annie Tallent et ses compagnons jusqu'à la route vers l'ouest.

— Dieu vous aide à retrouver votre époux, Calamity ! murmura Annie Tallent en m'embrassant sur les deux joues.

Mon mariage ! Il était si réel qu'il y eut un divorce. Je préférais passer pour un être bizarre et choquer les commères comme Sim Nat et Mary Debonisse que d'être ridicule. J'avais rencontré John Tinkler, ce brave notaire ; il avait écrit pour moi à Corgrove. J'avais appris que Wild Bill Hickok vivait chez Agnes Lake et avait l'intention de l'épouser.

— Jane, ta fierté fera ton malheur, soupira le révérend Warrens.

— Ton malheur, dit Sipes en écho.

— Peu m'importe ! Je ne veux plus être la femme de ce bateleur.

Le courrier parvint à Toy Grove où, pour une fois, Celinda fit diligence. Warrens vint à Old Clarke City quelques jours après la naissance de Janey :

— Tu es libre, Martha Jane, dit-il d'un ton neutre.

Ce jour-là, je galopai à perdre haleine. Mme Bander avait pris Janey. Je décidai que Wild Bill ne verrait jamais sa fille. Mon lait s'était tari à cause de l'émotion. Ma Janey pleura pendant neuf jours.

Luke Voorhees me relança pour conduire une diligence à Deadwood.

— Ce n'est que partie remise. Je rejoindrai l'expédition de Cheyenne. Je peux toujours transporter des types à la recherche de sensations fortes.

— Wild Bill Hickok lui-même a lancé cette

216

idée et dirige l'opération. Il a dit à Lewis, en jouant au poker : « Je suis sûr que cette sotte de Jane viendra. Je veux qu'elle vienne, sinon j'irai la chercher. Et si quelqu'un lui répète que j'ai épousé Agnes Thatcher Lake, je lui casse la figure. Ma femme, c'est Jane. »

Je n'avais plus que huit dollars. J'avais allumé mon brasero non loin de la route de Fort Laramie. Combien de fois avais-je fait ce geste : m'accroupir, rassembler des pierres, des branches, frotter les cailloux, craquer les allumettes si elles n'étaient pas trop humides... combien de fois, jusqu'à ce que ma vue baisse, jusqu'à ce que, peu à peu, mes muscles perdent leur force, mes idées, leur cohérence, mon esprit, sa fermeté ? Combien de fois m'étais-je ainsi penchée sur la terre nue, déserte mais toujours dangereuse, pour allumer le feu ? Le feu vivifiant me réchauffait les mains, le front, le nez et le cœur. Le feu m'apaisait et me rendait enfin sereine. Le feu devant lequel je laissais sécher mes vêtements et qui calmait ma toux. À force de me laver à l'eau des ruisseaux et des torrents, comme les daims et les loups, j'avais senti un point aigu dans ma poitrine. Il ne cessa de devenir plus douloureux avec le temps.

Combien de fois avais-je déchargé de la selle de King la casserole, la cafetière, la poignée de maïs, le pain dur et l'alcool ?

On bougea derrière le rempart dérisoire des troncs et des cailloux amassés. J'avais dû tirer l'instant d'avant sur un serpent couleur de sable qui rampait vers les sabots de mon cheval.

Je bondis, les doigts un peu gourds malgré la chaleur du feu éteint à coups de pied. Seule l'ombre pouvait m'aider, m'engloutir, me dissimuler. Je reculai à la manière des Sioux qui savent se faire ours, oiseau, plante, caillou, nuage. Il fallait imiter la bête et la nature. Je rampai sur l'herbe et sur la terre. J'avais remis l'habit d'homme à peine sec, débarrassé de sa crasse, et à nouveau l'herbe et la poussière maculaient mon visage, mes cheveux qui avaient repoussé et dépassaient mes épaules. La vie m'apparaissait soudain très fragile.

Quelle force pesa sur moi ? Quel souffle brûla ma peau ? Quelle masse de chair s'abattit sur mes épaules dans un tel tumulte ?

Je hurlai, j'envoyai force coups de pied et de poing. J'étais perdue, mon Navy avait volé loin de moi ; je mordis la poussière. Maîtrisée, réduite, matée, je ne souffrais pas, je n'étais pas brutalisée. Une main prudente me saisit la nuque avec délicatesse et la voix de l'Ange me parvint :

— Sotte de Jane. Tais-toi, embrassons-nous.

L'arrivée de notre groupe fut très remarquée. En tête marchait Wild Bill Hickok, surnommé depuis peu *The Jack of Diamond,* car il était redoutable au jeu. À ses côtés, moi, Martha Jane Cannary Hickok, sa femme. Wild Bill riait dans le vent, en galopant près de moi :

— Martha Jane Cannary, dite Calamity Jane, est mon épouse ! J'abattrai ceux qui prétendront le contraire.

Il renversait mon visage, m'embrassait. Nos chevaux étaient soudés flanc à flanc. Près du cœur de Wild Bill, sous son gilet, la photo de Janey, *Little Bright Calamity*. Derrière nous, venait White Eye Jack Anderson – jaune, mal bâti, le crâne plus large que les épaules, une carrure de Teuton, les jambes courtes, redoutable au tir. Wild Bill l'avait ramassé dans un saloon de Dodge City. Suivait Colorado Charlie Utter, taciturne. Il avait fait partie du Pony Express avec Buffalo Bill ; balafré, hâlé, Colorado Charlie n'avait pour lui que la beauté de ses yeux, la franchise laconique de ses propos ; il ne craignait pas la mort. On aurait même pu penser qu'il la provoquait : « La garce. Elle est la seule qui ne vous trahit pas ! » Galopaient côte à côte nos autres compagnons : Steve, le frère de Charlie, California Joe, ami fidèle, ennemi terrible. Cinq *desperados* formaient l'arrière-garde de notre *Black Hills and Big Horn Expedition*. Il y avait aussi trois voyageurs de l'Est, excentriques, habillés de costumes en lainage à carreaux et qui souhaitaient acheter une concession à Deadwood. Trois filles de chez Lou Gore fermaient la marche, dont Lola et Ines, mes amies. On disait qu'au Greenfront elles auraient du travail.

Ce fut ce groupe que je rencontrai sur la route de Fort Laramie. Wild Bill était à ma recherche.

— J'aurais fouillé chaque buisson, soulevé chaque pierre pour te dénicher.

Il avait été renseigné au ranch de John Hunton, à Bordeaux, où ils s'étaient arrêtés.

Nous nous aimions. Qu'importait le mensonge : je savais qu'il avait épousé Agnes.

— J'ai appris que tu avais donné Janey, mauvaise tête, vilaine femme.

Quand la jalousie me reprit, dévorant le cœur et l'âme, Wild redevint insaisissable.

— Tais-toi ! La vie est courte.

Nos nuits dans les cabanes de rondins, nos nuits sous la même couverture, nos nuits éclaboussées de fièvre, nos nuits rachetaient tout. Nous avions la certitude de nous appartenir enfin. Ni divorce, ni mariage, ni mort, ni enfant ne pouvaient nous désunir.

— Je t'aime aussi à cause de Janey.

Tu mordais violemment mes épaules, tu caressais mes jambes.

— Je t'aime. Tu es si belle.

Tu me rendais ma beauté, mon ardeur. Tu me donnas un second Navy, tu scellas ma bouche d'une nouvelle promesse.

— Jane... Jane... Il faut savoir attendre, Jane...

Une autre nuit, tu me dis :

— Jane, si on me tuait, il te faudrait

apprendre la patience. Jure-moi que tu seras patiente, Jane, ma femme. Je n'ai ni le temps, ni les moyens, ni le goût de t'offrir ce qu'au fond tu détesterais : une vie tranquille.

Je ne pleurai pas. Je jurai d'acquérir cette patience et de ne pas me tuer à mon tour.

— Je soignerai les gens, les enfants. Tous les enfants du monde seront les miens, tous ceux que l'abandon et la détresse mettront sur ma route.

— C'est bien, Jane.

Tu t'endormis, pour une fois sans armes.

Deadwood ou le ravin du bois mort... Mal remis de cet affreux printemps de 1875, des arbres arrachés par le vent pourrissaient jusqu'à Main Street. Nos voyageurs cherchaient Williams, Babcock, Smith et Jackson qui avaient établi la concession N° 21.

La vallée, rendue plus étroite par le torrent qui avait creusé les rochers en fuyant vers les plaines, enfermait de l'or. L'or, constante obsession.

Pour établir une concession, il fallait travailler une journée à la répartition des terrains. Ce que firent immédiatement nos voyageurs qui, ponctuellement, avaient remis leurs vingt-cinq dollars à Wild Bill.

Toute la ville nous regarda traverser Main Street jusqu'au saloon N° 10. Il jouxtait le Fairmont où nous trouvâmes des chambres. Il faut dire que nous avions sorti nos colts pour convaincre le patron. Il avait peur de nous et grommelait : « C'est complet. » Wild Bill jeta un sac de dollars sur le comptoir, de quoi payer un mois de pension. Le tenancier se calma.

Dès le premier soir, au saloon N° 10, nous jouâmes avec Poker Alice : cigare éteint au coin des lèvres, Stetson rejeté en arrière, rire éclatant.

Nous perdîmes. La partie suivante nous fut plus favorable. Poker Alice fit un bras de fer avec Wild Bill. Tout le saloon se tordait de rire. Je crus un instant que cette forte femme aux petits yeux pleins de malice, aux cheveux drus et gris et aux épaules de vieille dame allait triompher de Wild Bill. En outre, elle était armée sous ses jupes. Un jour, elle avait mordu à pleines dents le poignet d'un tricheur.

Elle n'avait pas besoin d'acheter une concession ou de planter une tente à Terry : elle gagnait des tas de dollars au poker. Elle les prêtait, les plaçait ; elle avait même des filles au Greenfront. Elle embaucha tout de suite les nôtres : Lola et Ines, non sans avoir tâté leurs seins ce avec un grognement d'approbation, la tête noyée dans un nuage de fumée.

Ce mois de juin 1876 ! Comment oublier la force et la frénésie de l'amour ? La passion nous incendiait. Nous ne nous quittions pas, Wild Bill et moi. Quand le révérend Smith, Bible à la

222

main, faisait son discours au saloon, perché sur un tonneau, Wild ordonnait à tous ces gueux de se taire pour l'écouter. Je tendais mon chapeau pour obliger les avares à y verser quelques dollars :

— Vous profitez des discours du pasteur et vous ne donneriez pas un liard pour aider sa paroisse !

La ville nous prit en amitié et je pensais qu'on allait proposer à Wild Bill d'en devenir marshal. Cet été-là, par je ne sais quelle perfidie, les lettres d'Agnes Lake arrivèrent à la poste de Deadwood. Adams, le postier, les ouvrit et les commenta à haute voix :

— Fichtre ! Jamais une belle femme ne m'a encore écrit des choses pareilles !

Adams ne comprenait pas pourquoi j'acceptais d'envoyer de l'argent à cette Agnes Lake que je détestais. Wild Bill m'avait dit :

— Je suis un homme d'honneur. J'ai promis à Agnes de l'aider. Ensuite, je divorcerai et nous nous remarierons. Tu n'entendras plus jamais parler d'Agnes Thatcher.

Wild se démenait à la table de jeu. Je faisais de même, sans poser ma chique. Nous envoyions aussi des dollars à Jim O'Neil. Il promettait encore :

— Dès que nous le pourrons, nous irons chercher *Little Bright Calamity*.

Dans les mines, l'agitation grandissait. Les chercheurs d'or avaient des têtes de forçats attachés à leur boulet, de rapaces aux aguets. Certains restaient des semaines sans se laver. Le révérend Smith se tenait à la porte des tranchées, sa Bible à la main :

— Ma seule arme : l'amour pour l'Éternel.

Les Chinois étaient toujours les plus maltraités. Arrivés en grand nombre de Californie, beaucoup avaient été lynchés avant même d'avoir atteint Deadwood où les survivants travaillaient comme des bêtes de somme. Leur condition était pire qu'au chemin de fer. L'or était un enjeu plus fort, Les Chinois cherchaient l'or dix-sept heures par jour, sans une pause. Au fond des galeries, ils restaient parfois coincés comme des rats et mouraient écrasés sous les éboulements. S'ils osaient s'aventurer dans les torrents où travaillaient les chercheurs solitaires, ils étaient accueillis à coups de revolver ou se faisaient poignarder. Ils revenaient donc à la mine, tiraient les chariots et envoyaient leurs enfants au fond dès l'âge de quatre ans. Le révérend Smith était indigné.

— L'or est la cause de tous les malheurs.

Il ramassait les enfants qui tombaient. Il priait, lisait les passages du Livre de Job, il finit par reprendre la route de Cheyenne Creek.

En dehors de la mine, les Chinois étaient employés aux tâches les plus pénibles : laver les vêtements des chercheurs d'or. Beaucoup s'établirent comme teinturiers par la suite. Je retrouvai l'excellent Wong, que j'avais connu au chemin de fer. Il m'accueillit dans son échoppe, non loin du Mont Moriah. Wong avait un intérieur raffiné, rempli de porcelaine et d'estampes. Sa femme préparait le thé et les pipes d'opium. Wong avait exigé et obtenu que les enterrements chinois respectent la tradition : les corps étaient enveloppés dans des banderoles rouges et les cercueils entourés de petits feux. Ce vœu était difficilement respecté. Les Chinois étaient méprisés jusque dans la mort. Wong faisait exception à cause de son sens du commerce. Son affaire prospérait ; il disait que la vraie force était intérieure et que l'apparence comptait peu.

Nuit et jour, Deadwood résonnait, comme Abilene, de bruits de bagarres, de cris de femmes...

Deadwood fut le lieu de ma lune de miel : jamais je ne t'avais autant aimé, Jamais je ne t'avais tant désiré.

Le vingt-six juin au soir, Bullock répandit la nouvelle que le général Custer avait été massacré à Little Big Horn avec ses hommes. Ce fut à peine si nous levâmes la tête. Nos mains étaient enlacées par-dessus les cartes de jeu. Nous jouions l'as de cœur dans toutes nos parties. Seuls le jeu et l'amour comptaient.

Janey dormait dans mon cœur et je me gardais de l'éveiller.

SITTING BULL

Comme le mouflon, l'aigle, le buffle et le porc-épic, nous nous étions unis : Cheyennes, Miniconjoux, Oglalas, Sans-Arcs, Sioux, tous frères pour une fois. Nous étions venus à bout des Blancs, sachant au fond de nous-mêmes que c'était notre dernière aurore, notre dernier crépuscule, notre plus belle danse sacrée. Nous nous étions retrouvés dans le sang des Grands Ennemis.

Wichita, Rosebud, ces lieux de massacres arrachaient nos cœurs, des soupirs à nos lèvres, des éclairs à nos yeux. Les squaws étaient les plus violentes. Elles se montrèrent plus fortes que leurs frères, leurs époux, leurs fils. Ce furent elles qui rompirent les os, éparpillèrent les membres, coupèrent les têtes, ôtèrent les parties sexuelles des morts pour empêcher à jamais le Grand Esprit de prendre leurs âmes.

L'ignominie avait déjà trop duré quand le gouvernement américain décida de nous regrouper dans des réserves. Puis il y eut la souillure des Black Hills, nos territoires sacrés profanés à cause de l'or, de la cupidité des Blancs. L'or devait rester à jamais intouchable, dieu au service des dieux. Nos ancêtres reposaient dans le sein de cette terre. Les prospecteurs profanaient leurs ossements pour extraire le métal jaune.

Ulysse Grant, président des États-Unis, avait déclaré que nous étions hostiles et il avait chargé le général Terry du plan de campagne destiné à nous chasser. Nous ne valions guère mieux que les bisons massacrés par l'orgueilleux William Cody. Il s'agissait de nous affamer d'abord, de nous chasser ensuite. Il s'agissait de tuer et notre chair, et notre esprit.

On nous empêcha de regagner le Nord. Dès le premier avril, quand fleurit la bruyère rose sur les collines, quand cessa la pluie, les troupes de John Gibbon descendirent le cours de la Yellowstone ; les squaws gémirent en serrant leur enfant contre leur sein. De son côté, Terry-le-petit-homme remonta le Missouri. Les Blancs préparaient leur ralliement mortel.

Nous savions tout, nous voyions tout, nous ne bougions pas, nous prenions la couleur des nuages et des cours d'eau. Cela dura trois demi-lunes.

On nous empêcha de fuir vers le sud.

Terry-le-petit-homme avait donné ordre au

général Crook de quitter Fort Fetterman au Wyoming, pour inspecter les Black Hills.

Crook – le mangeur d'Indiens – avait choisi la date du vingt-neuf mai ; des milliers de fleurs couvraient la plaine, éparpillaient leur pollen ; nos guerriers pensaient plus à la beauté de nos squaws qu'à la guerre... Crook s'était mis en route avec cinq compagnies d'infanterie.

Le mangeur d'Indiens ricanait de mépris avec ses hommes :

— Pris entre trois corps d'armée, sans issue, les sauvages seront obligés de se rendre. Ou ils seront écrasés, ce qui serait juste, ou ils disparaîtront à jamais, ce qui serait mieux.

Nous étions des muets, des sourds, des invisibles.

Nous devenions l'ombre de l'ombre.

À l'embouchure de la Rosebud River, Terry-le-petit-homme et John Gibbon firent leur jonction : c'était un foisonnement d'uniformes bleus à boutons dorés, près du ferry *Far West*.

Ils soupçonnaient notre présence. Personne ne nous avait vus. Le major Marcus Reno, l'homme à la pipe et aux cheveux de feu, nous devinait sans jamais nous apercevoir, même s'il n'en finissait plus de scruter les rives de la Powder River.

Tel était leur orgueil et telle était notre victoire.

Les visages pâles ignoraient que nous avions pris la direction des mauvaises terres ; ils nous croyaient entre la Rosebud River et la Yellowstone River, dans la vallée, du côté de Big Horn et Little Big Horn.

Crazy Horse, mon fils spirituel, l'intrépide, n'avait cessé de surveiller George Crook. Notre but était de faire croire à Alfred Terry et à John Gibbon que George Crook était simplement retardé. À force de mépris et de vanité, les visages pâles couraient à leur perte. Décidés à nous laisser détruire, les Crows et les Snakes, peuples bâtards, ennemis héréditaires des Sioux, avaient essayé de nous dérober la victoire en s'alliant avec George Crook. Leur double trahison ne porterait d'autres fruits que la mort de douze cavaliers blancs, le dix-sept juin.

Notre peuple attaqua et sema la panique parmi les Blancs. Il y eut douze morts, vingt-quatre blessés, cent chevaux égarés. Nous devenions de plus en plus redoutables. Les Blancs étaient prêts à nous massacrer avec nos squaws et nos enfants. Même les traîtres, les Snakes et les Crows, devaient être exterminés. Le général Terry avait choisi pour cette tâche George Armstrong Custer, le tueur de squaws, et son septième régiment de cavalerie. Ce fut sa plus grande faute.

Le tueur de squaws décupla notre détermination et notre ruse. Même le président Ulysse Grant avait blâmé Custer, le tueur de squaws.

Plus buté que le bison quand la nuit le dérange, Custer n'écouta que l'esprit malin qui l'animait et alla jusqu'à se faire nommer « général ». Il mourrait sans jamais porter ce titre. Il tremblait d'impatience et voulait nous débusquer sur la piste signalée par Marcus Reno. Lui ; le fou, l'assassin, avec son foulard de pompier, sa veste de femme. Il hurlait : « *God damn them !* » Au son de leur affreux clairon, il s'élançait vers les hauteurs, sur la rive gauche de la Little Big Horn. Il nous avait vus, nous, les Sioux, les Cheyennes, rassemblés là par centaines. L'imbécile se mit à hurler :

— Hourra ! Voici la fortune de Custer ! La plus importante concentration d'Indiens du continent !

Le temps n'existait plus. Le temps était un éclair. Le monde apprendrait notre victoire par le *Bulletin* de Bismarck, capitale du Dakota du Nord. Le journaliste Mark Kellog, correspondant du *New York Herald,* qui accompagnait le régiment, n'eut que le temps de consigner les faits avant d'être tué à son tour. Il n'était plus question de réfléchir. Le septième de cavalerie devait être détruit. Après, il ne nous resterait à subir notre lent martyre, le déshonneur et la fin de la nation sioux.

La poussière montait avec le grondement des chevaux, le cri des Blancs. Sept escadrons

230

commandés par le major Reno furent laissés en réserve sur la colline de la rive droite. Custer scinda ses forces en deux. Pas une seconde, cet orgueilleux ne crut que nous leur serions supérieurs en nombre. Une dernière fois, les hommes de Marcus Reno le virent agiter son chapeau.

Alors, d'un seul souffle, d'un seul mouvement, par milliers, hurlant, superbes sous nos tatouages, nos plumes et nos masques, le nez, les poignets et les chevilles décorés de peintures et de perles bleues, au galop de nos chevaux, nous déferlâmes sur les troupes de Custer.

Nous avions la beauté du désespoir. Nous étions beaux par le nombre, la couleur, la rapidité, courant dans le soleil qui rendait les herbes plus pâles, les eaux plus bleues, et limpide le ciel au-dessus de la *Bear Butte*...

La première balle atteignit en plein visage le traître, le scout Couteau Sanglant, le serpent qui nous avait vendus. Les trois escadrons se sentirent perdus ; ils tentèrent de se regrouper pour atteindre le gué en amont, le franchir, mener la charge hors des bois. Il était trop tard. Deux Lunes, le chef des Cheyennes, tout empanaché, m'avait dit en confidence :

— Une heure, une lune, une nuit, et il sera peut-être trop tard.

Il était sage ; Notre heure avait sonné.

Tout était contre l'ennemi, y compris l'eau du gué. Les hommes de Reno périrent noyés. À la nuit, nous allumâmes des feux sur les crêtes et nous entendîmes les cris des survivants. Nous ne cessions de tirer.

Au matin, nous étions plus de deux mille. Leurs chevaux tombaient d'épuisement ; la soif les torturait. Impassibles, nous les regardions se jeter dans la rivière, ressortir hagards, replonger en hurlant.

Le jour suivant, les fusils parlèrent à nouveau. Nous nous repliâmes vers l'ouest.

Livides, abattus, exténués, les rescapés du septième régiment de cavalerie ne nous intéressaient plus : nous voulions la peau du tueur de squaws.

Le long de la rivière jonchée de cadavres, Custer chevauchait. Il était décidé à nous exterminer. Lorsqu'il commanda la charge, nous décochâmes nos flèches. Ses hommes durent mettre pied à terre. Custer hurla :

— Ce ne sont que des sauvages ! Ce ne sont que des flèches !

Nous ripostâmes par une fusillade nourrie. Depuis des mois, des fabricants nous vendaient des armes modernes. Nous étions partout à la fois, devant, derrière, sur les côtés, nous encerclions Custer et ses hommes.

Après les flèches et les balles, nous achevâmes les Blancs à l'arme blanche. Épouvantés, les chevaux hennissaient, faisant des écarts. La poussière rendait l'air irrespirable, mais nous étions habitués à voir la nuit et le soleil en face, le fond des eaux et le fond des cœurs.

D'une petite éminence, je suivais le combat. À l'issue de la bataille, à seize heures trente, un messager vint à moi, Sitting Bull, le grand chef des Sioux hankpapas. Il me dit :

— C'est fini, ils sont tous morts.

J'avais eu le temps de voir le *boy* général couché sur un monceau de cadavres. Près de lui, son frère Thomas et le fils de celui-ci, un jeune guerrier de dix-neuf ans. Sur son corps, celui du journaliste Kellog.

Je saluai leurs dépouilles, car ils étaient morts en braves, et j'ordonnai que ces trois corps ne soient ni scalpés, ni mutilés. Ainsi j'épargnai le cadavre de George Armstrong Custer, en hommage à sa bravoure, celui du journaliste, parce que son journal avait toujours plaidé en faveur des Indiens, et celui de Keog, un capitaine d'origine irlandaise, parce qu'il portait à son cou une croix.

Nous ne pûmes retenir les squaws qui dévalèrent la colline en hurlant. Leurs cris ne cessèrent que plusieurs heures après, quand elles eurent mutilé les corps et arraché le cœur de la poitrine des soldats. Elles les tendaient vers le ciel, avec les parties génitales.

Le ciel était aussi rouge que la terre.

CALAMITY JANE

Il n'y eut que deux survivants à la bataille de Little Big Horn : Curly, de la tribu des Crews, scout préféré du général Custer, et son cheval, Comanche. De ma vie je ne souhaitais revoir pareil spectacle. Je l'écrivis à Janey. Plus tard, elle lirait cette lettre. Que Dieu lui épargne de telles horreurs ! Ô ma Janey. J'avais mal au cœur, bien plus que si j'avais bu toute la nuit.

Wild Bill dut accompagner les voyageurs de notre Big Horn Party jusqu'à Omaha. Nos routes se séparèrent non loin de Little Big Horn. Nous savions que la bataille avait été terrible.

— Calamity, me dit Wild Bill, ne va pas seule là-bas. Attends-moi à Deadwood. Je serai de retour le dix juillet.

— D'accord. Oncle Cy m'a écrit : il veut que j'aille jeter un coup d'œil à son ranch. Son frère, sa femme et un enfant, Jackie, risquent de se sentir très seuls.

Oncle Cy m'avait aussi envoyé quelques dollars à leur faire parvenir.

— Calamity, je te fais confiance. Tu es une bonne fille. Occupe-toi de Jackie en cas de malheur. Les prospecteurs avaient donné cinquante dollars à Wild Bill pour être accompagnés à Omaha. Ces missions étaient nos gagne-pain, en même temps que des marques de confiance. Je voulais tant envoyer un peu d'argent à ma Janey !

L'Ange baisa mes mains et ma bouche.

— Jane, le deux août, j'ai rendez-vous au saloon N° 10 pour une partie de poker extraordinaire. Je vais y faire fortune. Après, nous irons chercher Janey. Je t'emmènerai à Toy Grove et nous nous installerons à Richmond. Nous aurons un fils. Je t'aime.

La veille, un homme, au Fairmont, avait ricané :

— Wild Bill est marié à Agnes Thatcher Lake, hein, madame Hickok ?

Il ravala son « madame Hickok » car je lui cassai deux dents d'un crochet à la mâchoire. Wild Bill voulait le tuer. Le révérend Smith soupirait :

— Martha Jane, à quoi bon user de violence ?

— C'est vrai, mon révérend. Mais où est la véritable barbarie ? Dans les mots ou dans les gestes ?

Il aida l'homme à se relever. Il vociférait, la

bouche en sang. Depuis, nul n'osa m'appeler
« madame Hickok ». Sur le chemin de Little Big
Horn, je me sentais glacée malgré la chaleur :
Satan était de plus en plus nerveux. Il eut un
long hennissement quand nous arrivâmes devant
ce coin de planète détruit, ensanglanté. La maison d'oncle Cy avait brûlé. J'y retrouvai le
cadavre calciné de son frère, affreusement
mutilé. Quant aux dépouilles des soldats morts,
elles n'avaient plus ni bras, ni jambes, ni têtes,
ni parties génitales. Les squaws avaient fait leur
office. J'avançais à pied, Satan renâclait, j'avais
du mal à garder mon sang-froid. Je tremblais
autant que mon cheval. Je découvris le corps
d'oncle Cy, taillé en pièces, la tête sous une couverture, les jambes, les bras et les mains rassemblés en un tas sur son ventre ouvert, vidé de
ses entrailles.

Je creusai une tombe et mis ce qui restait de
son pauvre vieux corps dans ma couverture de
selle. L'odeur était suffocante.

J'entendis pleurer non loin de la maison
démolie. Je trouvai un enfant de onze ans ; ce
devait être Jackie. Sa mère était peut-être cet
amas informe et rouge où je reconnus les restes
d'un cheval décapité. Le petit s'était caché pendant qu'on égorgeait les habitants du ranch
d'oncle Cy.

— Comment t'appelles-tu ?

Il me regarda, les yeux vides. Je répétai :

— Es-tu Jackie ?

236

Il remua la tête en soufflant : « oui » ; je le pris en selle derrière moi. J'avais les mains couvertes de terre. Des mains de fossoyeur. Dans la plaine de Little Big Horn, l'un des deux survivants, le cheval, gambadait toujours.

Il me fallut plus de quinze jours pour revenir à Deadwood. Quinze jours interminables et autant de nuits au bivouac dans les broussailles. Les clameurs des Indiens ne cessaient pas : ils étaient les vainqueurs. Ils vivaient leur plus grande victoire, la dernière, leur apothéose.

Ils le savaient. Je le sentais tout bas : je me réjouissais de leur victoire de Little Big Horn ; je les comprenais. Il était dangereux de clamer : « Je comprends les Indiens. » Il m'arriva pourtant de le faire quand l'alcool me faisait oublier la prudence. D'ailleurs, je n'avais jamais été prudente. En amour, je m'étais donnée sans réserve à Wild Bill Hickok et à ma fille, Janey.

— Après tout, disais-je, quand les Blancs hurlaient d'indignation en évoquant Little Big Horn, vous l'avez cherchée, votre défaite. Souvenez-vous de Rosebud et de Wichita.

J'avais reçu des menaces de mort pour avoir osé parler ainsi.

Mais je ne pouvais que me taire quand j'enveloppais dans ma couverture de cheval ce pauvre enfant qui tremblait. Il avait vu dépecer, éventrer et brûler les siens. Désormais, il haïrait à jamais la nation indienne et je n'y pourrais rien. Pas plus que je ne pouvais lutter contre la bêtise des femmes de Deadwood. L'imbécile qui m'avait appelée « madame Hickok » avait lancé ce qui deviendrait par méchanceté mon surnom. Tant que Wild Bill vécut, ils ne s'avisèrent pas de me nommer ainsi mais, plus tard, cette insulte ponctua tous mes chagrins.

12

CALAMITY JANE

Wild Bill Hickok se plaçait toujours le dos au mur. Jusqu'à la fin de mes jours, je penserais que ce fut de ma faute s'il oublia ce jour-là cette précaution. Il s'assit le dos face à la porte du saloon.

J'avais joué, perdu, gagné et bu. Ma Winchester appuyée contre ma chaise, le dos au mur, comme lui. Août approchait, ensuite viendrait septembre, le mois anniversaire de la naissance de Janey. Que se passa-t-il ? Soudain je renversai mon verre, je tirai en l'air et traitai Wild de sale type, de faux ami, de faux mari, de faux père, de faux amant. Je l'appelai même tricheur. Pourquoi ?

Était-ce à cause du souvenir de Little Big Horn, de ma solitude quand j'avais enterré le pauvre oncle Cy ?

À la ferme d'oncle Cy, j'avais pesté, soufflé, creusé. J'avais même pleuré, récité la prière des agonisants. Ensuite, j'avais comblé la tombe – choc de la boue séchée sur l'amas informe des corps. L'absence de Wild Bill m'était apparue comme l'absence de Dieu. Une absence génératrice de peur et d'angoisse. Alors j'avais tout maudit.

— Va-t'en, me dit Wild Bill. Ou tais-toi. Tu es ivre. Tu me dégoûtes !

Les hommes s'approchèrent : les amis et les autres, Carl Mann, le capitaine Massie, Jack Mac Call, plus ivre que moi, qui hurla :

— J'aurai ta peau, Jack of Diamond ! Souviens-toi de Mac Canless. Souviens-toi de mon frère John Mac Call. Souviens-toi de Philip Coe. Assassin ! Tu as tué vingt et un hommes !

Wild haussa les épaules :

— Tu es plus minable qu'un coyote mort.

Le désastre de Little Big Horn échauffait toutes les têtes. Le révérend Smith entra dans le saloon. Il était cramoisi et transpirait. J'éclatai en sanglots :

— Janey !

Je jetai mon verre au visage de Wild. Je vis rouge, reprise par ma jalousie infernale. Il avait encore envoyé le matin même de l'argent à cette vieille Lake. Le révérend Smith monta sur le billard. Le capitaine Jack Crawford venait de lancer ses boules :

— Je vais lire une parabole, écoutez-moi !

Trois filles du Greenfront, les épaules nues dans le satin rouge, s'assirent contre le pianola et le révérend commença :

240

Que tes tentes sont belles, Jacob,
Et tes demeures, Israël.
Elles s'étendent comme des vallées,
Comme des jardins au bord d'un fleuve.

Wild recommença à jouer, indifférent.

— Attention, pasteur, dit Brick Pomeroy, les Indiens pourraient bien avoir ta peau à toi aussi.

Le mois précédent, Brick Pomeroy, un homme court sur jambes, hideux et gras, avait tué un Indien qui lui avait volé un cheval. Jo le Mexicain avait coupé la tête de l'Indien et il venait faire une collecte au saloon N° 10. Elle lui rapporta soixante-six dollars.

— Qui veut la tête ? criait-il.

Brick Pomeroy entra, ivre de colère, et il le descendit d'un seul coup de colt. Les types hurlèrent : « Bravo ! » La mort de Custer avait chauffé à blanc tous les cerveaux. Ce fut tout juste si on ne félicita pas Brick Pomeroy pour son double exploit. La voix du révérend Smith montait, déchirante, déchirée :

Le Seigneur les a plantés comme des arbres ;
Comme des cèdres auprès des eaux !
Un héros sortira de sa descendance,
Il dominera de nombreux peuples,
Son règne sera plus grand que celui de Gog,
Sa royauté s'étendra.

La suite se perdit dans l'alcool. La tête de l'Indien, déjà pourrie, les yeux fixes, roula du sac du Mexicain jusqu'à mes pieds.

— Sotte de Jane. Tais-toi et embrassons-nous !

Torse nu sur le lit non défait, je somnolai, encore un peu ivre. La chaleur était insupportable. J'aurais aimé me baigner dans une source, à Rapid City. M'éclabousser à la cascade, laver ma brûlure. Nous allions encore une fois nous réconcilier, Wild et moi. Ses colts rejoignirent mon Navy, nos vêtements se mêlèrent, identiques, fraternels, sales et guerriers. Nos corps se retrouvèrent.

À Deadwood, une annonce avait été placardée sur tous les murs : *Wild Bill Hickok, marshal.*

Le shérif Isaac Brown avait déclaré :

— Nous ne serons pas trop de deux pour faire régner l'ordre ici.

Août arriva : l'air chaud desséchait les gorges dès l'aube, vidait les esprits et faisait bouillir les pieds dans les bottes.

Wild Bill avait rendez-vous au saloon N° 10 pour sa grande partie de poker. Ensuite, il l'avait promis, nous irions chercher Janey. M. O'Neil et Helen comprendraient. Nous irions vivre près d'eux. Janey pourrait continuer à les voir. Wild avait déjà préparé sa lettre de rupture avec Agnes.

— Ce mariage est un accident. Ne me tourmente plus, sotte de Jane. Je t'aime.

Nous ne nous quittions plus et le révérend Smith nous bénit d'une voix adoucie :

— Ah, si le Seigneur pouvait mettre son esprit sur vous...

Wild répétait :

— Ne me tourmente plus avec ta jalousie, Jane. Ça me trouble. J'y pense au jeu, j'ai moins de réflexes, je finirai par oublier de me placer le dos au mur.

Le révérend Smith, ce deux août, revint tard au saloon N° 10. Il dit à Wild Bill :

— Faites attention à Jack Mac Call. Il est hors de lui. J'ai essayé de le calmer. Il veut vous tuer.

— Du bluff ! répondit Wild Bill. Je l'attends.

Le révérend Smith prit son front entre ses mains :

— Je prierai pour vous tous.

Il ouvrit son livre et lut :

Je répandrai mon esprit sur toute créature ;
Même sur les serviteurs et les servantes,
Je répandrai mon esprit...

J'essayai de convaincre Wild Bill de quitter Deadwood. Quand Brick Pomeroy avait abattu Jo le Mexicain, Wild avait tiré sur Brick.

Il avait tant d'ennemis que je le suppliai :

— Pars à Toy Grove. Je t'en supplie ! Je te rejoindrai plus tard.

Il passa sa douce main sur mon cou. Tendresse de cette main que je n'oublierais jamais.

— Non, Jane. Je dois gagner la partie du deux août.

Son visage se fermait. Son expression me troublait ; c'était celle qu'il avait dans l'amour ou devant la mort.

Je courbai la tête, je cédai, je dis « oui », mais j'avais peur.

Cette partie de poker était décidée depuis longtemps : elle avait été fixée au mercredi deux août, à deux heures trente, dans le saloon N° 10 de Deadwood. Charlie Rich avait proposé le lieu, Carl Mann la date, le capitaine William Rodney Massie l'heure, et Wild Bill Hickok la ville. Ce serait à Deadwood. Notre mort a-t-elle besoin d'une mise en scène ? On eût dit que tout prenait sa place : les valets, les carreaux, les piques et les cœurs. Tout s'organisait.

Notre dernière nuit avait pourtant été paisible. Tu t'étais endormi d'un seul coup, la joue contre mon cœur.

— Sotte de Jane. Tais-toi et embrassons-nous.

Tu t'étais endormi. La nuit était d'un noir d'encre, l'unique carreau de notre fenêtre avait bleui à l'aube, ce carreau si souvent brisé par une balle perdue.

La chaleur stagnait sur le tapis vert, sous la lampe.

Après la distribution des cartes, Wild Bill dit à Rich :

— Laisse-moi la place contre le mur. C'est mon habitude de jouer le dos au mur.

Rich secoua la tête.

— Cette place porte chance, la preuve, tu gagnes tout le temps, Wild. Pour une fois, laisse-la-moi !

Wild haussa les épaules, vaguement irrité. Il resta le dos à la porte ouverte, non loin de moi, installée de biais. Ainsi placée, je voyais tout : les quatre hommes, les deux as et les carreaux dans la main gauche de Wild Bill ; j'entendais le tic-tac de la montre de Carl Mann, visible au bout de la chaîne en or et qui marquait presque trois heures... Mes yeux brûlaient à force d'attention. Je pensais à ceux de Sitting Bull guettant jour et nuit l'heure de la vengeance. La voluptueuse vengeance. Mais comme l'amour, la vengeance pouvait prendre toutes les formes. Elle pouvait se coiffer de parures guerrières ; elle pouvait prendre aussi l'apparence de ce petit homme insignifiant que j'avais déjà vu à la vieille cabane, la nuit de nos épousailles. Jack Mac Call me donnait la nausée à force d'insignifiance.

Je savais que la ruine de mon existence, l'origine de mes larmes les plus amères avaient l'apparence d'un petit homme gris, terne, en costume minable et sans couleur, dégainant un colt semblable à celui que possède n'importe quel fermier de l'Ouest. Un colt crachant une balle, une seule, dans la nuque de l'Ange, mon homme, mon frère, mon amant. Le petit homme gris poussa un cri :

— Maudit ! Prends ça !

Un bruit de tonnerre. La balle dans la tête de Wild Bill fit un bruit de tonnerre et je ne vis que la main, déjà morte, de mon mari, la main qui tenait quatre cartes : deux as, deux carreaux.

Désormais, dans les saloons de l'Ouest, on appellerait cette donne « la main de la mort ».

L'assassin, l'insignifiant Jack Mac Call, se rua hors du saloon. Alors seulement, je poussai un cri sauvage. Le cri des squaws sur le champ de Little Big Horn. Je retrouvai tous mes moyens. Pourquoi cette soudaine inertie quand l'assassin était entré ? Que se passa-t-il en moi ? Figée, atone, aveugle, j'étais demeurée là, immobile, stupide. Je *savais* et je n'avais rien fait. Je *voyais* et je n'avais pas bougé. J'allais passer le restant de mes jours à boire jusqu'à me rendre muette, sourde et aveugle pour comprendre pourquoi je n'avais pu sauver mon bien le plus précieux, pourquoi je n'avais pas arrêté la main de Jack Mac Call quand il était encore temps.

— C'était écrit, dirait le révérend Smith. Peut-être pour vous sanctifier, vous amener sur la voie royale de l'amour.

Le soleil était blanc. Mac Call sauta sur son cheval, mais pas assez vite. Je me jetai sur lui, j'arrachai ses sangles au couteau. La selle tourna. Mac Call tomba avec un bruit mou. Il se releva, courut et disparut au fond de la boutique du boucher. Je ne voyais plus la foule, mais une lumière aveuglante devant mes yeux. Toute la ville était devenue blanche et je n'entendais qu'un cri. Un cri qui allait me poursuivre jusqu'à mon dernier jour :

— Wild Bill Hickok a été assassiné !

J'ouvris la boutique d'un coup de pied, je poussai Godsberg qui tremblait, j'arrachai un crochet à viande et je sautai par-dessus le comptoir ensanglanté. J'attrapai Mac Call caché derrière l'étal et je vociférai des insultes avant de le tirer, le pousser, le crocheter comme un veau. La foule criait : « Le lyncher ! Le lyncher ! » Le capitaine Massie, le poignet en sang – la balle fatale lui avait traversé le poignet –, Isaac Brown et Charles Whitehead continrent la foule pendant que Mac Call était emmené en prison.

Pierce, le barbier, accroupi près de Wild Bill, mesurait son corps pour construire sa bière. Deux hommes du Black Hills Pioneer étaient avec lui. L'enterrement fut prévu pour le lendemain à trois heures. Le postier Adams télégraphia à Toy Grove.

La première tombe de Wild Bill fut creusée non loin de la poste, au bas de Main Street. Colorado Charlie Hutter grava sur un arbre ces lignes :

A brave man. The victim of an assassin,
J. B. (Wild Bill) Hickok,

murdered by Jack Mac Call, august 2, 1876.
Good Bye[1]...

Le bruit ! Le bruit ! Ma tête si douloureuse en ce matin du trois août. Dès neuf heures, le procès commença, présidé par le juge Kuykendall ; la défense de Jack Mac Call était assurée par le juge Miller ; l'attorney colonel George May ouvrit les débats. Il y avait aussi le capitaine Massie, un bras en écharpe, moi-même, enrouée, sale, ivre d'insomnie. Je croyais encore entendre les coups de marteau qui avaient scellé la bière de Wild Bill. Jack Mac Call semblait plus insignifiant que jamais ; Budd, Charles Whitehead, les onze jurés, tout tournoyait ; je n'en pouvais plus de chaleur et d'épuisement. Tout me paraissait irréel. Les jurés se retirèrent et revinrent pour donner leur verdict : Jack Mac Call avait voulu venger son frère John Mac Call. Il était acquitté !

Charles Utter et Joe California le menacèrent :

— On te tuera, Mac Call, si tu ne disparais pas sur-le-champ.

Le bruit ! Le bruit ! Main Street était noire de monde. Mac Call galopait vers Cheyenne. La bière fut descendue dans la terre au bout de

---

1. « *Un homme courageux. Victime d'un meurtrier, J. B. (Wild Bill) Hickok, assassiné par Jack Mac Call, le 2 août 1876. Adieu...* »

cordes et Jack Crawford prononça ces mots dans le ciel immuable :

Under the sod in the land of gold,
we have laid the fearless Bill[1]...

Plus sévères et plus tristes furent les mots du révérend Smith. À ce moment-là, j'étais aveugle, sourde et muette.

Comment maîtriser son chagrin ? C'est une science à laquelle seuls les Indiens excellent à force de deuils, de dépouillement. Depuis Little Big Horn l'armée les chassait et les affamait. Les Indiens avaient appris le chagrin. Le chagrin vous fait jeter la tête contre les murs, vous donne l'envie brutale de vous engloutir dans la rivière pour ne jamais remonter.

La photographie de Janey ne me quittait plus. Cent fois, je l'avais embrassée, regardée ; elle me semblait imprégnée des cendres de l'Ange, du vent de la plaine, de la fumée des saloons et de mes sanglots solitaires.

D'autres photographies arrivèrent, d'Omaha à Deadwood par Jim O'Neil, ainsi qu'une caisse de livres et un dictionnaire. Le brave Calhoun m'avait donné un album et, dans la caisse, je

----

1. « *Dans le sein de la terre de l'or, repose Bill, l'homme sans peur...* »

trouvai de l'encre et des plumes. J'ouvris les livres et, à chaque hésitation, je prenais le dictionnaire. Je n'étais allée à l'école que trois ans et je voulais à tout prix me conduire en dame pour aller voir Janey. Je voulais aussi être capable de lui écrire, au moins lui écrire... Ce projet me tenait à cœur depuis la bataille de Little Big Horn. J'avais commencé à écrire à Janey. Je ne supportais personne, plus rien. Je ne voulais plus voir les partisans de Celinda, ceux qui ricanaient dans mon dos de « madame Hickok ». Je continuais néanmoins à cogner dès que je pouvais en attraper un. J'étais épuisée par la méchanceté, plus que par le chagrin qui me rongeait. Qui avait fait cette mauvaise blessure au cou de mon cheval ? Je l'avais retrouvé hennissant et galopant en tous sens. Je mis plusieurs jours à comprendre qu'on l'avait blessé volontairement. Bill Vinaigre grogna :

— Je suis sûr que c'est un coup de cette rombière desséchée... Tu as vu ses cuisses ? J'aime mieux monter une jument que cette haridelle !

Il avait raison. Celinda Hickok avait blessé Satan. Par bonheur pour elle, je le compris trop tard : elle roulait en chemin de fer. Si j'avais pu la rattraper, je l'aurais scalpée tout net.

Vivre consistait désormais à survivre. Comme avant. Avant Wild Bill.

Je dormis plusieurs jours dans une cabane, à Spearfish Canyon. Je n'avais avec moi que mes chevaux, Satan et King. Tout le monde me traitait de folle. Les Sioux étaient partout, invisibles, fous de haine. Je m'en moquais : jamais ils n'avaient fait de mal à *Diable blanc*.

Une nuit, l'un d'eux surgit entre Satan et King. Il était petit, avec un torse d'ours, le visage camus, la chevelure d'ébène. Armé d'un couteau et bardé de flèches, il me regarda longtemps. Il était plus petit que moi – je mesure 1,80 mètre. J'étais noyée dans ma souffrance. Je n'en pouvais plus de l'absence de Wild Bill, de mon corps déserté. Absence terrible et infinie, vertigineuse, qui occupait tous mes instants. L'absence de Janey. Je haussai les épaules et dis en oglala :

— Je n'ai plus peur de la mort.

Peut-être n'était-ce pas tout à fait cette phrase. L'oglala est une langue compliquée. L'Indien parut comprendre et se fondit dans la nuit, aussi mystérieusement qu'il m'était apparu.

— Adieu ! dis-je.

Il m'arrivait souvent de soliloquer et je disais : « Adieu. » Puis je m'écroulais, vaincue par l'alcool. Je ne prenais même plus la précaution de recharger mes armes.

Dans le paquet de M. O'Neil – je montais régulièrement à la poste de Deadwood et à l'épicerie Goldberg pour acheter des vivres –, j'avais trouvé, outre les livres, une autre photo de Janey. Elle avait presque sept ans : les yeux et le front étaient ceux de son père, le bas du visage, les cheveux et la bouche étaient les miens. Mais ce regard si bleu sous les longs cils noirs, me bouleversait au-delà de toute expression. Le père revivait dans son enfant. Quand je pensais que Janey était en voyage avec Jim O'Neil, qu'elle avait un précepteur pour elle seule, qu'elle portait de jolies robes et qu'elle avait commencé à prendre des leçons de piano, le manque affreux me torturait moins et j'arrivais à sourire en descendant Main Street jusqu'à la poste. L'épicerie Goldberg, à l'approche de Noël, regorgeait de popcorn, de cidre, de figues, de dattes, de raisins, de cigares. Il y avait aussi de la dinde, des coqs de bruyère ou des canards... Chaque année, Goldberg m'offrait la bourriche de Noël – il m'arrivait de garder son échoppe quand il partait se ravitailler à Denver. Je partageais la dinde et les victuailles avec tante Lou, Jackie et Bill Vinaigre. Je me contentais de prélever les cigares. Je n'avais de goût que pour l'alcool et les cigares. Je voulais revoir Janey.

Pour cela, il me fallait de l'argent. Je devais travailler, gagner au poker. Je voulais envoyer des cadeaux à Janey, les plus beaux vêtements de chez Stocks, non loin du saloon N° 10...

Les dents serrées sur mon cigare éteint, mon whisky à la main, le Stetson vissé sur le crâne, j'avais l'air si dur que les hommes me cédaient la place. Ils ne ricanaient plus « madame Hickok ».

Deadwood était toujours aussi mal fréquenté ; les hommes de Crook avaient débarqué trois ans plus tôt, presque morts de faim. Ils avaient fait une razzia à l'épicerie – bacon, farine, café... J'avais dû aider Lou Gore à s'en débarrasser. Ils auraient tout volé. Crook était le pire. Installé au Central, dans une suite royale, il avait tellement fanfaronné sur le nombre d'Indiens qu'il avait tués que soixante citoyens avaient fini par signer une pétition pour se plaindre de massacres, en particulier de l'assassinat du révérend Smith. Ce fut à cette époque, en 1878, que fut établi le camp militaire de Sturgis. J'y fus employée comme conductrice d'attelages et je réussis à convaincre le général Sturgis d'engager le petit Jackie qui allait sur ses quatorze ans.

C'était un curieux enfant, silencieux ; il m'aidait à rentrer les marchandises chez Goldberg. Je lui avais appris à tirer ; la fumée de mon cigare ne le gênait pas. Nous mettions une quinzaine d'heures pour longer la *Bear Butte,* notre lourd convoi plein à craquer. Pendant sept mois, je conduisis mon attelage à bon terme. Jackie disparaissait parfois pendant que nous déchargions : il avait découvert la montagne aux serpents, derrière le fort, et les ramenait vivants.

— Veux-tu bien lâcher ces sales bêtes !

Il obéissait à regret, sans un mot.

— J'aime les serpents, m'avait-il confié un soir, sur la route du retour.

Notre chariot était vide, j'avais mes dollars en poche. Il m'expliqua que le serpent est un très bel animal, couleur de sable, de feu, de ciel et d'eau. Jackie m'apportait le réconfort de sa présence, de sa prévenance : il avait vu Wild Bill mourir, le chagrin me rendre folle ; il connaissait la raison de mes errances.

— Chacun ses goûts, bougonnai-je.

Mon Stetson brillait sous les étoiles. J'avais appris depuis longtemps à ne plus éclater en sanglots, et c'était un peu grâce à ce garçon.

Je haïssais les femmes de Deadwood. Elles me menaient la vie dure. Elles étaient comme un nuage de sauterelles, de la pire espèce. Le jour de l'exposition de lingerie aux magasins Wolf et Mac Donald, elles se pressèrent sous l'écriteau peint en vert, qui portait la devise suivante : *Noble et belle et gracieuse, une vraie Vénus.* Elles rêvaient de corsets, de caracos et de jarretelles pour séduire les hommes qu'elles n'auraient jamais. Soudain, elles commencèrent à glapir, Nat Sims en tête :

— Il faut chasser Calamity de la ville ! Elle est la honte de Deadwood !

Je sortais, titubante il est vrai, du saloon N° 10. Si elles avaient su ce que je savais ! Leurs pères ricanaient et faisaient une encoche au bar du saloon chaque fois qu'une de leurs filles se mariait. Bâtardes, toutes des bâtardes ! Hypocrites et laides ! Elles me rappelaient cette diablesse de Celinda Hickok, cette punaise malfaisante. Si j'avais été un homme, leur sale odeur de dévotes m'aurait dégoûtée une fois pour toutes ! Elles devinaient mes moments de fragilité : au mois de septembre, mais surtout le deux août, l'après-midi, souvenir de mortelles blessures...

Grâce à Abbott, je travaillais alors chez Russel ; je conduisais ses diligences. Mais les femmes de la ville avaient décidé de me chasser. Elles commencèrent leurs sales menées en septembre, juste après l'exhumation de Wild Bill.

Chaque jour, je montais au Mont Moriah sur sa tombe. Au saloon N° 10, Russel et Abbott m'offraient un whisky en guise de remontant. Ma mine ravagée était assez éloquente : ils devinaient que je venais du cimetière.

— Calamity, disait Russel, n'y va plus ! Tu te détruis. Les morts sont partout, sauf là-bas...

— Tu ne peux pas comprendre... Le Mont Moriah est le seul repère de mon existence. C'est un jardin sous le ciel, sous le soleil, sous les étoiles... J'y trouve la paix. Le vent qui y souffle fait chanter les pins et apaise mon chagrin.

Je n'eus pas le temps de finir ma phrase : la porte s'ouvrit, plus violemment encore que du temps de la bande à Philip Coe. C'étaient les femmes de Deadwood ! Les bien-pensantes ! L'horrible engeance des vieilles filles !

Elles étaient huit punaises noires, armées de cravaches et de cisailles, hurlant d'une seule voix :

— On va la coiffer à la Ninon, cette créature,

et la chasser de Deadwood dont elle est la honte ! Compagne de tous les bandits, bandit elle-même, toujours fourrée au Greenfront, crachant devant le temple, s'exhibant au Mont Moriah... Elle a insulté Mlle Celinda Hickok, usurpé le certificat de mariage de Mme Agnes Hickok. Elle est pire que les filles de Paris. Dehors !

Jamais je n'avais entendu de telles insultes. Russel n'eut pas le temps de faire un geste, ni Lola, ni Ines, visées elles aussi par la cravache et les cisailles. J'escaladai le bar, me redressai et pris mon élan. Je l'avais vu faire aux Indiens oglalas pour repousser les fauves. Je sautai au milieu de ce groupe hurlant. Leurs cris montèrent d'un ton. Je tranchai les anglaises maigres et noires de la plus déchaînée, Nat Sims, la meneuse de cette équipe de folles. Sans perdre de temps, je l'enfourchai et retroussai ses jupons sous lesquels gigotaient deux baguettes prises dans des bas roses. Et je me mis à la frapper, la cravacher de la plus vigoureuse façon. Les autres harpies me tombèrent sur le dos. Je pris un coup derrière l'oreille gauche. Je les aurais tuées si Abbott et le révérend Sipes n'étaient intervenus. Je manœuvrais pour scalper Nat Sims. Elles s'en tirèrent sans grand dommage : je les avais quelque peu malmenées et leurs robes étaient déchirées. Elles appelèrent à l'aide en vain. Les hommes se tenaient cois, mais ne perdaient rien du spectacle. Ils en parleraient longtemps ! Nat Sims portait encore des paniers sous ses jupes.

J'avais entendu des craquements sinistres quand je lui avais sauté dessus, en prenant mon élan du bar. J'arrachai les bordures de dentelle de sa culotte et je les nouai autour du cou d'une autre de ces vieilles fées occupées à me taper sur la tête. Je l'étranglai à moitié. C'était elle qui m'avait blessée derrière l'oreille. Les hommes hurlèrent de rire :

— Quels vilains culs ! glapit Bill Vinaigre.

Elles ne s'en tirèrent pas sans humiliation : j'arrachai la culotte de Nat Sims et tout le monde put voir ses vilaines fesses. Un nommé Scott me proposa de m'aider, puis se ravisa :

— Je suis un gentleman, je ne tape pas sur les femmes.

Bill Vinaigre ricana :

— Elles sont trop moches ! Qui y toucherait ?

Je frappai de plus belle, tandis qu'elles me griffaient et me mordaient. Ce qu'elles devaient le plus envier, c'était mon pantalon d'homme...

Abbott et Sipes furent obligés d'intervenir quand Nat Sims leva ses cisailles dans mon dos. J'étais prête à dégainer.

— À la potence ! hurlèrent-elles.

Abbott me tint solidement. Elles partirent, leurs robes en loques, plus affreuses que lorsqu'elles étaient venues. Scott, Russel et Abbott me servirent à boire. Je repris mon souffle et me calmai. Peu à peu, mes mollets, mes mains, mes joues et mes épaules se mirent à me brûler. J'avais été molestée, griffée et mordue.

— Quant à mes boucles, dis-je en secouant mes cheveux taillés court, ces chipies n'auraient pu couper grand-chose. Mes cheveux sont dans le cercueil de Wild.

Le révérend Sipes ne riait pas. Je finis par m'écrouler sur le bar en renversant les verres. J'avais bu plus que mon compte.

— Je ne peux plus supporter cette vie.

— Courage, Jane ! Tu reverras Janey, me dit Sipes.

Le lendemain, j'étais couverte de bleus ; je me sentais fiévreuse et accablée. Pas un pouce de mon corps n'avait échappé à leurs coups. Tout endolorie, je tâtai l'estafilade derrière mon oreille. Je me couchai, car je me sentais mal.

Le matin, j'avais croisé ce cochon de Barns qui faisait trimer les filles au Greenfront. Cigare au bec, insolent sous son chapeau mexicain, il s'était moqué de moi.

— Tu as toujours de belles jambes, Calamity ! Viens travailler chez moi quand tu veux. Spécialités : le cheval emballé ou la locomotive d'airain... On peut dire que tu sais encaisser !

— Prends toujours ça en attendant !

Je lui avais lancé mon poing dans la figure. La violence de mon geste n'avait pas été du goût du shérif Bullock.

— Si tu continues, Calamity, ce seront les hommes qui te chasseront de la ville !

Barns avait encore vociféré, mais cette fois, un voile noir était descendu devant mes yeux. J'avais bien cru passer l'arme à gauche, là, sur ce coin de trottoir, dans le caniveau où les habitants de Deadwood jetaient leurs ordures, où couraient les rats.

Je me réveillai dans un vrai lit. Je soupirai : « J'étais si bien, laissez-moi mourir en paix. » En réalité, je ne pouvais plus parler. Une quinte de toux m'arracha les poumons. J'avais la tête en feu et sentais une faiblesse dans tous mes membres. Un peu d'eau fraîche et l'odeur du vinaigre me ranimèrent tout à fait. J'entendis le Dr Sick :

— C'est un début de pneumonie.

Une autre voix, rocailleuse et inquiète, articula contre mon oreille :

— Martha Jane, tu es une bonne fille.

C'était Lull. La chambre fleurait l'encaustique ; une chemise de nuit m'enveloppait. C'était sans doute celle de son épouse, Mme Bander Lull.

Petit John gazouillait à l'étage. J'entendais le vent dans les pins, près de la tombe de l'Ange. Mais je ne pouvais pas mourir. Je devais revoir Janey. J'entendais des cloches, les flèches qui sifflaient à Little Big Horn, le hurlement de Custer, devenu fou, blessé, resté seul, dans son costume déchiré, planté sur un tas de cadavres, son chapeau à la main, saluant sa défaite. J'entendais le cri des corbeaux. Ils dévoraient les restes de Wild. Il fallait refermer le cercueil ! J'avais la nausée. L'amour était infâme. J'entendais les détonations au saloon N° 10, mais c'étaient les cisailles de Nat Sims. Les fesses à l'air, elle arborait les moustaches de Mac Call... Quel Mac Call ? John ? Jack ? Les deux frères avaient été nos ennemis, et l'un ton assassin, Wild Bill. « Pardonnez-leur », disait le révérend Smith ; mais le révérend avait la tête mutilée de Robert Cannary, de celui-qui-voulait-convertir-le-peuple-indien-avec-la-Bible...

— Il faut la laisser dormir.

Dormir ! Oui, ce coma brûlant où je sombrais ressemblait au sommeil... Il y avait des plages de répit quand Mme Bander me faisait boire de l'eau fraîche ou la potion du Dr Sick.

Je ne luttai pas contre la maladie, je me laissai emporter par un brutal découragement. J'avais l'impression de revivre tous ces soirs où je grelottais de froid, de faim ou de peur. Je songeais aux années passées à construire le chemin de fer, à cette ville féroce, Abilene, à la naissance de Janey... À cet hiver terrible où je devais casser la glace pour faire boire mon enfant, lorsque mon lait s'était tari...

Puis il y eut ma passion retrouvée ; la fin brutale d'un amour, la trappe où avait disparu Jack Mac Call... Mac Call qui refusait de mourir – il s'était écoulé près de sept minutes avant qu'il ne demeurât enfin immobile. Maudite trappe – que disais-je ? – maudite fosse ouverte à Ingleside ! Le corps de Wild Bill avait doublé de volume ; pauvre horrible corps tant aimé... Il y avait aussi l'ahanement déchirant du train, à Omaha. Le train qui emportait Janey...

Lorsque Nat Sims était entrée au saloon avec sa cohorte de dames patronnesses, elle avait crié :

— Elle pue ! Elle pue !

C'était vrai, je puais. C'était vrai, j'avais cessé de me laver les cheveux. Mes vêtements étaient raides de sueur et de crasse. Je passais mes nuits près de Creek Canyon. Mes réveils étaient terribles. Torturée de chagrin, je m'abandonnais à la déchéance. Mon corps était brisé. Je tâtonnais vers ma flasque de whisky et je buvais à grandes lampées.

— Heureusement qu'elle avait bu. Cela a empêché la pneumonie de gagner tout le poumon.

J'entendais leurs voix, celle de Sick et des autres. Mme Bander Lull penchait vers moi son doux visage. Elle me lava, m'habilla ; ses mains blanches brossèrent mes cheveux ; elle murmura :

— Quels beaux cheveux vous avez, Jane. Laissez-les repousser.

Ferait-elle ma dernière toilette ? Dans la pièce, en bas, j'entendais bouillir l'eau dans la lessiveuse. Bientôt, sur la chaise, dans le coin de la chambre, je retrouverais mes vêtements de route, mon costume d'homme avec, fiché dans la ceinture de cuir, le Navy à crosse d'argent qui portait les initiales de Wild Bill Hickok.

Mme Canutson vint me rendre visite. Elle était la compagne d'Old Billy Wilson. Ils avaient conduit les attelages de l'Union Pacific et Old Billy Wilson avait tué cinq bandits à lui seul. Avec Deadwood Dick qui chantait et dansait toute la journée, ils avaient fondé leur propre compagnie : ainsi ils avaient pu conduire des diligences et des attelages indépendamment de la compagnie de Russel.

Mme Canutson était plus grande que moi, plus grande qu'Old Billy Wilson, plus grande que tous les hommes de Deadwood. Mme Canutson avait de la moustache et des mains plus larges que Creek Canyon. Elle fumait deux cigares à la fois, qu'elle allumait alternativement. Plus d'une fois, elle flanqua dehors Swill Barrel Jimmy, dit Jim le Tonneau, un ancien officier sudiste, devenu fou à la guerre, qui ramenait régulièrement au saloon de Bodega un bidon plein de rats crevés, qu'il renversait aux pieds de Mme Canutson occupée à faire ses comptes. Cet épisode faisait mourir de rire un gros Noir nommé Nigger General Fields, huissier de son état, qui constatait dûment chaque expulsion de Jim le Tonneau. Ce pauvre diable était vêtu, toute l'année, d'un long manteau qui descendait jusqu'aux pieds, orné d'un col blanc.

Mme Canutson tenait toute la place dans ma chambre. Je craignais que le plancher n'allât s'effondrer sous elle. Un grand chapeau mexicain l'abritait et elle portait une invraisemblable crinoline par-dessus des bottes aux éperons redoutables.

— Je n'oublie pas ma féminité, aimait-elle à dire.

Elle était venue me proposer de travailler pour elle dès que je serais rétablie. Je pourrais conduire une de ses diligences jusqu'à Cheyenne.

— Tiens, Calamity ! un remontant.

Elle me tendait un flacon de whisky, non sans en avoir prélevé une bonne rasade au passage. Elle me raconta une histoire pour me distraire :

— On a retrouvé Justin Old Frenchy mort dans sa cabane. Il portait le pantalon de Bullock. Il avait assommé le shérif pour lui voler son pantalon. Le shérif était fou de rage ! Imagine ça ! Un shérif en caleçon. Bill Vinaigre était complice de cette bonne farce ; Bullock l'a menacé de le faire enterrer tout nu si on retrouvait un jour sa carcasse...

Mme Canutson riait si fort que sa grosse poitrine montait et descendait. Elle se laissa tomber sur l'unique chaise que je craignis de voir se briser. À demi affaissée sous son poids, la chaise ne valait guère mieux que le vieux mulet de Potato

Creek. Entre un nuage de fumée et une quinte de toux, Mme Canutson continua ses histoires :

— Smokey Jones bat le rappel des mineurs chinois à l'aide d'un tam-tam.

Je fus gagnée à mon tour par le rire. J'avais les poumons en feu.

— C'est entendu, dis-je. J'irai travailler pour vous.

Je retombai sur mes oreillers. Je me sentais encore très mal. Une lettre de Jim O'Neil était arrivée pour m'apprendre la mort de Helen. Ma Janey était-elle destinée à ne pas avoir de mère ? Mme Canutson ne pouvait comprendre mon désespoir. Seul Jackie, venu me voir, eut ces mots de réconfort :

— Heureusement, Janey a Mamma Ross et Jim O'Neil. Bientôt, vous lui rendrez visite.

Le brave garçon avait apporté, enfermé dans un panier, un serpent mauve.

— Un des plus beaux que j'aie trouvés de ma vie, Jane !

Le cadeau était accompagné d'un bouquet du même ton. Des fleurs qu'il avait cueillies près de Spearfish.

— Il travaille toujours à Sturgis et il est venu avec l'attelage de Mme Canutson pour vous voir, Jane, dit Mme Bander.

Je flottais dans mes vêtements. Le cigare de Mme Canutson m'étourdissait. J'avais besoin de son argent pour rembourser cet excellent Lull : il m'avait prêté dix dollars pour une prochaine partie de poker. Je n'avais qu'une pensée en tête : gagner de l'argent pour l'envoyer à Janey. Aller la voir.

À la poste, Star m'avait remis trois lettres à la fois et m'avait gratifiée d'un clin d'œil :

— Tu as un amoureux, Jane ?

J'avais haussé les épaules et décacheté fébrilement les enveloppes. Elles constituaient tout mon espoir. J'appris que Janey jouait du piano et savait quelques mots de français. Jim O'Neil écrivait ceci :

« Chère Jane, nous comptons embarquer pour Singapour, Janey, Mamma Ross et moi-même. Mes affaires m'imposent ce voyage. Nous traverserons les océans et serons absents près d'une année... Que penseriez-vous de venir nous voir en Virginie, après ce voyage ? Janey aura alors de neuf ans. Je pourrai lui dire qu'une amie très chère de Helen est venue la voir et... »

« Janey aura près de neuf ans... » Je repensai à cette petite phrase. Un seul chiffre et, brusquement, j'éclatai en sanglots dans la fumée du cigare de Mme Canutson. Elle me tapa sur l'épaule si fort que mes pleurs s'arrêtèrent net.

En vingt jours de travail à Cheyenne, je gagnai mes dollars et remboursai Lull :

— Merci, Jane, souviens-toi que tu es une bonne fille.

J'avais retrouvé Vorhees et Clark. Mme Canutson était prête à renouveler mon contrat.

— J'ai un autre relais à Coulson. Si le cœur t'en dit ?

Je préférais gagner mes dollars au poker pour aller plus vite, et revoir Janey dès que possible.

En rentrant à Deadwood, un soir d'octobre, sous la pluie, je laissai Mme Canutson dans Main Street et je regagnai l'hôtel de Lull. La pluie tombait si fort que nous avions dû nous serrer sous la même capote. Malgré cela, nous étions trempées.

— Bois, Jane ! avait hurlé Mme Canutson, énorme dans ses vêtements d'homme. Bois, sinon tu vas rechuter !

Elle m'avait tendu sa gourde de whisky. J'avais bu et m'étais mise à tousser dans la tornade.

Chez Lull, je toussais encore, mal remise, mais néanmoins pleine d'espoir. Je reverrais Janey.

Déjà, à Cheyenne, chez Alamo, j'avais gagné au jeu cinq cents dollars à un Texan et à deux types du Tennessee. Mme Canutson, qui partageait ma chambre, avait dû tirer dans le chapeau du Texan qui m'avait traitée de tricheuse pour récupérer son argent. Elle avait tiré du bar où elle avalait méthodiquement quantité de verres. Tout le monde l'avait prise pour un homme et, quand ils s'étaient avisés que c'était une femme, les cow-boys n'avaient pas eu envie de rire.

Mme Canutson dormait dans le lit voisin du mien. Mes dollars étaient sous mon oreiller, mes colts à portée de main. J'avais du mal à trouver le sommeil. Mme Canutson ronflait comme une cheminée.

Nous étions revenues de Cheyenne plutôt joyeuses. J'avais essayé d'oublier mon chagrin. Notre route avait été agrémentée par les airs de charge du septième régiment de cavalerie, braillés par ma compagne. D'une voix de baryton, elle avait même attaqué : *Mon cœur est un oiseau.*

La route était truffée de pièges. Le ciel tourmenté était d'une rare beauté. Les forêts s'étendaient à perte de vue. Les nuages très haut, au-dessus de nos têtes, s'effilochaient. J'avais entendu la voix de l'Ange, son impérieuse voix d'amour :

— Sotte de Jane ! Tais-toi et embrassons-nous !

Mon souvenir était si vivace que j'avais gémi, secouée de frissons. Mme Canutson avait chanté plus fort *Mon cœur est un oiseau.* Je l'avais accompagnée en tirant en l'air. Mon vieux Stetson, enfoncé jusqu'aux yeux, ruisselait de pluie. Au loin se profilait déjà, dans la lumière de l'orage, le Mont Moriah.

Nous n'étions pourtant pas près d'arriver. À Terry, nous avions été accueillies par une explosion. Mme Canutson qui somnolait avait été brutalement réveillée. Elle avait craché, lâché

267

une bordée de jurons et tiré ses colts. J'avais retenu les chevaux qui hennissaient. Nos roues s'enfonçaient. La pluie nous aveuglait, mais j'avais reconnu Li Wong. Nous étions près de la mine-à-histoires, le boyau où avaient été ensevelis les Chinois. Il devait s'agir d'une dispute, car Wong nous avait fait signe de descendre. Les Chinois avaient réglé leurs comptes à coups de dynamite. Un tunnel s'était écroulé dans un fracas de boue, de terre, de planches et de fumée. J'avais cru tout d'abord que l'orage était responsable de l'éboulement, mais il n'en était rien.

Les partisans de Wong et ceux de Tchou s'étaient bagarrés car China Doll, une belle prostituée chinoise, avait été coupée en morceaux. Tchou était accusé du crime.

Barns faisait travailler China Doll avec quelques égards car elle ressemblait vraiment à une poupée de porcelaine. Au Greenfront, elle avait sa chambre à elle, tendue de soie brodée de dragons. Une seule minute passée avec elle était payée dix dollars.

China Doll avait été retrouvée dans un sac, découpée en neuf morceaux : seuls manquaient le cerveau, le cœur et le sexe. Dans les saloons de Deadwood et de Terry, on avait ricané :

— China Doll a fini accommodée aux petits oignons dans l'assiette d'un *John* !

C'était ainsi qu'on avait surnommé les Chinois : les *John*.

Wong était leur chef. Bullock s'adressait toujours à lui depuis qu'il avait ouvert sa blanchisserie. Wong s'exprimait correctement et traduisait au shérif toutes les demandes et tous les litiges de ses compagnons à la mine. Il avait déjà obtenu au Mont Moriah un coin de terre réservé aux *John* et la promesse, assez vague, de faire rapatrier les corps.

Wong veillait au culte des morts et aux intérêts des vivants : China Doll était sa passion. Un soir où Bill Vinaigre radotait dans sa soûlerie, il avait raconté qu'il avait vu Wong manger un cœur sous la lune :

— Tout est possible en ce bas monde, avait grommelé Mme Canutson, surtout s'il s'agit de la bagatelle... Toutes les histoires d'amour commencent et finissent là où je pense... Quand tu chiales, Calamity, tiens-le-toi pour dit ! Je n'ai pas beaucoup de respect pour les histoires d'amour.

Le lavoir de Wong, où avaient été découverts les morceaux de China Doll, était situé entre la mine et la rivière de Spearfish. Mme Wong aidait son mari : plus minuscule que lui, elle abattait un travail considérable à la blanchisserie. On la voyait tourbillonner au milieu des Levi's crasseux par tous les temps et, miraculeusement, ils reprenaient l'aspect du neuf. On disait aussi que China Doll était leur fille.

Pour l'enterrement, Wong avait allumé des lampes à huile et tendu des rubans rouges à l'angle nord du Mont Moriah.

Plus tard, le Mont Moriah serait illuminé par des centaines de lampes. Les deuils, les fosses creusées à la hâte et les tombes rouvertes dans la fièvre allaient devenir monnaie courante à Deadwood. Les Chinois pouvaient régler leurs affaires à la dynamite, les Irlandais pouvaient s'entre-tuer, les Mexicains s'égorger, les Indiens se venger et les autres faire la loi à coups de colt, plus terrible que tous les fléaux, cette année-là, une autre plaie allait sévir : LA VARIOLE.

13

CALAMITY JANE

Deadwood, 1880. Je pensais ne jamais revoir Nat Sims après la rossée mémorable qu'elle avait subie au saloon. Folles de rage, elle et ses semblables avaient obtenu gain de cause sur un point : les prostituées du Greenfront ne pouvaient faire leurs courses à la ville que le lundi. Ainsi, les femmes de son espèce étaient-elles à l'abri des mauvaises rencontres.

Je devais faire partie de ces « femmes du lundi ». Certains commerçants devenaient écarlates quand j'entrais chez eux un autre jour de la semaine. Néanmoins, on me craignait et, sans me regarder en face, on me servait. Goldberg, Lull et quelques autres passaient outre, mais l'interdiction officielle ne tarda pas à être placardée le long de Main Street. Il y eut mon nom en toutes lettres – Martha Jane Cannary, dite Calamity Jane – dans la liste des filles proscrites. Une autre affiche promettait mille dollars de récompense pour la capture de Belle Starr et de l'aîné des Dalton.

La variole ! Elle était bien digne d'eux ! Digne de leur médiocrité. Elle était engendrée par les tas d'ordures qui pourrissaient sous le soleil. Elle était propagée par les mouches alourdies qui la portaient au fond des maisons. Aucune lessive n'aurait pu en venir à bout.

La variole tomba sur la ville comme un châtiment du ciel et atteignit d'abord, hélas, les petits enfants. Au retour d'une de mes tournées, je trouvai Petit John couché, veillé par Mme Bander Lull épuisée.

— Ne restez pas là, Jane, dit-elle. Cette maladie est mortelle.

Petit John occupait la chambre où elle m'avait soignée. Il était brûlant de fièvre, couvert de plaques rouges, le souffle court, les yeux mi-clos ; ses lèvres sèches formulaient des mots sans suite.

— Laissez, madame Lull. Je vous en prie, allez vous reposer. Tant qu'il y aura un enfant à soigner, à sauver, ma vie aura un sens.

Je dépliai ma couverture de selle et, d'autorité, je la relayai auprès de son enfant. Au rez-de-chaussée, Lull servait de la bière et du whisky : il vendait des haricots, de la farine et de la limonade. Il accepta sans un mot ma proposition de soigner Petit John.

Sa casquette sur les yeux, son gilet à carreaux tendu sur son estomac, Lull semblait avoir vieilli brusquement.

— Tu es une bonne fille, Jane.

Teddy Blue Abbott et le révérend Sipes venaient d'entrer. Sipes était exténué : dix-neuf enfants étaient morts dans la nuit ; il avait fallu ouvrir un hôpital de fortune à Spearfish, et ils manquaient de personnel.

— Tout le monde a peur du microbe, se plaignait Sipes. Que faire ?

— J'y vais, dis-je. Je serai le jour à Spearfish et la nuit auprès de Petit John.

Teddy Blue Abbott me serra la main :

— Merci, Jane Hickok. Wild Bill a toujours été fier de toi.

Ainsi s'organisa ce terrible automne 1880. Le boulanger, Bob Howe, fournissait le pain ; Lull, les haricots et le café. Je transportais le tout à Spearfish avec Mme Canutson. Lou Gore avait rejoint les infirmiers de fortune, et le Dr Sick se rendait deux fois par jour sous un hangar où agonisaient plus de cent personnes.

L'odeur était insupportable : urine, sueur, boue. Nous pataugions dans la fange. Armée de seaux d'eau chaude, Lou Gore me cria dès l'entrée :

— Jane, aide-moi à laver ceux de la dernière rangée !

Ce fut ainsi que je revis Nat Sims. Je ne sais si elle me reconnut. Elle gémissait, la tête enflée,

273

le corps couvert de taches rouges, pitoyable. Je coupai ses cheveux, aussi emmêlés que la queue d'une vieille jument et rongés de vermine. Je dus tout brûler. Trois Chinois nous aidaient : ils allumaient le feu et transportaient l'eau. Sick administrait son unique remède – de l'eau soufrée. C'était avec cette mixture que je lavais les misérables corps des habitants de Deadwood. Souvent, aussi, je dus les ensevelir.

Nat Sims avait déjà perdu ses trois neveux. Quand elle me reconnut, elle se mit à pleurer.

Mais l'heure n'était pas aux états d'âme. Pas plus aux siens qu'aux miens. Nat Sims fut sauvée. Petit John lutta contre la mort pendant plus de six nuits. Je le prenais contre moi, je le baignais d'eau soufrée, je lui massais le dos et les épaules.

— Jane, murmurait Lull, voilà des nuits que tu ne dors pas...

Je buvais du café coupé d'alcool et je priais Dieu – quel Dieu ? Celui du révérend Smith ? Celui de Robert Cannary, mon père ? Celui qui avait abandonné le peuple américain à sa folie et à ses remords ? Celui de la *Bear Butte* ? Celui de Sitting Bull ? Le dieu des sources, des plaines, des fleurs, du sang, de la maternité et de l'espoir ?

— Sauve cet enfant. Sauve tous les enfants. Ma Janey, et Jackie, et tous les autres.

Souvent, je touchais l'épingle en fer à cheval et la bague, cadeaux de l'Ange. Je baisais la photo de Janey. Je m'efforçais de sourire en dépit de l'épuisement.

— Petit John... Petit John...

Je chantonnais doucement son nom. Je changeai son linge. Je tentai d'apaiser ses souffrances et j'arrêtai le hurlement de Mme Bander Lull quand je dus coucher le petit corps raidi dans son lit blanc.

Le cimetière était décoré de papiers découpés rouges. C'étaient eux qui devaient emporter les âmes des défunts chinois.

Je n'avais pas cessé d'aider les fossoyeurs. J'étais devenue fossoyeur moi-même. Plus de cent soixante-quatre personnes avaient été ensevelies, dont une centaine d'enfants... Deadwood Dick, Bill Vinaigre, Mme Canutson, Swill Barrell Jimmy (Jim le Tonneau), Smokey Jones et moi, nous passions nos jours et nos nuits au Mont Moriah. Smokey Jones avait apporté son tam-tam. Il le frappait frénétiquement chaque fois qu'une nouvelle fosse était ouverte. Bill Vinaigre jouait du violon et hurlait : *Howdy !* car il avait de la peine. Mamie Werly, la belle prostituée aux cheveux de flamme, celle qui me faisait mourir de jalousie, était morte la veille.

— Regarde sa tête. Ne dirait-on pas une pomme de pin ? grommelait Mme Canutson.

Le marchand de cercueils avait trop de travail : Mamie Werly avait été enveloppée dans une couverture de selle. Ses pieds dépassaient. La tombe de Wild Bill était près de moi. Je sentais ma fièvre monter. J'avais chaud, bras nus malgré le froid. Je titubais de fatigue.

Le pasteur s'était joint à nous et répétait :

— Dieu vous garde !

Le corps de Mamie Werly me hantait. Wild Bill l'avait aimé. J'étais jalouse jusqu'au délire. Je voulais encore tuer ce corps déjà mort...

Une odeur immonde montait de la couverture.

— Si nous nous en sortons, c'est que le diable nous aime ! disait Jim le Tonneau.

— Tais-toi, répondait Sipes. Prie et tais-toi.

Wild Bill avait aimé les jambes des femmes, les jambes des filles et des danseuses, ces jambes qui traversaient la terre, la mer, le monde ! Mamie Werly dansait, les jambes gainées de soie noire, et Agnes Lake caracolait dans des bas couleur chair... J'avais désiré leur mort...

— Tais-toi, sotte de Jane, et embrassons-nous ! Tu as de belles jambes.

Un soir d'orage et de disputes, tu m'avais prise en caressant mes reins avec des poignées de menthe et de sauge arrachées. Nos corps étaient comme lavés par ces senteurs délicieuses. Sous la lune, mes jambes mêlées aux tiennes n'avaient rien à envier à celles des danseuses. J'étais la danse. Ta danse.

— Passe-moi la bouteille.

Je bus. Je buvais. Mme Canutson me jeta une couverture sur les épaules.

— Ne va pas attraper la mort, Jane.

276

Deadwood Dick tassait la terre sur la tombe de Mamie Werly.

Je ressemblais à tous ces cadavres...

Je n'allai pas à l'enterrement de Petit John. Lull accompagna la carriole blanche et je restai à consoler sa femme du mieux que je pus. Elle poussait de grands cris et je pensais aux hurlements des squaws quand Custer et ses hommes étripèrent leurs bébés sous leurs yeux.

Il fallait quitter Deadwood, m'éloigner de ce sépulcre où je me sentais devenir moi-même un tas d'os blanchis.

Lull me dit :

— Jane, tu devrais aller chez Charley Burke. Il est fou de toi. Il a gagné de l'argent à la Northern Pacific Railroad. Si tu as des ennuis, il pourra t'aider, j'en suis sûr. Julie et moi, on préférerait te savoir chez des amis, plutôt que sur les routes ou dans les saloons.

Lull avait des doutes sur mon projet : j'avais rendez-vous avec trois hommes de la Northern Pacific Railroad pour une partie de poker. Il me fallait vingt mille dollars si je voulais revoir Janey. Lull m'avait donné la mise : vingt-cinq dollars. Mais l'argent me brûlait les doigts. J'avais rencontré ce sacré idiot de Bill Vinaigre dans Cheyenne Street et dans un état pire que le mien. Je lui avais donné la moitié de la somme. Le reste était allé à une famille abandonnée de tous et surtout de ce Dieu auquel je croyais de moins en moins depuis que nous avions dû nous transformer en fossoyeurs. L'épidémie de variole avait décimé la ville. Pour survivre, il me restait le jeu, le hasard ou le banditisme...

Je pris la route avec une fortune réduite à vingt dollars, la bénédiction de Sipes et les vœux des Lull. Mes chers compagnons, Satan et King, étaient du voyage. Je les avais chargés de mes quelques biens qui ne pesaient guère : deux couvertures, ma cafetière, les sacs de vivres et l'album dans lequel j'écrivais à Janey. Mon certificat de mariage était, pour ainsi dire, collé contre ma peau, sous ma chemise, avec la photo de Janey.

Dans quelle ville me fixer sans Wild Bill, sans Janey ? Mon calme n'était qu'apparent : j'étais écorchée vive. J'avais un moment oublié mon chagrin en me vouant corps et âme au soin des malades et à l'ensevelissement des morts. Mais le chagrin revint brutalement dès que je me retrouvai seule avec moi-même. Que cherchais-je sur ces chemins ? Je n'y trouvais que le néant.

Sipes prétendait que je cherchais Dieu.

— C'est trop d'honneur pour une créature de mon espèce.

— Il faut garder l'espoir. Tu es une bonne fille, Jane.

Il parlait comme Lull. Que m'importait la mort ? La mort viendrait à son heure, mais sous quelle forme ? Un cyclone ? Le blizzard ? Une tempête de neige ? Des *desperados* ? Une nouvelle épidémie ? La faim ? Le froid ? Le feu ? Chaque fois épargnée, je savais au fond de moi que je mourrais à cause de ma fichue sensibilité.

Tout le monde mettrait ma mort sur le compte de l'alcool ou d'une pneumonie, mais je savais déjà que lorsque viendrait l'heure, je me mettrais en route pour aller chez les rares amis qui me resteraient. Le chagrin avait déjà eu raison de moi, de cette vie dont je n'étais pourtant pas rassasiée. Avais-je plus de courage que de force ? Peut-être. Ou l'inverse... J'avais été tout près de Wild Bill au Mont Moriah, lorsque j'avais fait le fossoyeur. Cette épreuve m'avait anéantie. Une nouvelle lettre de Jim O'Neil était arrivée de Singapour, avec une photo de ma petite fille au regard si semblable à celui de Wild. Je voulus repartir dès que possible, sur-le-champ...

Je mis quatorze jours à rejoindre Coulson. J'eus froid et faim. Je marchais sous une pluie torrentielle ; je dormais par terre, sous ma couverture, près du brasero qui s'éteignait sans cesse. Le café était infect, mais il me réchauffait. Je l'arrosais généreusement de whisky.

Trois hommes bizarres me surprirent au-delà de la Creek River : j'étais arc-boutée et tirais King. Il avait peur du torrent ; mes cheveux ruisselaient et je jurais comme un démon – puisque, décidément, Dieu ne venait pas... Comble de malchance, j'avais mes règles. Bourré d'étoupe, mon pantalon était sali, trempé. Je blasphémais contre les éléments, les hommes, les saints, la Bible. Je crachais, je pleurais... L'eau avait traversé mes bottes et menaçait d'atteindre mes fontes de selle où étaient serrés mes trésors : l'album de Janey, le porte-plume rouillé, l'encre gelée, l'épingle en fer à cheval, quelques livres – le roman de Holmes – envoyés par Jim O'Neil.

Si je perdais King et son chargement, je perdais tout. Dieu baise toutes les putains de mères de filles comme moi ! Calamity Jane ! Du sang coulait le long de ma jambe. Je tempêtai et fourrai dans mon pantalon un morceau de toile. Une phrase de Wild m'obsédait. Il m'avait dit :

— Jane, Jane, promets-moi de ne jamais attenter à tes jours. Quoi qu'il arrive... Pense à Janey...

Je hurlai néanmoins :

— Je suis bel et bien fichue ! Les cartes sont truquées...

Il y eut un coup de feu. Les chevaux se cabrèrent.

King le premier, Satan derrière lui, me tirèrent sur la berge. Trois hommes étaient embusqués de l'autre côté.

Il fallait les voir ! Durs, sales, noirs et barbus. L'œil mauvais. Le plus jeune devait être le chef — il tenait encore son arme fumante. Je lui dis :

— Merci. J'allais passer un mauvais quart d'heure.

— Tu es une femme ? Qui es-tu ? D'où viens-tu ?

— De Deadwood. Mon nom est Calamity Jane.

— La compagne de Wild Bill Hickok ? Ça va. Tu peux passer. On surveille le coin. Où vas-tu ?

— À Coulson. J'ai rendez-vous avec ceux de la Northern Pacific Railroad. Et toi, quel est ton nom ?

— Jack Graf Dalton. J'ai affaire dans les parages. Tu peux passer, mais ne lambine pas : mes gars sont bizarres.

Bizarres ? C'était peu dire. L'un d'eux me scrutait de son œil unique. Il avait ce regard que j'avais vu bien des fois déjà sur le visage des hommes : le premier qui m'avait violée, et tous les autres. Après la disparition de Wild Bill, je n'avais rencontré sur ma route que ce genre de regard.

— File, maintenant ! ordonna Jack Graf Dalton.

J'étais déjà loin et le saluai d'un coup de Stetson.

J'étais dans un état de saleté sans pareil quand j'atteignis le premier relais-auberge, avant d'arriver à Coulson. Mes cheveux cachés par le Stetson, une couverture en guise de manteau, mes colts chargés, mon grand fouet et ma Winchester, je me fis passer pour un homme. Des haricots et du porridge cuisaient sur le feu. Quelques individus, guère plus propres que moi, traînaient autour des tables. Ça sentait la fumée, le lard, le rondin et l'urine.

Je jetai trois dollars sur le bar et dévorai une assiette de haricots avec un morceau de pain, accompagnée d'un demi-litre de whisky infect. Je me sentais mieux et enfonçai davantage le Stetson sur mes yeux.

Sam Barrett tenait ce tripot. Il me proposa une chambre pour cinq dollars et me donna de l'avoine pour mes bêtes. Je devais partager la chambre avec les six hommes qui jouaient aux cartes au bar en attendant l'heure de se coucher.

Je préférai proposer un dollar de plus pour un coin d'écurie.

— D'accord, dit Sam. Veux-tu gagner cent dollars ?

Il s'agissait de miser sur un combat de chiens pour vingt dollars, Si mon choix était bon, je gagnerais les cent dollars, sinon je perdrais vingt dollars et devrais payer à boire au gagnant.

— C'est bon, dis-je, mais je n'ai que seize dollars si je paie mes haricots et mon coin d'écurie.

— Ça marche. Si tu gagnes, tu me rembourseras quatre dollars.

Le combat de chiens eut lieu dans un enclos à peine plus grand qu'une tombe, derrière l'auberge. Sam Barrett gagnait sa vie en élevant des chiens bulls et leur apprenait à s'entre-tuer. Le spectacle était très prisé par les éleveurs, aussi étaient-ils nombreux à l'auberge. Les mises étaient lancées. Tous les soirs, les chiens s'étripaient.

Le combat fut féroce. Barrett s'accroupit devant la fosse et lâcha deux bulls de vingt kilos chacun. L'un était noir, l'autre roux. Je misai sur le noir. Les bêtes n'avaient pas deux ans et, dans une cabane immonde, j'entendais gémir les autres. Des petits bulls de deux mois étaient entraînés quatre heures par jour. Ils poursuivaient et dépeçaient des chats, des poules, des alouettes ou des coqs ; ils couraient sur une sorte de tapis roulant ou tournaient pendant des heures, à la poursuite d'un écureuil vivant, fou de terreur, pendu par les pieds...

Les deux chiens combattants s'assaillirent, furieux, dressés sur leurs pattes arrière, les crocs découverts et les yeux exorbités. Leurs pupilles semblaient avoir disparu sous le voile de la folie. Ces chiens étaient habités par l'instinct de mort et la rage de tuer.

Avant le combat, leur maître les avait embrassés sur le nez. Ils agitaient la queue. Le survivant serait abattu.

Ils se mordirent à la tête. Le noir eut un œil arraché et une plaie au cou qui commença à saigner mais, bientôt, le roux fut envoyé sur le dos. Les types hurlaient. À coups de crocs, le noir éventra son ennemi ; un paquet de viscères jaillit des poils fumants.

Le chien roux vivait encore quand j'empochai

mes cent dollars. Je remboursai Barrett sur-le-champ.

Le vaincu eut la force de se traîner dans un coin de la fosse. L'argent changea de mains. Les perdants ne se firent pas prier pour payer. Le chien rouge remuait encore la queue quand son maître l'acheva à coups de pioche. Du sang gicla sur mes bottes. J'avais assez d'argent pour arriver à Coulson. Je reverrais Janey si je gagnais au poker.

J'arrivai enfin à Coulson.

Je savais où dénicher le ranch de Burke, au sud de la ville. Je passai au Drinker. Les gars de la Northern Pacific Railroad avaient prévu pour le quatre mars une partie de poker qui devait durer plus de dix-neuf heures d'affilée. Sipes avait grommelé :

— Jane, quand mèneras-tu une vie normale ? On t'a trouvé du travail à Coulson et Charley ne demande qu'à t'épouser... Jane, à quoi bon le poker ?

Je haussai les épaules. Dans un nuage de fumée, je toussai et je crachai :

— Révérend, je veux revoir Janey. Il me faut de l'argent. Quant à cirer les bottes d'un homme, merci ! Wild Bill Hickok avait compris qui j'étais, lui !

Je faillis me laisser avoir. La fièvre me reprit, je toussais sans cesse. Le virus de la variole m'avait-il gagnée ? Quant à l'absence, la vraie, la totale absence – celle de Wild et de Janey –, elle me minait. Le carnage du combat de chiens, la pluie battante, ce point douloureux dans la poitrine, la route noyée de boue, mes cheveux mal lavés, mon linge sali, le regard narquois des hommes de Graf Dalton, l'envie d'en finir, enfin, m'avaient désespérée au cours de cette dernière partie de mon voyage. J'avais perdu ma boîte à chiquer, mes galettes de porridge étaient devenues d'infectes éponges.

— Jane, Jane, promets-moi de ne jamais attenter à tes jours. Sotte de Jane ! Mon amour...

Je fermai les yeux, et promis. Je murmurai même une prière. C'était bien une prière, car s'il nous arrive d'oublier nos morts, eux ne cessent de se souvenir de nous.

J'eus envie de café brûlant, de propreté. Rendez-vous fut pris pour la partie de poker au Drinker – oh, revoir Janey ! – et je partis pour la ferme de Charley Burke.

Était-il marié ? Était-il heureux ? Se souvenait-il encore de moi ? Avait-il oublié son obstination amoureuse, qui m'irritait et me faisait rire à la fois – « Jane, je t'épouserai un jour » ? Sipes disait-il la vérité ou voulait-il m'inciter à mener une vie plus normale ? J'avais promis à Janey d'aller la voir, et à Wild de ne pas me laisser mourir. Aussi, quand le désespoir me reprit sous l'averse, quand je ne pus davantage supporter le froid, la saleté, les nuits passées sous les arbres qui se tordaient dans le noir, je pensai : « J'irai chez Charley Burke. »

Il ouvrit la porte. Il était seul. Du maïs cuisait dans la cheminée, le sirop d'érable était posé devant son couvert. Il me servit du café sans dire un mot.

— Burke, prête-moi un lit, je t'en prie. J'ai de quoi te payer.

J'étais debout, tremblante de misère, et je tombai soudain de tout mon long sur le plancher. Des cloches tintaient dans ma tête, mon cœur s'affolait dans ma poitrine, mes membres étaient glacés, un voile rouge descendit sur mes paupières ; mon Stetson avait roulé sous la table.

— Ça va mieux ? Jane... *Little Jane...*

Qui, autrefois, m'appelait *Little Jane* ? C'était Wild Bill, lorsqu'il regardait la photo de Janey.

— *Little Bright Calamity*, Jane...

Je revins à moi dans les bras de Burke. Il avait de grands yeux honnêtes, graves, d'un bleu presque noir. Il me fit boire de l'eau.

— Je voudrais me laver, Burke. Et dormir...

Il ne répondit pas, mais prépara le baquet et l'eau chaude.

— Je vais mettre des draps au lit.

Burke avait des cheveux d'ébène. Sur quel chien avais-je misé lors de ce foutu combat ? Sur le noir ? Oui, sur le noir...

Son poil brillant était doux sous la paume. Il avait été souillé de bave et de sang. Cette infamie m'avait rapporté une poignée de dollars.

Burke monta à l'étage, j'entendais la porte d'une armoire qu'on ouvrait, un volet qui claquait. J'avais les tempes douloureuses, mais ce fut avec plaisir que j'entrai dans l'eau chaude. Je m'y plongeai, je m'y noyai ; je frottai ma tête et mon corps avec du savon. Je ne me souvenais plus que mes poignets étaient aussi fins. Burke me trouva enveloppée dans un drap, près du feu, en train de dévorer un morceau de pain, les pieds nus sur ma Winchester.

Je dormis. Longtemps, très longtemps. Je tâtai la place vide près de moi. Burke était descendu tôt. Dans la nuit, il me soufflait :

— Aime-moi ! Épouse-moi, Jane, *Little Jane...*

Il ébouriffait mes cheveux, propres et brillants :

— Aime-moi !

Je ne répondis pas. Je ne répondrais jamais à son appel. Je m'accrochais à son cou, j'embrassais sa bouche. Pour le faire taire. Aucun homme ne devait plus exiger mon amour. Et il n'était pas question, non plus, de me contraindre à porter l'habit de femme ! Burke revint de la ville avec une robe, un châle et du linge. Mon habit d'homme était en train de bouillir dans la lessiveuse. Je passai la robe en coton bleu à petites fleurs blanches et jetai sur mes épaules le châle à rayures. Quand je voulus remettre ma ceinture et prendre mon Navy, je ne les trouvai pas. Ils avaient disparu. Je blêmis.

— Burke ! Burke !

Qui pouvait comprendre la signification de cette perte ? Qui pouvait comprendre le contact sensuel, merveilleux sous la paume, de la crosse d'un colt ; écouter la musique si particulière du déclic ; voir l'éclat du soleil sur le canon ? J'avais l'amour des armes et, si je n'avais jamais tué, mes colts, ma carabine et mon grand fouet à lanières me rendaient victorieuse. Sans armes, sans habit, sans monture, je n'étais plus rien ; juste une femme, si peu de chose.

— Burke ! Burke !

Je criai, je me débattis dans ces vêtements d'emprunt. Mes bottes étaient soudain trop larges, cette robe ridicule entravait ma course. Je me précipitais vers le hangar où étaient attachés Satan et King.

L'éolienne tournait au-dessus des bassins. Burke marquait des moutons dans l'enclos des collines, avec deux cow-boys.

— Burke ! Burke !

Je haletais, accrochée à la barrière. Burke lâcha la bête qu'il maintenait sur le dos. Je n'aimais pas son allure de fermier, de terrien, d'homme à la fois violent et bon. Wild Bill m'avait toujours laissée me débrouiller dans les pires situations ; puis, tout à coup, il saisissait à pleines mains mes cheveux et me soulevait contre lui :

— Sotte de Jane ! Tais-toi et embrassons-nous !

Sa vitalité me galvanisait. Avec lui, je n'avais jamais peur.

— Burke...

J'étais essoufflée, les joues rouges ; je paraissais plus petite dans mes vêtements de femme, plus menue, les cheveux lisses coulant presque jusqu'aux épaules. Je me détestais. J'aperçus mon reflet dans l'eau d'un baquet, près des moutons : les yeux noirs de colère, je me mordais les lèvres.

— J'aime tes paupières, Jane. Jane ! Tu es plus douce qu'une pouliche, plus brillante qu'une belle arme, plus forte que la terre. Tu sens la menthe, le foin, la sauge et la sueur...

J'eus envie de frapper Burke au visage ; il répétait, stupide :

— Tu vas salir ta robe.

Je hurlai :

— Où sont mes armes ?

Sans attendre la réponse, je filai vers la ferme. La chambre, le lit, je fouillai de fond en comble. Burke avait caché mes affaires en haut de l'armoire. La Winchester, le fouet, le Navy – je caressai la crosse d'argent. Tes mains, mon amour. Nos jeux. Nos jeux au poker, au cheval, dehors, à l'air libre, dans la lumière. Et le danger, et notre lit, quand nous en avions un. Je sanglotai, roulée en boule, par terre... Je me relevai. J'avais retrouvé mes armes, ma ceinture, mes balles, ma force. J'enfilai mes vêtements encore humides et je partis sans me retourner. J'ignorai les appels de Charley Burke :

— Jane ! Jane !

La partie de poker dura dix-sept heures. Je logeai neuf jours au Drinker. Je payai ma chambre, mon cuveau d'eau chaude, l'avoine pour mes chevaux. O'Connell, le patron du Drinker, était borgne, énorme, taché de son, les mains couvertes de poils roux. Les trois hommes de la Northern Pacific Railroad lui avaient dit :

— On a rendez-vous avec Calamity Jane pour la partie de poker.

Ça l'avait calmé. Il n'aimait pas beaucoup me loger et me voir boire jusqu'au milieu de la nuit. Parfois, j'avais dû faire claquer mon fouet et dégainer mon Navy pour obtenir de lui un autre verre. Il grommelait et parlait de me jeter dehors. Les hommes étaient divisés : il y avait ceux qui me défendaient et les autres... Ceux-là, je devais sans cesse leur faire front en paroles et en actes. Je me battis aussi, à poings nus, contre un certain O'Connor, petit et teigneux, perdu dans un long manteau flottant. Il m'avait traitée de « coyote à trou ».

À peine avait-il lâché son insulte que, déjà, il avait reçu deux gifles magistrales : une sur chaque joue. Il répliqua par un coup de poing auquel je répondis par une volée de coups de pied. Je lui arrachai son Stetson d'un coup de fouet ; la lanière lui ouvrit la joue ; enragé, il fit feu ; la balle effleura mon oreille et acheva sa trajectoire dans les bouteilles du bar qui volèrent en éclats. Mon oreille saignait. Il y eut un grand vacarme ; j'assommai O'Connor, le teigneux, avec un tabouret. La foule fut soudain de mon côté – je ne me faisais pas d'illusions, cela aurait pu être le contraire. Le piano mécanique se mit en marche lorsque cet O'Connor lança une chaise contre l'appareil. O'Connell grogna :

— Suffit, Calamity ! Personne ne t'embêtera ici.

J'eus désormais une paix royale.

Le lendemain, dès l'aube, nous commençâmes à jouer.

Le silence se fit au fur et à mesure du déroulement de la partie. Les jambes écartées, le Stetson rabattu sur les yeux, le cigare aux lèvres, du whisky à portée de la main, un plat de haricots avalé distraitement de temps en temps, je jouai, je jouai sans trêve. J'avais le dos au mur. Les leçons de Wild Bill n'avaient pas été oubliées...

Becky et Jimmy, la fille et le gendre d'O'Connell, nous servaient à boire et à manger. Ce fut la stupéfaction dans le saloon, puis dans toute la ville, quand je gagnai tout à coup mille, dix mille dollars puis, quatorze heures après, vingt mille dollars.

— Calamity Jane a gagné vingt mille dollars !

Ce cri courut tout l'Ouest. Je savais rosser les hommes comme les femmes, soigner les malades, enterrer les morts, adopter les enfants, refuser le mariage, boire, fumer, chiquer, vivre chez les Indiens, conduire des attelages, et gagner vingt mille dollars. J'étais devenue un héros.

Je pouvais aller voir Janey.

14

CALAMITY JANE

Burke aurait été fier de moi s'il m'avait vue. Je portais une robe, et même un chapeau, un mantelet en satin puce doublé de fourrure, des bottillons lacés qui me faisaient mal aux chevilles, des bas de soie. Dans mon sac de voyage étaient serrées trois autres robes en satinette, dont une en soie noire brodée de jais. Un second chapeau bleu de nuit, dans un carton rond, dissimulait mon vieux Stetson. Mes *chaps* et mon pantalon étaient enfouis sous deux camisoles de nuit en percale brodée à la main.

Mme Burny, du magasin Burny, n'en revenait pas lorsqu'elle me vit arriver. C'était tout juste s'il n'y avait pas d'attroupement devant son salon d'essayage.

— Je vais voir une petite fille de neuf ans, dis-je gravement. Une parente, élevée dans la haute société en Virginie, à Richmond.

Je remarquai une poupée de porcelaine vêtue de mousseline et de dentelles. Je la pris.

— Faites-moi un beau paquet, madame Burny. Faveur dorée et papier d'argent.

Mme Burny ne parut inquiète que lorsque je sortis mes dollars. Ils étaient ficelés dans la gaine de mon Navy, autour de ma taille, malgré mon corset.

Après avoir remboursé cinq cents dollars à Abbott, je louai dignement la meilleure place dans la diligence ; puis je pris le train jusqu'à Richmond. J'avais expédié une dépêche à Jim O'Neil et il m'avait confirmé que sa voiture m'attendrait à la gare.

La nuit précédant le départ, je ne pus fermer l'œil : en bas, les cow-boys beuglaient et les filles riaient. J'avais tiré le verrou de ma chambre et longtemps caressé les boucles brunes de la poupée destinée à Janey. Ma première poupée. Mon premier cadeau. Mon premier et unique enfant. Mon premier et unique amour. Je m'émerveillais : la poupée avait les yeux bleus et les fins cheveux de Janey. Je la serrais contre moi et je disais : « Je t'aime, je t'aime. » Je n'emportai ni mes cigares, ni ma boîte à priser. Je lavai mes cheveux avant de les serrer sur la nuque dans un peigne d'écaille et une résille.

Après mon séjour à Richmond, je voulais aller directement à Billings où Jimmy et Becky avaient fondé une entreprise de transport. Je devais conduire leurs attelages. Satan et King avaient pris la route avec eux.

Je refis maladroitement le paquet pour Janey et je partis à quatre heures du matin, mes colts armés, mon fouet et ma Winchester enveloppés dans la couverture de selle. Je refusais d'être désarmée, ce que Burke n'aurait pu comprendre.

Les femmes de Deadwood m'avaient toujours considérée comme une créature bizarre et mal léchée ; quant aux hommes, que de fois avaient-ils ricané dans mon dos ! Seuls mes colts et mes dollars les avaient tenus en respect dans cet Ouest sauvage.

Wild Bill Hickok avait été le seul à m'aimer. J'en étais sûre, même si j'avais été torturée de jalousie. Il m'avait aimée. Il avait aimé mon corps et l'avait rendu désirable. Il s'était toujours réjoui de mes déchaînements. Il avait aimé me voir vaincre les bêtes, les hommes et les éléments, et j'avais éprouvé du bonheur avec lui. On pouvait le traiter de bandit ! Il fut le seul homme tolérant sur ma route, le seul homme qui eût, pour les femmes, de la tendresse. Agnes Mamie Werly, acrobate ou putain, il avait aimé quelque chose de plus que le corps. Je crois qu'il les avait respectées. Il avait été heureux de savoir que notre bébé était une fille :

— On en fera une sacrée bonne femme, avait-il dit en cachant la photo sur son cœur.

Wild Bill Hickok avait aimé les femmes et flingué les hommes.

Je portais sur moi la photo de Janey. *Little Bright Calamity.* Avec celle de Wild Bill et mon certificat de mariage, pauvre relique à demi effacée. Charley Burke l'avait fait bouillir en même temps que mes vêtements. Par miracle, la pochette de cuir l'avait protégé. Quant aux photos, elles étaient intactes.

À ma descente du train, M. Jim O'Neil m'embrassa sur les deux joues et me prit les mains.

— Bonjour, chère Martha Jane. Avez-vous fait bon voyage ?

Je ne pouvais parler. L'émotion me paralysait. Mes lèvres étaient de plomb. Je serrais les mains de Jim O'Neil. Il avait vieilli. La mort de Helen l'avait beaucoup affecté. Il me fit monter à l'arrière de sa belle voiture, à côté de lui. Le cocher avait rangé mes bagages à l'avant.

Le train était allé très vite. J'avais été émerveillée de ce voyage, de ce confort. Je m'étais offert un compartiment de luxe, tendu de velours rouge et je m'étais fait servir du champagne et des *pancakes* par un serviteur chinois. J'avais eu envie de rire et de chanter. En traversant Yellowstone Valley, j'avais revu ma misère et mes souffrances passées. Je m'étais imaginée, courbée sur les rails et les cailloux, Janey enveloppée dans une couverture, non loin de moi. Son avenir effrayant, et moi, abrutie par les rudes travaux. Je me revoyais, à dix-huit ans, à Promontory Point. Il y avait eu la pose du rail, la dynamite, les Irlandais, les agressions. Je regrettais ma beauté d'alors, cette grâce sauvage qui avait fait dire à Sitting Bull :

— Tu es *Diable blanc,* tu ressembles à un nuage, à un arbre sous la pluie, à un buisson de menthe sauvage. Ton cœur est bon et fier...

J'avais ri dans ce train. C'était mon premier luxe, mon premier repos ; moi qui avais tant marché, moi qui avais eu si froid, moi, avec mes mains crevassées, agrippées à la longe de Satan.

Je portais des gants de peau ; j'avais gardé au doigt la petite bague de Wild. La broche d'or en fer à cheval. Je les donnerais à Janey. Mes dix mille dollars étaient dans mon corsage. Je fermais les yeux. La pénombre et le rideau baissé adoucissaient le contour des visages. Le sommeil coulait en moi, une douceur inconnue m'envahissait, l'apaisement. J'allais à l'un de mes plus importants rendez-vous d'amour. Ainsi tous mes efforts, toutes mes peines, tous mes emportements, mes angoisses et ma lutte n'avaient pas été vains.

Atlanta avait été entièrement reconstruite après l'incendie allumé par les Nordistes. Wild Bill y était allé ; il y avait tué trois Sudistes qui le traquaient sous les poutres enflammées.

— J'ai dit à Janey qu'une dame très gentille venait du Montana pour la voir... Une dame célèbre pour son courage, connue sous le nom de Calamity Jane.

Mon cœur ralentit soudain et je murmurai :

— Jim O'Neil, sait-elle que je suis sa mère ?

Jim O'Neil prit ma main et l'embrassa :

— Non, très chère Jane. Sa mère, c'est Helen, morte il y a longtemps déjà. Je vous supplie de garder le secret. Janey serait troublée. Elle est trop jeune. Plus tard, chère Jane, plus tard...

Je retirai ma main et, lentement, défis le cordon de ma bourse.

— Voici dix mille dollars, Jim O'Neil. Gagnés au poker, honnêtement. Ils contribueront à l'éducation de Janey.

Il fit le geste de refuser.

— J'y tiens, Jim. Janey est ma fille. Mon existence n'a de sens que si je lutte pour Janey. À quoi me sert de gagner au poker si je ne peux employer cet argent pour elle ? Je vous en prie, dis-je plus doucement.

Il me regarda et rangea gravement les dollars.

— Vous valez encore mieux que la réputation que vous a faite la presse, Jane.

— On dit aussi pis que pendre de moi.

— Vos véritables amis ne sont pas dupes, Martha Jane.

Nous étions arrivés et je sentis mon courage m'abandonner. Je devins livide et je dus attendre quelques minutes avant de trouver la force de descendre de voiture, aidée par Jim O'Neil. Il cria :

— Mamma Ross ! Nous sommes là !

Je me souviendrai toujours de cet escalier monumental, du tapis de velours rouge qui étouffait mes pas. Je m'accrochai à la rampe cirée, noire, le noir de la peau de Mamma Ross, un noir lisse, réconfortant. Depuis des années, Janey voyait et touchait cette rampe. J'imaginais les premiers pas, les premiers mots... Une toute petite fille assise contre la rampe, et papa Jim qui lui disait :

— Maman Helen est partie au ciel, Janey.

Jack Mac Call n'avait-il pas crié « Ô Dieu ! » quand la trappe immonde s'était ouverte sous ses pieds ? Wild Bill avait-il ressenti ce goût de sang, ce goût d'éternité lorsque, mourant, il s'était accroché à mon regard ?

— Bonjour, Calamity Jane.

Une voix claire comme le murmure des ruisseaux, des yeux plus bleus que je ne les avais rêvés, bleus comme les galets dans les torrents de Yellowstone Valley... Janey se tenait immobile en haut de l'escalier. Des boucles noires en cascade sur les épaules, un ravissant col blanc, une chaîne en or avec un médaillon en pendentif... Une robe bleue, coton, velours ou satin ? Janey ressemblait à la poupée que je tenais contre moi.

— Bonjour, Calamity Jane. Je sais que vous êtes *la Reine des Plaines*. Mon papa Jim me l'a dit, mon précepteur aussi.

Elle descendit jusqu'à moi. Un pantalon de percale et de dentelle blanche dépassait du volant de sa robe. Elle portait de fines bottines de cuir blanc. Janey était si jolie, si bien faite que j'en éprouvai un bonheur immense. Sa ressemblance avec son père était évidente, mais sa souplesse, la fierté de son regard, ses pommettes hautes étaient bien les miennes. Une Martha Jane Cannary en miniature...

— Je peux vous embrasser, Calamity Jane ?

Elle se haussa sur la pointe des pieds. Elle sentait la vanille et le savon anglais. Je touchai ses beaux cheveux, j'effleurai ses joues, comme des fruits, je pris sa petite main potelée et je balbutiai :

— Janey, Janey...

— Je m'appelle Jean Irene, mais tu peux m'appeler Janey. Et puis, on peut se tutoyer.

Jim O'Neil avait disparu. Mamma Ross dit :

— Tu devrais montrer sa chambre à Mme Jane.

Janey m'entraîna vers une grande chambre ornée de boiseries. Des rideaux rouges garnissaient le lit à baldaquin. J'aperçus les draps en batiste brodée. Les meubles venaient d'Angleterre. Il y avait des fleurs sur un guéridon.

— J'ai mis ces fleurs exprès pour toi... Je dors dans la chambre à côté. Autrefois, maman Helen dormait là. Il y a longtemps. Elle est morte mais, tu sais, je ne me souviens pas beaucoup d'elle. Elle était si pâle qu'elle me faisait peur...

Alors, alors seulement je pus serrer ma petite fille dans mes bras. Il me sembla revivre nos heures terribles dans Yellowstone Valley. Tu dormais toujours contre moi, prête à téter.

— Pourquoi pleures-tu ?

Tu caressais mon visage, tu paraissais désolée :

— C'est à cause de maman Helen ? Il y a longtemps qu'elle est morte, et papa Jim est si bon pour moi ! Ne pleure pas, Calamity, je t'en prie.

— Tu me rappelles une petite fille que j'ai connue autrefois, et beaucoup aimée... Elle s'est embarquée sur un grand navire et n'est jamais revenue...

— Moi aussi, j'ai souvent pris le bateau pour traverser l'océan. Je suis allée à Singapour avec papa Jim et en Chine. Nous avons donné de l'or américain à des enfants qui mendiaient, affamés. Tu ne pleures plus, dis ?

Je secouai la tête, je souris. Janey continua :

— Leurs vêtements étaient en lambeaux et leurs mains ressemblaient à des pattes d'oiseaux morts de faim, comme celui que les matelots de papa Jim avaient trouvé dans l'entrepont.

Tu courus vers une panière et en sortis un gros chat tigré :

— Je l'appelle Singapour. Je l'ai ramené avec

moi mais, longtemps, je suis restée bien triste à cause de ces enfants.

— Heureusement, tu étais avec papa Jim, dis-je.

— Oui. Je remercie Dieu tous les jours de m'avoir donné papa Jim. Je n'aime que lui ! Et Mamma Ross. Veux-tu être ma meilleure amie, Calamity ? Je t'aimerai autant qu'eux.

Ensuite, tu imitas les femmes qui faisaient les yeux doux à papa Jim. Tu te moquais d'elles. Je pensais aux femmes de Deadwood. Toi non plus, tu n'aimais ni l'hypocrisie, ni les pimbêches. Tu étais si drôle que je t'embrassai à nouveau.

— Prends, Janey. C'est pour toi.

Tu ouvris le paquet et crias de joie devant la poupée.

— Je l'appellerai *Little Calamity*.

Je sursautai : *Little Calamity !* C'était toi, ma Janey ! Je te montrai alors la photo de Wild Bill Hickok.

— C'était un homme très courageux. On l'appelait Wild Bill Hickok. Je te raconterai son histoire. Je l'ai épousé, il y a longtemps déjà.

Tu dis sans lâcher la poupée :

— Quel drôle de nom ! Il n'est pas aussi beau que mon papa Jim.

Quand tu récitas une prière près de moi, ce soir-là, la poupée dans les bras, tu t'écrias :

— Dieu bénisse Calamity Jane, et aussi cet

homme qui fut abattu d'une balle dans le dos, où qu'il soit. Bénissez-le parce que Jane l'aimait.

Comment savais-tu que je l'aimais ? Tu t'endormis et je restai des heures à regarder ton ravissant visage. Tu étais un peu de moi, ta poupée dans les bras. *Little Calamity.*

Je n'aurais jamais dû aller là-bas. Je n'avais plus le courage de quitter Janey. Elle prit ma main dans la sienne et m'emmena partout avec elle. Je fus très fière de voir l'excellente cavalière qu'elle était !

— Calamity, plus vite ! plus vite !

Pour l'occasion, je remis l'habit d'homme. Janey fut fascinée par le Navy. Jim O'Neil m'avait prévenue :

— Pas d'excès, chère Jane, sinon cette enfant ne pourra plus se passer de vous.

Nous galopâmes dans la vallée de Richmond. La nature était superbe ; le printemps la rendait éblouissante. J'aidai Janey à descendre de cheval. Je lui montrai comment allumer un brasero entre deux cailloux, comment dégainer très vite. Je tirai en l'air, je sautai d'un cheval à l'autre, je me dressai sur la selle et fis pour elle mille jeux d'adresse. Je lançai mon Stetson en l'air et le trouai d'une balle. Assise au pied d'un épicéa, Janey applaudissait et riait aux éclats :

— Tu es ma meilleure amie, Calamity. Jamais je n'oublierai cette promenade.

Elle avait apporté sa poupée, l'avait accrochée à la selle. Nous mangeâmes sur l'herbe et rentrâmes au crépuscule.

Les plantations étaient magnifiques, une lune rousse éclaboussait les torrents. Le bonheur avait ce jour-là la parure d'un oiseau multicolore.

Le soir, Jim O'Neil avait invité en mon honneur la bonne société de Richmond. Je mis ma robe de soie et me moquai de la déception de ces dames. Sans doute avaient-elles dû s'imaginer que la soirée se passerait en empoignades, coups de feu, et bagarres de *desperados*... Les petits fours et le thé furent servis sur des plateaux d'argent. Je rêvais d'une bonne lampée de whisky et, avant de me rendre dans le salon rouge et or, j'allai me faire servir de l'alcool à la cuisine par Mamma Ross qui me blâma gentiment :

— C'est pas bon pour la santé, madame Jane !

Mais elle avait glissé un flacon dans mon armoire.

Au salon, on me posa plus d'une question idiote :

— Avez-vous vraiment scalpé des Indiens à Little Big Horn ?

— On a dit que le général Sheridan voyageait en croupe avec vous.

— Est-il vrai que vous avez suspendu Jack Mac Call à un crochet de boucherie sur la place de Deadwood ?

Un certain Jack Oaks, âgé de vingt-deux ans, fils d'un propriétaire d'Atlanta, m'affirma de façon stupide :

— Si une femme porte sans cesse un vêtement masculin, elle devient stérile ou obèse.

Jim O'Neil lui rétorqua vertement :

— Mme Cannary est mon invitée. C'est une femme de courage et de talent. Je vous prie de lui témoigner du respect.

L'autre ricana et je posai si brutalement ma tasse qu'elle se brisa. J'avançai vers ce jeune imbécile aux lèvres molles. Il recula, effrayé.

— Calamity, soupira Janey, laisse-le. Il prétend être mon ami. S'il est méchant avec toi, je ne lui parlerai plus jamais.

— Merci, ma petite fiancée, dit le rustre en lui caressant les cheveux.

J'en profitai pour lui écraser le pied. Il poussa un cri.

— Janey, jure-moi de ne jamais épouser cette sauterelle sudiste !

Jim O'Neil me poussa doucement, mais fermement, vers son bureau. Janey pleurait. Les commères jacassaient.

— C'est un homme déguisé en femme !

— Les pasteurs lui interdisent l'entrée du temple !

— Jim O'Neil est-il devenu fou ? On dit que Jean Irene a été adoptée, cette femme connaissait la mère.

— La ville de Deadwood l'a chassée : elle

avait coupé les oreilles d'une femme très en vue. Elle mène une vie de scandale !

— Vous avez vu ses yeux quand elle a écrasé les pieds de Jack Oaks ? Elle est le diable en personne !

Mes oreilles bourdonnaient. Un voile tomba devant mes yeux. Ma gorge était serrée, j'eus du mal à reprendre mon souffle. Que leur avais-je fait ? « Qu'ils aillent au diable avec leur bonne société ! pensai-je. Tous des hypocrites, des lâches qui ne se soucient que de leurs petits intérêts. »

— Calmez-vous, chère Jane. Vous savez être digne et courageuse. Vous m'avez fait ce merveilleux cadeau, me donner Janey. Jamais je ne l'oublierai.

— Jim, je veux partir, je souffre trop ici, près de ma fille que j'adore. Le secret me brûle. Nous avons passé un après-midi de rêve, elle et moi, mais tous ces gens stupides... Je me sens si solitaire.

— Je comprends, dit Jim O'Neil.

Je partis à l'aube, sans revoir Janey. Je laissai sur son lit la bague et la petite épingle d'or en fer à cheval.

15

CALAMITY JANE

Je rencontrai Abbott dans la grand-rue de Billings. Il me demanda de quoi se payer un repas et je lui donnai mes cinquante derniers *cents*. Mon portefeuille était si vide que je le jetai dans la rue.

— Tu es une brave fille, Calamity, me dit Abbott. J'ai un travail pour toi.

J'avais remis mes vieux vêtements et laissé à Mamma Ross mes quelques robes. Je pensais aux paniers grinçants glissés sous les trois jupons de Nat Sims ! En Virginie, chez Jim O'Neil, les femmes portaient des corsets serrés au dernier cran. Était-ce l'attirail de l'amour ? Wild Bill aimait mon corps lisse, nu, libre de toute entrave, et mes cheveux défaits dans mon dos – « Une très belle femme sur un très beau cheval, voilà le plus beau spectacle ! » avait-il l'habitude de dire. Avait-il murmuré les mêmes mots à

Agnes Thatcher Lake ? Peut-être. La colère me prenait encore lorsque j'y pensais. J'avais pardonné à Mamie Werly, car je l'avais vue morte au fond d'un trou.

Chaque tour de roue m'éloignait de Janey... Comment ferais-je pour ne pas en mourir ? Je fumai et je bus comme jamais pendant ce voyage. À mon arrivée, il ne me restait plus que dix dollars. Et ma solitude.

Je trouvai du travail chez Jimmy et Becky, dans leur compagnie de transport. J'étais de nouveau conductrice d'attelages entre Billings et Yellowstone – ô Janey ! Billings et Rapid City, Rapid City et Deadwood, Deadwood et Omaha.

À Omaha, je séjournai le temps de décharger les marchandises sur un bateau qui remonterait le Mississippi. Je revis le capitaine Massie, le poignet raide. Il n'avait jamais fait extraire la balle qu'il avait reçue au saloon N⁰ 10 ! Calhoun m'aidait à décharger le chariot, ainsi que Peter Corgrove, qui avait été témoin à mon mariage.

Les Indiens sioux n'avaient pas oublié. Nous étions parfois obligés de tirer. Sitting Bull n'avait qu'une obsession : rencontrer le président des États-Unis et lui brandir sous le nez le traité de Fort Laramie ; ce traité constamment violé par les Blancs. Je vociférais sur mon siège : « Hue ! Hi ! Ya ! »

Les Sioux me reconnaissaient et nous laissaient tranquilles le plus souvent. Mais Calhoun reçut un jour une flèche à l'épaule. Nous avions pris le galop ; les bêtes s'étaient affolées, les Sioux avaient lâché prise quand j'avais brusquement tourné dans un chemin de traverse, serpentant entre les rochers et les épicéas. J'avais eu du mal à extirper la flèche et à cautériser la plaie avec la lame de mon couteau rougie au feu. Les balles sifflaient. Nous étions cachés dans les rochers ; Corgrove secouait la tête :

— Jane, nous sommes fichus !

Alors, fulgurant et plus beau que le soleil, le souvenir du visage de Janey me revint. Je rejoignis Corgrove, embusqué ; les coups de feu recommencèrent, ininterrompus. Puis ce fut le silence. Les Sioux étaient partis brusquement, comme ils le faisaient parfois.

Nous reprîmes la route. Allongé à l'arrière, Calhoun gémissait.

Nous arrivâmes à Billings tard dans la nuit.

Jimmy et Becky, les propriétaires du saloon, se disputaient sans cesse à l'étage. Je dormais en bas. Les attelages et les bêtes étaient remisés dans un enclos, derrière la maison. Calhoun s'installa dans une cabane, près des chevaux.

Becky était belle : les cheveux rouges, les yeux verts, des jambes de reine. Elle voulait faire du théâtre à Broadway, au désespoir de Jimmy, son mari, qui l'avait ramassée dans le saloon de son père :

— Tu es tout juste bonne à danser au bordel !

Allongée sur mon lit, un cigare aux lèvres, mes colts posés à terre près de moi, j'écrivais à Janey. Voilà ce que je lui disais : on peut vivre sans foyer, sans maison. Les disputes, le despotisme de l'homme, l'asservissement de la femme, les grossesses harassantes, était-ce la vie ?

Je pensais à Wild Bill, regrettant nos longues promenades à travers la prairie ; je pensais à la docilité de Satan, à sa gentillesse quand il s'agenouillait pour prendre du sucre dans ma main. Le corps de Wild Bill contre le mien, la menthe sauvage sous mes reins, le ciel pour couverture. Nos adieux au carrefour des chemins.

Nous reverrions-nous ? Il y avait aussi la terre du Mont Moriah, la terre où nos os seraient réunis si l'éternité existait... Le pasteur Smith l'avait dit : seul l'amour pouvait absoudre notre violence absurde.

Becky pleurait. Jimmy l'avait giflée : elle voulait aller à New York City pour être actrice. Elle attendait un enfant et elle n'en voulait pas. Comment l'aider ?

Dans le saloon de Russel flottait toujours une odeur de tabac et d'urine. Le jeu était pour moi plus qu'une passion, un métier. L'affaire de Jimmy et de Becky avait fait faillite. Becky était partie pour Broadway, laissant derrière elle un bébé, une petite fille nommée Louba. Louba avait les yeux de sa mère, un fin duvet noir sur la tête, un petit corps ravissant. Depuis le départ de Becky, Jimmy s'était laissé aller à boire. Les hommes savaient moins que les femmes faire face aux cataclysmes ordinaires – abandon, paternité, maladie. Lorsque j'avais été enceinte, Wild Bill m'avait dit :

— Va-t'en !

Mon orgueil avait fait le reste.

Jimmy ne saurait jamais la vérité : j'avais joué chez Russel pour gagner de l'argent afin de payer le voyage de Becky. Je méprisais Jimmy. Becky avait du talent, une belle voix veloutée, une plainte qui vous rendait heureux quand vous l'écoutiez... Quand j'écrivais à Janey, là-haut, dans ma chambre, j'entendais Becky chanter et je fermais les yeux. Sa voix semblait venir du plus profond d'elle-même ; une lointaine rumeur qui me transportait.

Elle promenait son gros ventre dans la maison sous les hangars et répétait : « Je veux chanter à Broadway ! » Jimmy se moquait d'elle : « Danseuse de corde ! » Et il la frappait car elle s'obstinait. « Je partirai ! » disait-elle.

— Où vas-tu aller sans argent ? Et ton gosse ?

Il hurlait, il la secouait et je dus plus d'une fois les séparer. Becky s'affaiblissait. Elle pleurait sans cesse et Louba naquit avant terme. Jimmy me craignait et je le méprisai davantage.

Louba était née au petit matin, en septembre – Janey avait quatorze ans. J'étais allée chercher une sage-femme. J'avais sur moi un paquet de dollars et j'avais tout payé. J'avais allumé le feu et fait du café. Jimmy était à Lewistown pour affaires ; quelqu'un lui rachetait ses attelages. J'avais gagné deux mille dollars chez Russel.

— Tiens, Becky, c'est pour toi !

Je posai l'argent sur sa poitrine et l'aidai à s'occuper de Louba qu'elle allaitait. Becky était exsangue, l'accouchement avait été difficile.

J'avais eu l'impression d'entendre mes propres cris, mon souffle qui s'accélérait, de pousser l'enfant hors de moi. Je voulais mourir, mourir avec elle...

— Becky, prends ces dollars et va à New York. Je garderai Louba en attendant le retour de Jimmy.

— Je n'ose pas !

— Jimmy et toi, vous ne vous aimez plus. Tu ne l'aimes plus. Voilà deux ans que j'entends vos disputes. Il te bat. Il gâche ta vie et ton talent. Tu n'as pas beaucoup de lait. Ce n'est pas de ta faute ; tu ne voulais pas d'enfant.

Becky ne disait mot, la tête entre les mains. Elle avait un enfant, or la vie d'actrice était incompatible avec la charge d'un nouveau-né. Et elle n'avait pas voulu cet enfant. Son lait s'était tari, la petite Louba dépérissait.

— Calamity, les femmes pourront-elles un jour avoir des enfants quand elles le désirent ?

Je secouai la tête :

— Tout est possible Becky. Mais les sentiments, eux, ne changeront pas.

— Janey, dit-elle d'une voix faible, c'est l'absence de Janey qui te fait souffrir.

Je posai ma main sur sa bouche :

— Chut, Becky. Janey est l'enfant d'un amour si grand que je ne regrette rien et n'envie personne.

— N'est-ce pas un crime que d'abandonner son enfant ?

— Non, si c'est pour lui faire un sort meilleur. Si tu restes, tu l'abandonneras tout de même un jour. Et ce sera pire. Louba sera un obstacle entre le théâtre et toi. Tu perdras tout. Tu y laisseras ton talent et jusqu'à l'envie de vivre.

Becky retomba sur ses oreillers. Elle serrait l'argent contre elle : elle partirait. Louba s'était endormie dans mes bras. J'ouvris ma chemise d'homme et posai la petite tête contre mon sein en murmurant : « Ma chérie, ma chérie... » Je retrouvais une raison de vivre.

Je restai à Old Clark City. Janey avait seize ans. Louba ne me quittait pas. Installée avec moi au saloon de Russel, elle dormait dans ma chambre, au premier étage, et sa tête adorable se couvrait de boucles noires.

De Lewistown, Jimmy m'envoyait parfois un peu d'argent. Il avait refait fortune et épousé une autre femme – Becky avait divorcé et son nom était à l'affiche, à Broadway. Jimmy voulait revenir chercher Louba et s'installer à Lewistown. Russel bougonnait :

— Louba est ta fille, Calamity. L'enfant est à celui qui l'élève.

Russel avait une grosse tête de bouledogue aux yeux affectueux. Cela ne l'empêchait pas de cogner quand il fallait, pour jeter dehors les fâcheux. Aussi, quand je le retrouvai assassiné, un beau matin, dans son lit, je sus qu'une nouvelle période de vache enragée m'attendait.

Russel avait vendu de l'alcool aux Indiens. Un écriteau était jeté sur son cadavre, dissimulant le poignard fiché dans son dos : « ATTENTION, CALAMITY JANE ! »

Je serrai Louba contre moi de toutes mes forces : « Ma chérie, ma chérie ! » et je fonçai au couvent d'Old Clark.

Je laissai cinq mille dollars pour Louba à la supérieure qui recueillait des orphelins sans oublier de lui donner l'adresse de Jimmy, à Lewistown. Puis je partis avec Satan et King sans me retourner.

J'étais déchirée : il était dit qu'aucun enfant ne grandirait à mes côtés. J'aimais tant les enfants que j'avais toujours choisi leur sécurité avant mon bonheur. La dernière lettre de Jim O'Neil annonçait les fiançailles de Janey avec Jack Oaks. Je tremblais pour elle. Ce rustre, ce goujat ! Il démolirait ma Janey, c'était sûr, et tous les colts du monde ne pourraient pas la défendre. Je n'étais, sur cette route qui me conduisait à Coulson, qu'une vieille femme au Stetson en loques et qui criait : « Janey, Louba ! »

Je confondais tout. Les larmes m'aveuglaient et je n'avais plus que trente-cinq dollars en poche.

Je refusais la pitié. J'étais un héros. J'avais défendu le général Eggan dans son fort menacé. J'avais enterré les morts et soigné les vivants, j'avais aimé, jusqu'au bout de moi-même. J'avais traversé des cataclysmes. J'avais perdu mon sang parmi les hommes et les bêtes, au fond des bois ou au bord des torrents et dans l'enfer des saloons. J'avais accouché en hurlant et crié d'émerveillement devant ma petite fille avant de m'en séparer. J'avais été malade, les poings serrés sur la bride de Satan. J'avais vu peu à peu mes désirs s'émousser, mes désirs qui avaient été l'ardeur même. Quelle impatience dans mes désirs autrefois. J'avais senti une fois, dix fois, mes yeux se brouiller sous l'effet de la fatigue. J'avais souvent trébuché. J'avais eu peur quand sifflaient les balles et les flèches ; j'avais pleuré devant les Indiens scalpés – indignée car les Blancs aussi scalpaient les Indiens. J'avais pleuré davantage encore quand on avait ouvert la caisse immonde où gisait Wild Bill. Pourtant ! Fulgurante image ! Son visage intact et l'éternité de cette houle... Le sentiment d'amour, malgré les tourments, n'avait jamais cessé de m'habiter.

Burke devait lui aussi savoir tout cela. Je le voyais, je le sentais à sa façon de me regarder, de prendre mes mains, d'embrasser chacun de mes doigts.

— Tu es revenue, avait-il dit simplement.

— Oui, je n'ai plus rien à manger.

J'épousai Charley Burke en plein été. Août : noces et deuils confondus. Le quinze décembre 1880, le grand Sitting Bull avait été assassiné par Red Tomahawk, un homme de la « police indienne », qui l'avait poignardé dans le dos, au fond de la réserve de Standing Rock, lui, le grand chef généreux, presque aveugle.

Il avait été employé au cirque de Buffalo Bill, car il voulait à tout prix rencontrer le président des États-Unis pour faire entendre la voix de son peuple. Lui, lui au milieu de la piste, parmi les écuyères et les clowns, clown lui-même sous les peintures et les plumes, brandissant les lambeaux du traité de Fort Laramie, tonnant soudain devant la foule interdite :

— Rendez-nous *nos terres* !

Les clowns avaient tenté de le faire taire ; les écuyères l'avaient enveloppé de leurs bras et de leurs rires. Buffalo Bill avait dû l'exclure du spectacle. Fou de colère et d'indignation, Sitting Bull avait continué à hurler :

— Je sais que l'on me tuera, mais jamais je ne renoncerai à l'esprit de justice !

Il avait dû mendier pour manger avant de rejoindre ce qui restait de sa tribu.

Mes secondes noces eurent lieu ; je pensais davantage aux morts ou aux absents qu'à celui que j'épousais. Je pensais à Wild Bill, à Janey, au massacre de mes amis indiens. Je les aimais, et ce n'étaient pas quelques flèches qui m'auraient fait changer d'avis. Ainsi, le vingt-neuf décembre de la même année, tandis que je devais subir les assauts de Burke, heureux et paisible, les Indiens se rassemblaient à Wounded Knee Creek, non loin de Deadwood. Les armes automatiques du septième régiment de cavalerie commandé par le général Forsythe crépitèrent. Vingt-huit guerriers, quarante-quatre femmes, onze enfants furent laissés pour morts dans la neige... Le malheureux chef des Miniconjoux, Big Foot, agonisa dans la neige.

Je travaillais au ranch. J'étais devenue taciturne ; je vivais repliée sur moi-même sans plus rien voir du monde extérieur. Levée à l'aube, je quittais le lit où Burke dormait encore. Oh, ces nuits avec ses bras jetés autour de moi, possessifs, quand mon ventre et mes reins ne supportaient plus son contact. Il fallait partir. Et seule !

Je compensais mon manque d'amour par le travail et la loyauté. J'avais presque cessé de boire et je portais de temps en temps la robe et le châle de mes noces. Je faisais le café, nattais mes cheveux, trempais mon visage dans l'eau froide. Puis j'allais à l'étable nourrir les bêtes ; je lavais la cour. Je travaillais en silence. J'étendais le linge longuement frotté au savon noir, après l'avoir rincé dans l'eau du torrent qui traversait la terre de Burke. Je ne pouvais pas dire : « ma terre » ; c'était « le ranch de Burke ». Je cuisais les haricots, le bacon et les *pancakes,* je filtrais le sirop d'érable et faisais le pain. Le lundi matin, je mettais à bouillir une pinte de houblon dans deux gallons[1] d'eau pendant une demi-heure avant de passer le mélange dans un pot et de le laisser tiédir. J'ajoutais deux cuillerées à soupe de sel, une demi-mesure de farine et de casso-nade et remuais longtemps avec une cuillère de bois – ô Janey chérie, fallait-il pour te revoir per-sévérer dans cette voie ? Et supporterais-tu d'être reçue dans cette maison qui n'était pas la mien-ne ? Le mercredi, j'ajoutais trois livres de purée de pommes de terre et je laissais reposer le tout jusqu'au jeudi. Je plaçais alors ma préparation dans des cruches bien rangées sous la fenêtre. Je regardais Burke et ses hommes. Ils tondaient les moutons, marquaient les vachettes. Je brûlais de galoper moi aussi dans la plaine. Par bonheur, j'avais toujours mon Navy.

Wild, quand ton souvenir cesserait-il de me harceler ? Il ne fallait pas trop enfoncer le bou-

----

1. 7,56 litres.

chon des cruches : il ne devait pas toucher la pâte ; je devais remuer de temps en temps cette mixture et la garder près d'un feu nourri d'écorce et de pommes de pin. Enfin, je mettais le tout au frais pour le conserver. Cela s'améliorerait en vieillissant – comme moi ? Avant d'y goûter, on secouait la cruche, on ôtait le bouchon et plaçait la paume ouverte sous le goulot pour empêcher la levure de s'échapper...

Ce matin-là, les choses tournèrent mal et la cruche se brisa. J'étais enceinte.

Je n'en parlai pas tout de suite à Burke. Je regardai mon visage avec circonspection. Les cernes sous mes yeux. L'intensité du regard qui parfois se brouillait, le dessin marqué des pommettes, la bouche plutôt dure qui s'ouvrait sur des dents très blanches. Wild aimait ma bouche ; il retroussait parfois mes lèvres, comme on le fait pour regarder les dents d'un chiot. Volupté de sa caresse brutale, puis ses mains se faisaient plus douces ; sa bouche scellait mes lèvres qui murmuraient : « Je t'aime, je te veux. »

J'avais vu Sitting Bull debout sous ce ciel d'orage, brandissant dans ses poings des cornes de buffle pour la danse sacrée. L'incantation au dieu buffle devait redonner des bêtes à son peuple. Avec les buffles, ils auraient de nouveau de la nourriture, la chaleur des peaux. Et moi aussi, les poings vers le ciel. Seule dans la Stone

Valley, j'invoquais les dieux de l'amour, les priant de me rendre mon homme...

Penchée sur une cuvette, je vomissais. Je pompais l'eau ; je lavais la pierre et mon visage et titubais vers le banc, derrière la table. Louba ! Je pensais à Louba que Jimmy avait reprise sans un merci. Les bonnes langues avaient dit qu'elle était ma fille.

— Ne savez-vous pas que j'ai eu plein d'enfants ? ! répondais-je.

Becky et Jimmy m'avaient oubliée et Louba ne se souviendrait pas de « mamie Calamity ».

Mon mariage avec Burke avait eu lieu sous les peupliers des marais, près de la rivière qui traversait son ranch ; le soleil éclaboussait ma robe à petites fleurs ; un groupe d'amis riaient et buvaient... Tom Barner et sa jeune épouse nous félicitaient. Je pleurais le jour de mes noces... Je ne cessais de pleurer. Burke m'embrassait, mais je percevais son irritation.

Tom Barner avait travaillé un moment avec « l'homme-aux-chiens » qui organisait les combats et les paris. Son petit commerce eut une fin tragique. Des hommes, jaloux de son idée, égorgèrent ses quatre-vingts bulls en une nuit, même les chiots qui venaient de naître. Les cadavres des chiens avaient été jetés contre les murs du taudis qui servait de saloon.

Burke me tenait. Il m'avait eue dans un moment de faiblesse. Ma grossesse m'empêchait de revoir Janey. J'avais déjà surpris Burke en train de piétiner une lettre de Jim O'Neil.

— C'est faux ! Cette enfant n'existe pas. C'est encore une de tes folies ! Tu auras ramassé une gosse et tu l'auras abandonnée ! Tu n'es pas normale, tu es un monstre, une putain...

Je lui cassai une cruche sur la tête et je faillis partir le soir même. Mais « mon mari » avait tout prévu : la porte était verrouillée. J'entendais Satan piaffer sans pouvoir le rejoindre. Je criais, tapais des poings, pleurais.

Pendant des années Burke soutiendra que tout avait été de ma faute. Tout : la mort de Wild, l'abandon de Janey, ma réputation d'alcoolique et de bagarreuse, mes blasphèmes et ma fausse couche. Car je perdis son bébé.

Tout retomba sur moi ! Il ne consentit jamais au divorce. Mon châtiment devait être de mourir sous le nom de : « Mme Charley Burke », moi qui n'avais aimé que l'Ange. J'étais et je resterais « Mme Charley Burke ».

Burke cassa tout dans le ranch quand l'hémorragie commença. Je portais mes chers vieux vêtements. Ils étaient devenus une seconde peau. Ils m'enveloppaient bien. C'était mon armure. Ils me rendaient forte comme le vent et le soleil, pure telle la neige et les douces pluies de l'été.

Burke me gifla à toute volée. Je roulai contre le mur... Il m'attendait, l'œil mauvais, près de mes pains enfin cuits. Je revenais de galoper dans la prairie. Galoper, galoper, humer les collines, les herbes folles, apaiser ma nausée, caresser le cou de Satan et la crosse d'argent de mon Navy.

— Un enfant, un enfant...

Je m'accrochais à Satan, mordillais son encolure. J'allais mieux, seule, dans cette nature grandiose. Peut-être aurais-je la force de ce nouveau destin : un enfant ? Peut-être finirais-je par aimer Burke ? Peut-être Janey viendrait-elle me voir ici ? Je lui écrirais longuement, elle comprendrait. Je retrouverais la trace de Louba, du petit Jackie – un homme, maintenant –, tous ces enfants dans ma vie...

La nuit était tombée. J'étais loin du ranch. J'avais été reprise par cette énergie de la route : ma pulsion vitale. Janey en avait été l'axe. Je ferais face.

Quand je rentrai, la lampe à pétrole était presque éteinte et, pourtant, Burke était tout éclairé de lumière.

Il regardait avec haine mes *chaps,* mes bottes à éperons, mes colts – surtout le Navy –, le Stetson et cet éclat de mes joues et de mes mains. Il semblait détester mon rire heureux après ces heures de galop, de liberté, d'équilibre retrouvé, de connivence avec la terre et les étoiles... Burke me dévisageait avec une telle férocité que pour un peu j'aurais dégainé. Je n'en eus pas le temps, il me gifla et cria :

— Où étais-tu, déguisée ainsi ? Voilà des heures que je t'attends...

Il cogna. Il cogna. Je ne répondis pas, je ne me défendis pas ; je me laissai rouer de coups. Il se déchaîna, pleurant presque :

— Tu ne m'aimes pas... Tu ne m'aimes pas ! Tu me prends, tu me jettes, tu te moques de moi !

Il vociféra des mots sans suite et jeta mes cruches contre le mur. Cela fit un beau fracas. Il me traita de « sale type, faux homme, fausse femme et fausse mère ». Les claques succédaient aux mots orduriers.

Comme j'étais douce ! Que se passait-il ? Cet écoulement entre mes cuisses, ce tournoiement dans ma tête, et ces étoiles, toute cette boue rouge à Little Big Horn... Tout ce sang. Le sang des enfants. Le sang de Janey. Elle s'était fiancée à Jack Oaks. S'il la touchait, je le tuerais. J'avais mal au ventre. Custer plongeait sa baïonnette au fond des entrailles des femmes ; il en retirait les fœtus et les brandissait sous le drapeau américain...

L'Amérique, cette cohorte de tueurs, de voleurs, de violeurs...

J'étais douce parce que j'allais quitter Burke. Peut-être étais-je déjà morte. La flaque de sang grandissait sous moi.

16

CALAMITY JANE

Billings évoquait l'enfer. La ville était dirigée par des bandits : Nathan Champion, un des plus cruels, mesurait près de deux mètres et pesait cent kilos. Billings avait changé. Je crus me retrouver aux plus beaux jours d'Abilene. Les saloons fleurissaient jusqu'à Junction City où la bande de Nathan Champion avait ouvert une sorte de boîte, au-dessus de la Yellowstone River. Une nuit, ils avaient noyé trois hommes après les avoir dépouillés de leur argent sous prétexte qu'ils avaient triché au jeu. Ils les avaient soupçonnés d'être des indicateurs. Après la mise, ils les avaient entraînés au sous-sol de leur antre mal éclairé et dangereux, et avaient ouvert la trappe qui donnait sur la rivière, après les avoir frappés. Pieds et poings liés, un foulard dans la bouche, les victimes avaient été jetées dans l'eau glacée. La police n'était pas intervenue. Chaque saloon avait ses « barons » et ses lois plus puissantes que la loi.

On regrettait Wild Bill. Lui seul aurait eu le courage d'intervenir chez Barner pour faire cesser ces noyades criminelles. On retrouvait régulièrement des corps ballonnés à la sortie de la ville, après un coude de la rivière, mais personne ne disait mot.

... Sauf Mme Feeley qui m'employa comme videur dans son saloon. C'était un bel immeuble aux fenêtres brillamment éclairées. Vingt-six filles y travaillaient et il m'arrivait de danser avec elles. J'avais retrouvé un peu de ma gaieté. Les filles étaient gentilles, elles m'adoptèrent. L'une d'elles, Alice Cimarron, tomba amoureuse de moi. Les épaules nues et brunes, corsetée de velours et de satin noirs, les jambes gainées de résille, Alice Cimarron s'accrochait à mon cou et murmurait :

— Fais-moi danser, Calamity !

Nous tournions enlacées sous les applaudissements des filles. Ce n'étaient que frous-frous bleus, rouges, verts et or, odeur de poudre, effluves de patchouli et de sueur, tremblements d'aigrettes...

Si Nathan Champion exécrait les éleveurs du Wyoming et les noyait quand il pouvait en capturer un dans les caves de son bouge, George Parott n'était pas moins redoutable. De

Cheyenne à Billings, les rapts étaient fréquents, les coups de feu continuels. Je devais régulièrement jouer de mon fouet pour jeter Parott hors de chez Mme Feeley car il convoitait ses filles.

Mme Feeley régnait en souveraine dans sa maison où le calme était relatif. Elle avait gardé un beau corps d'amazone, portait les cheveux coupés très court autour de son fin visage. Mme Feeley était une sorte d'anomalie : séduisante, elle était tout à fait capable de vider les bandits. Elle se montrait beaucoup plus violente que moi... Contrairement à ce que la ville prétendait, elle était l'honnêteté même : ses filles bénéficiaient d'un contrat et de la sécurité. En contrepartie, elle exigeait d'elles la loyauté et le respect du travail consenti dans son établissement. Elle avait une belle voix grave – le contralto de Becky –, elle portait un justaucorps en daim à franges dorées, un pantalon de cuir ajusté, des bottes vernies et un Wesson redoutable, à six coups, glissé dans sa ceinture.

Elle m'accepta tout de suite quand j'arrivai un soir, crasseuse, assoiffée d'alcool – habitée d'une étrange envie de liberté.

J'avais dû achever une partie de mon voyage à pied car mon cheval, Satan, était mort. Nous n'étions pas loin des collines de Deadwood. Quand je le vis trébucher et me regarder de sa large prunelle où glissaient des larmes, je compris que je perdais mon plus vieil ami. Et je l'enterrai en ami. Je ne voulus pas laisser sa carcasse aux vautours, et je mis quatre heures à creuser la terre sèche.

La dernière page du carnet de Calhoun était finie. J'écrirai dans l'album. Un jour, ma fille y lirait mes mots arrachés au silence et à la fureur. Que restait-il de ma fureur, de toutes les fureurs, des tumultes houleux et amoureux, si ce n'était le silence ? Janey a 18 ans, J'en ai 39.

Le silence n'était pas le fort de l'établissement Feeley. Il était en moi, tout au fond de moi, caché comme mon amour pour Wild Bill et pour Janey. Je vivais avec eux. Je les emportais en tout lieu. Ils m'étaient devenus supportables. Peut-être m'aidaient-ils à vivre ? Je ne savais jamais quel chemin j'allais prendre. Ma seule certitude était le silence. L'amour du silence. L'amour de mes absents.

Alice Cimarron ne parlait jamais. Elle me suivait des yeux, s'accrochait à moi. J'embrassais sa bouche, caressais ses épaules et m'amusais à chatouiller ses minuscules oreilles. Rien de plus. Je me remis à boire et à priser. Satan était mort de vieillesse. Quant à moi, je ne connaîtrais pas la vieillesse. Des souffrances soudaines me courbaient en deux. La toux me secouait et me déchirait. Je ne voulais pas de la vieillesse. J'avais perdu l'espoir de revoir Janey. J'avais trop malmené mon corps. Le silence me serait clément et doux. Il envelopperait ma tête et mon corps telle une aube très douce. Je m'engloutirais dans le silence.

Mme Feeley détestait les fanfarons. Elle excécrait le policier Morrison chargé d'abattre Nathan Champion. Elle méprisait le richissime Anderson qui lui proposait dix mille dollars pour fuir avec une de ses filles, Lily Crayton, longue pouliche de fer et de feu, rose des aisselles aux chevilles, les ongles aussi rouges que sa large bouche qui riait fort. L'homme lui tordait les poignets de désir et de rage.

— Suis-moi, Lily, ou je fais un malheur !

Mme Feeley était dans sa loggia, au-dessus du bar – c'était de là qu'elle surveillait les filles. Elle répondit :

— Pas question ! Lily me doit six mois et tu n'es pas un homme pour elle.

Le richissime Anderson, gilet orné de breloques, pantalon de velours ponceau, veste de soie couleur puce, gros cigare et bracelets d'or massif, répondit :

— Ça va, la vieille !

Il jeta une poignée de dollars dans le corsage de Lily Crayton.

« La vieille » bondit avec un cri de fauve et le cingla de sa cravache. Anderson repartit, menaçant, mais il avait goûté aussi de mon fouet. Les filles se tordaient de rire. Les hommes croyaient garder leur dignité en se soûlant au bar.

— Je te materai, Anderson dit Mme Feeley.

Elle n'attendit pas longtemps : Lily Crayton

s'enfuit avec le richissime Anderson. Il s'installa au *block* N° 7, au sud de la ville. Lily était partie sans un mot d'excuse, sans payer sa caution et sans un adieu à Mme Feeley qui l'avait ramassée dans le ruisseau.

Mme Feeley ne dit rien, mais elle prit son colt, sa cravache et se dirigea d'un pas décidé vers le *block* N° 7, où Morrison avait vu les coupables.

— Viens, me dit-elle. Et n'oublie pas ton fouet ! Alice Cimarron s'accrocha à moi :

— Emmène-moi, Calamity, emmène-moi !

— Assez ! hurla Mme Feeley, qui l'écarta d'une bourrade.

Alice jeta un cri de souris et trébucha. Le policier Morrison qui entrait à cet instant la releva. Mme Feeley était déjà loin.

Nous arrivâmes au *block* N° 7. Mme Feeley était au comble de la fureur. Le richissime Anderson palabrait, assis au bar. Lily Crayton, contre son épaule, était en tenue de voyage.

— Lâche-la ! cria Mme Feeley, si fort que le vacarme du saloon cessa d'un coup.

Anderson riait en tirant des bouffées d'un énorme cigare qu'il rallumait constamment.

— Toi, viens ici ! ordonna Mme Feeley à Lily Crayton.

La fille se débattit si bien que la manche de son costume se déchira. Le gros Anderson fit mine d'envoyer un coup de pied dans le ventre de Mme Feeley. J'avais vu venir le traître et, me servant de mon fouet comme d'un lasso, je lui fauchai les jambes. Il tomba à la renverse.

— Laisse, Calamity, dit Mme Feeley.

Elle avait recouvré son sang-froid et Lily Crayton se mit à trembler. Le calme de Mme Feeley était légendaire. Il précédait la tempête.

— Je vais t'écraser, Anderson. Je t'avais prévenu.

Un direct dans la mâchoire l'envoya s'affaler sur le bar, renversant le whisky de Joe Stager, un fermier. Bill Levinus, derrière le comptoir – cent kilos, des cuisses énormes et des mains en forme de battoir, une cervelle d'oiseau – cria d'un ton excité :

— Ça va chauffer !

Les hommes firent le cercle, beaucoup rigolaient, quelques-uns se taisaient. La loi du plus fort était seule en vigueur à Billings : si Mme Feeley écrasait Anderson, elle était sauvée, sinon je ne donnais pas cher de notre peau à toutes et de sa maison.

Elle remit son adversaire sur ses pieds, l'étranglant à demi, et lui expédia une volée de coups de poing et de coups de pied. Puis elle l'« écrasa », comme elle disait, d'un coup de fouet si cinglant qu'il courut à quatre pattes vers la porte. Il ne fallut pas grand-chose pour le faire trébucher sur le trottoir où il s'étala de tout son long, sous les huées et les sarcasmes.

— Toi, suis-moi !

Lily Crayton claquait des dents et se tordait les chevilles. Mme Feeley sifflait :

— Sotte, tu croyais peut-être t'établir ? Tiens-toi bien à l'avenir, s'il te plaît, ou alors je te ferai danser d'une tout autre manière que ton rustre !

On s'écartait devant nous, on nous escorta dans la rue. Chez Mme Feeley, les filles nous attendaient, le nez aux carreaux. La patronne frappa des mains :

— Au travail ! Assez perdu de temps comme ça !

Elle jeta une tenue de danseuse à la tête de Lily Crayton qui n'avait pas cessé de trembler. Alice Cimarron me fit une scène de jalousie et Lily Crayton déchira sa robe dans une crise de nerfs. Pour la calmer, on lui jeta une cruche d'eau froide au visage et elle reçut un bon coup de fouet sur les fesses. Jamais il ne vint autant de monde que ce soir-là et Lily Crayton gagna tant de pourboires qu'elle n'eut pas grand mal à rembourser sa caution. Son derrière, déjà rebondi, avait doublé de volume sous les coups de fouet.

Je bus au point de ne plus bien voir. Tout me parut dédoublé, plus grand, plus large. Plus rien ne m'étonnait. Même la bêtise me semblait normale.

Je rachetai la cabane et la terre de Joe Stager, en amont de Canyon Creek, à l'ouest de Billings.

Trois hectares à cent dollars l'hectare. Perchée sur l'échelle du moulin à vent, je pensais : « Ma première terre ! » La cabane était une bicoque envahie de puces, équipée d'un gros poêle carré qui m'enfumait souvent. Trois peaux de bison me servaient de paillasse – cadeau de Joe Stager –, des journaux calfeutraient les murs, et j'avais rangé au pied de mon lit une caisse de livres envoyés par Jim O'Neil. Des romans ! Le soir, à la chandelle, je dévorais *David Copperfield*, je feuilletais mon album de photos, les portraits de Wild Bill, Jim O'Neil, Helen, Mamma Ross, Janey-mon-amour... La nuit était sereine, je m'éveillais à l'aube, ma solitude me plaisait. Je rêvais de recevoir Janey, de lui dire : « Cette cabane et cette terre sont à toi, je les ai gagnées honnêtement, en vidant les voyous de chez Mme Feeley. »

J'avais fis mes adieux à Mme Feeley. Ils furent affectueux et simples. J'en avais assez de cette vie nocturne, de la fumée, des disputes, des désirs malsains, des crises d'Alice Cimarron, son corps mou et sans nerfs, ses épaules qui ployaient sous ma poigne. J'aimais ses cheveux et ses lèvres, je refusais tout le reste, choquée au fond d'être aimée d'elle comme si j'avais été un homme.

— Sotte de Jane, tais-toi et embrassons-nous !

Les mains et les reins de Wild Bill m'avaient rendu mon corps et m'avaient arraché des appels et des soupirs. Oh, j'avais tant aimé ces étreintes et ces baisers qui me faisaient devenir terre et soleil et torrent.

Je repoussai brutalement Alice Cimarron qui ne me quittait pas. J'en avais assez de ce rôle d'homme qu'elle me faisait tenir. Je m'abattis sur mon lit sans même me déshabiller. Je n'aimais pas les femmes. Pas comme ça.

Je ne voulais qu'une chose : retrouver ma solitude.

Mme Feeley l'avait compris. Elle avait bon cœur sous sa rudesse. Elle avait enfin consenti à rendre sa liberté à Lily Crayton, amoureuse d'Anderson. Il lui avait promis de l'épouser.

— Va, avait-elle dit, mais je serais étonnée de voir ce paltoquet tenir ses promesses.

Lily Crayton avait remis sa tenue de voyage, mais Anderson avait disparu. Il n'avait pas un sou ! Il avait volé ses dollars à ses patrons, des éleveurs du Wyoming, et il était recherché pour vol. Lily Crayton était donc retournée chez Mme Feeley, toujours en costume de voyage. Devant la porte, la carriole de Joe Stager m'attendait. Alice Cimarron se débattait :

— Calamity ! Emmène-moi ! Sans toi, je me tuerai !

Un coup de fouet de Mme Feeley la remit à sa place.

Ma terre était habitée par les oiseaux : l'épervier à queue rouge ne s'enfuyait pas à mon approche, le faucon pèlerin, sauvage, à l'œil jaune et fixe, au cri sourd, la superbe *sage grouse* à la tête décorée d'une aigrette rose, telles les filles de Mme Feeley, les *chapanals,* des coucous venus de Californie, portés par les vents...

Ma rivière regorgeait de poissons : brochets, truites et grosses perches blanches. Je pêchais, gardais mes prises dans un vivier et les vendais, vivantes ou mortes, à la demande.

À l'entrée de ma terre, j'avais planté une pancarte qui disait : *Poissons divers, cuisine sur place.*

J'avais inventé « le gâteau de vingt ans », puisque Janey-mon-amour les aurait en septembre.

25 œufs battus à part
2 livres et demie de sucre
2 livres et demie de farine
2 livres et demie de beurre
7 livres et demie de raisins secs
1 livre et demie de citrons coupés très fin
1/4 d'once de clous de girofle
2 onces de fleurs de muscade
2 cuillerées à thé de levure de bière ou de bicarbonate de soude
3 cuillerées à thé de crème de tartre.

J'allais me ravitailler à la ville, en carriole. Je sifflais et je chantais à tue-tête. Quelque chose d'heureux m'agitait : le chagrin m'accordait-il une trêve ? Une sorte de paix m'habitait. Nous étions en juillet : jamais la nature ne m'était apparue aussi belle. Que signifiait cette douceur, cet apaisement après tant d'orages ? Je ne toussais presque plus. Les fleurs libéraient leur arôme dans le tremblement de la chaleur au-dessus de la terre. La fraîcheur de l'eau coulait en moi. Il n'y avait personne pour me tourmenter. Je faisais ce que je voulais, me levais avant l'aube, dormais quand j'en avais envie, moulais mon café, allais chercher les caisses de livres et les lettres de Jim O'Neil à la poste, le jour du ravitaillement. J'étais heureuse. Ma vie me suffisait. Jamais je ne m'étais arrêtée « chez moi ».

J'avais toujours habité des chambres provisoires, semblables et interchangeables, avec mes deux terribles compagnons de route : les souvenirs et l'alcool. Je buvais moins dans ma cabane-restaurant ; je me retirais en moi-même, et je m'interrogeais sur cette divinité que Sitting Bull appelait *Grand Esprit*.

Le *Grand Esprit* : il l'avait adoré dans l'eau des sources, la forme des nuages, l'ardeur du feu, l'arôme des fleurs, les semences de la terre et de l'homme, les oiseaux multicolores, les bêtes sauvages, les pluies et la fougue de l'été, la splendeur de l'automne, la pétrification de l'hiver et la nouvelle floraison.

Était-ce le *Grand Esprit* qui soudain laissait éclater un orage – la grêle – comme le pays n'en avait jamais vu ?

Je revenais de Billings, ma carriole chargée, mes deux chevaux galopant ferme, quand, tout

335

à coup, le ciel devint blanc. Un des chevaux hennit. Un danger nous menaçait. La lumière sans soleil était aveuglante. La terre brûlait, les sabots des chevaux dégageaient une odeur de musc et de fièvre. Mes yeux s'embuaient sous l'éclat métallique du ciel.

L'orage éclata : des grêlons gros comme des billes s'abattirent sur ma tête et sur mes vivres. Je lançai mon appel : « Hue, hi, ya ! » – celui que je criais lorsque je conduisais attelages et diligences. Un appel très particulier, un ordre de fuite. La grêle était si meurtrière que mes épaules devenaient douloureuses. J'avais l'impression d'avoir reçu une volée de cailloux sur le dos ; un des chevaux eut un œil abîmé. J'eus la chance de trouver un abri sous un hangar. Mes sacs étaient crevés, la farine et les raisins perdus. Je ne serais jamais longtemps en paix.

Mes chevaux tremblaient dans la remise. Moi aussi. Celui qui était blessé gémissait à fendre l'âme, mais je me refusais à l'abattre : il pouvait vivre. Il perdit son œil. Les deux bêtes étaient aussi harassées que moi. Nous grelottions. Nous étions réfugiés là depuis plusieurs heures et je me demandais si le toit résisterait à la violence de la tempête.

J'avais pu sauver deux lettres en les serrant sur ma poitrine. L'encre était diluée, mais je les ouvris : l'une, de Jim O'Neil, m'apprit le mariage de Janey avec Jack Oaks ; l'autre était de William Cody – Buffalo Bill. Il me demandait de

rejoindre son cirque en septembre, pour participer à son spectacle.

Était-ce à cause du mariage de Janey, de la
tourmente qui s'était abattue sur moi, du sort
de mes pauvres bêtes, était-ce à cause du silence
soudain de tous les éléments ? Je décidai de
partir.

J'en avais fini de cette retraite. J'en avais fini
de cette attente. Si je voulais revoir Janey, je
devais accepter l'offre de Buffalo Bill, puisque
son cirque, après New York City, se produirait
à Richmond.

Il me fallut régler mes affaires : des hommes
avaient frappé un soir, à coups de poing, à la
porte de ma bicoque ; le temps de saisir mon
Navy, je criai :

— Qui est là ?

— Des amis !

— Mais encore ?

— On a vu ta pancarte. On a besoin de dîner.

— Il est trop tard. C'est fermé. Vous me trou-
verez demain matin au vivier.

Ils s'étaient éloignés en maugréant. J'avais
entendu le bruit de leurs bottes, le pas de leurs
chevaux, le claquement des fouets, puis le
silence.

J'étais restée un moment, le Navy au poing, le
cœur battant. J'avais fini par m'endormir derrière la porte, roulée dans ma couverture.

Le lendemain, je pêchais près du vivier quand je vis sortir d'une cabane voisine trois hommes si inquiétants que je sautai sur mes pieds et saisis ma Winchester. L'un d'eux leva, en signe de paix, un bras couvert de poils, de bijoux et de tatouages.

— Je suis Graf Dalton. C'est moi qui ai frappé chez toi, l'autre nuit.

J'abaissai mon arme et le reconnus. Il m'avait aidée à traverser la rivière avec Satan. C'était un bandit, soit, mais au fond un brave garçon qui s'était ruiné pour ses amis plus d'une fois.

— Peux-tu nous faire la tambouille quelque temps ?

J'acquiesçai et Dalton me jeta un sac de dollars.

— Si tu veux davantage, dis-le-moi, Calamity.

Je leur préparai du café et appris que Nathan Champion avait été abattu dans la rue, à Billings, par le policier Morrison. Les Dalton, aussi, étaient poursuivis. Ce qu'ils voulaient était simple : la discrétion et le repas du soir.

Je leur cuisais, pour la semaine, deux douzaines de pains, huit gâteaux, quinze tartes de compote de raisins secs liés avec de la graisse et du whisky. Je vidais régulièrement la bouteille, mais Graf Dalton me paya cinquante *cents* la tarte, vingt *cents* le pain et un dollar le gâteau. Quant aux omelettes, je les battais sous leurs yeux, douze coups de fourchette, pas un de plus pas un de moins. C'était le nombre magique. Trop battre l'omelette lui donne la mine pauvre.

Ils riaient de plaisir devant ma grande poêle. Quand c'était prêt, j'ajoutais des abats de volaille cuits du matin. Ils préféraient mon poisson, mes truites nappées de crème épaisse et cuites trente minutes à four chaud sous une couche de biscuits.

— Calamity, je t'épouserai, disait Graf, à moins qu'on ne me trouve le corps criblé de balles.

Il ne croyait pas si bien dire. Je hochais la tête et bougonnais :

— Nous sommes de vieux ours bizarres... Tâche de ne plus tuer personne ! Pour le reste, tu es un brave type et tu ferais peut-être un bon mari.

Je fermais les yeux sur les chevaux volés. Les éleveurs auraient leur peau, c'était plus que sûr. Je n'eus pas à les avertir de mon départ chez Cody à la fin de ce mois. Ils ne revinrent ni ce jour-là ni un autre. La grêle avait crevé le toit de leur cabane et cassé les carreaux. Une rafale de balles était venue à bout des frères Dalton.

John Tinkler, notaire, était un brave homme. Il connaissait mon histoire et me promit d'écrire à Jim O'Neil et à Janey s'il m'arrivait quelque chose. Je lui avais remis l'acte d'achat de ma cabane et de ma terre, puis l'acte de vente... Joe

Stager m'avait proposé de racheter le tout, y compris les poissons et les bêtes. J'avais accepté, laissé la quasi-totalité de la somme à John Tinkler pour Janey.

Je gagnai la rue écrasée de lumière, seule, libre, pauvre. C'était l'été. Je repris la route.

Que Richmond était beau ! Je n'avais pas vécu en vain ! Janey serait ce soir au spectacle avec Jim O'Neil et Mamma Ross. Ils étaient venus me voir dans ma loge – sans Janey – Ils comptaient embarquer sur le *Madagascar,* le navire affrété par William Cody. Je ne souhaitais qu'une chose : être avec eux ! Jim O'Neil avait ajouté :

— Calamity, il sera temps de parler à Janey... Attendons d'être ensemble sur le bateau.

Ma santé me permettrait-elle de partir ? Buffalo Bill était inquiet car il m'arrivait de tomber, terrassée par une quinte de toux.

Ces quatre années au cirque n'avaient pas été de tout repos : après la vente de ma terre, j'avais retrouvé Buffalo Bill et nous avions rejoint son cirque à New York City.

Je n'en revenais pas ! Cette ville me semblait grandiose. Que savais-je des villes ? J'avais connu leur violence, leur saleté, les saloons, les rues où couraient les rats, les tas d'ordures, la boue en hiver, la sécheresse en été.

À New York, tout était démesuré, frénétique ; il y avait une atmosphère étrange ; un brassage des peuples. New York City était le bout du tunnel, l'arche d'un nouveau monde.

Nous étions installés à Manhattan sur une grande place. Nous formions une ville à nous seuls : les tentes alignées pour délimiter un rectangle. Celles de Buffalo Bill et de Murray occupaient l'espace central, les bêtes, les chariots et les accessoires s'entassaient sous six bâches. Chaque soir le spectacle s'ouvrait à grand fracas sous le chapiteau. Les femmes occupaient l'aile droite ; j'étais avec Annie Oakley et d'autres écuyères. Nous étions douze, quatre par tente. Trois dormaient dans des lits superposés : Annie Oakley, Ny Bang, Emma, oui, Emma Thatcher Lake, la fille de cette rombière. Cody m'avait dit avant de m'emmener :

— Il y a Emma avec nous. La fille d'Agnes. Elle se fait appeler Emma Hickok. Elle est un peu folle, mais c'est une bonne écuyère. Sois gentille avec elle, Calamity.

J'avais haussé les épaules. L'indulgence m'était venue avec l'âge... L'âge ? Emma n'avait que quatre ans de moins que moi. Je n'éprouvais pour elle qu'une vague pitié ; un ersatz de sentiment maternel. La route et les épreuves m'avaient appris à voir les choses autrement : la haine, la colère, l'attente humiliée, l'envie d'en finir, tout avait changé. Mon amour pour Janey tenait désormais toute la place dans mon cœur. La seule chose qui m'importait était de la voir.

Mais de là à partager la même tente que la fille d'Agnes ! Cody m'avait dit :

— Tu feras ce que tu voudras. Mais il faut qu'Emma reste avec les écuyères.

Nous étions cent quatre-vingts dans le train au départ d'Omaha. Je reconnus immédiatement Emma. Le bas du menton ? La forme des yeux ? Un peu de la vie de Wild Bill avait traversé son existence : il avait épousé sa mère et avait remplacé pour elle son père mort et l'amant qu'elle désirait. Avait-elle voulu un père ou un amant ? Les deux, sans doute. Mais il était difficile de considérer Wild Bill Hickok comme un père. Malgré notre différence d'âge, il avait été mon amant et rien que mon amant. Seule Janey aurait pu éveiller en lui une passion paternelle. Emma ressemblait à une pâle copie d'une mère qui avait été folle de son corps. Mère et fille n'avaient cessé de s'attirer et de se repousser. Emma avait mal vécu son adolescence. Elle avait espéré l'amour, la mort, les balles ou le coutelas de Jivarou. La première fois qu'elle avait vu l'Ange, elle s'était mise à trembler. Elle n'avait jamais rien ressenti d'aussi violent. Doucement, implacablement, Agnes avait commencé à la haïr... Emma avait quarante ans à présent, mais un corps de fille de quinze ans. Gracile, les ongles transparents, le visage lisse, les prunelles vides. Elle était presque devenue folle après la mort de Wild Bill. Elle avait entendu plus d'une fois les gémissements de sa mère mêlés à ceux de son amant. Elle avait voulu tuer et se tuer. Elle était morte à quinze ans et avait survécu dans son costume d'écuyère. Elle avait été agressée par Jivarou. Était-ce pour expier ce crime obscur que Jivarou avait été retrouvé poignardé ? Personne n'avait tiré l'affaire au clair et Emma était restée muette. Avait-elle poignardé Jivarou ? L'avait-il violée ?

Sous la tente, elle s'enroulait dans sa couverture, le nez au mur ; nous voyait-elle ?

Annie Oakley ne parlait guère, son regard était loyal et elle avait de beaux cheveux. Pleine de vie, d'une extrême pudeur dans ses mouvements, son tir était redoutable. Sitting Bull l'avait beaucoup aimée. Annie gardait la photo de l'Indien collée dans son album. Ny Bang parlait sans arrêt. Une vraie perruche ! D'emblée, je m'alliai avec Annie pour aider Emma à sortir de sa folie ; je souffrais de voir cette pauvre créature recroquevillée sur un vieux rêve usé. Rien ne semblait la tirer de son apathie.

Un jour, j'avais arraché sa couverture et saisi Emma par le bras :

— Je suis madame Hickok, la seule madame Hickok, née Martha Jane Cannary. Ta mère avait eu Wild Bill quand je m'étais fâchée avec lui. J'ai une fille de vingt-trois ans, Janey, née de notre mariage. Réveille-toi !

Emma tremblait. Un peu de salive coulait de sa bouche, ses yeux paraissaient soudain plus délavés. Sans les jambes magnifiques – « Quoi de

plus beau que de belles jambes de femme ? »
disait Wild Bill –, elle eût été presque laide.

Elle se tordit en convulsions. Je lui jetai de
l'eau au visage.

— Tu vas te calmer, ou tu finiras à l'asile !

Elle s'endormit pendant que je nettoyais mon
Navy. Elle ne demanda pas à Buffalo Bill de
nous séparer. Au contraire, elle se mit à me
suivre comme un chien. Elle me faisait pitié. Elle
pleurait souvent et, un jour, elle quitta la troupe
pour suivre un éleveur de quarante ans plus âgé
qu'elle, Nan Tigger.

Pour mon numéro, j'entrais debout sur le
banc de mon chariot, costumée en scout de l'armée, et je tournais autour de la piste en menant
mes six chevaux tandis que Buffalo Bill faisait le
boniment devant trois mille spectateurs :

— Et voici Calamity Jane, *la Reine des Plaines !*
Compagne de Wild Bill Hickok, le marshal
d'Abilene, conductrice d'attelages, infirmière,
scout. Elle a été surnommée *Diable blanc* par les
Indiens ! Voici *Diable blanc !*

La foule applaudissait. Je tirais au pistolet, je
faisais voler des chapeaux dans la salle. Les
Indiens m'entouraient, nous galopions, sautions
d'un cheval à l'autre, j'attrapais au lasso une
vachette lâchée sur la piste. Ensuite, c'était le
tour d'un bison que je montais à cru aussi longtemps que je le pouvais. Les spectateurs se

levaient : les applaudissements étaient frénétiques, surtout lorsque j'arrivais à échapper au bison pour sauter sur un étalon sauvage. L'atmosphère se déchaînait si je pouvais me mettre debout sur l'animal. Les Indiens s'écartaient, la lumière était braquée sur moi.

Soudain, j'eus un éblouissement. Au premier rang, sur la guipure d'un col, j'aperçus l'épingle d'or en fer à cheval, la tête ravissante de Janey, ses boucles noires sous le chapeau de velours.

Elle me regardait avec une si folle intensité que je ne pus le supporter. La veille, j'avais recommencé à tousser, ma vue se brouillait. Janey m'envoya un baiser du bout de ses doigts gantés. La petite épingle brillait plus vive, plus aveuglante que le soleil. Je poussai un grand cri : « Janey ! » Et je tombai sur la piste, un pied accroché à l'étrier. L'étalon affolé continuait à me traîner autour de la piste.

CELINDA HICKOK

Depuis que je vivais à Clay Center, dans le Kansas, je ne quittais guère ma chambre. Les journaux s'amoncelaient autour de moi. Leurs mots fouaillaient davantage ma blessure, mon obsession : il était encore et toujours question de Calamity Jane, désormais veuve de Wild Bill Hickok... Elle ne faisait plus scandale dans les saloons, à boire et à blasphémer, mais elle osait clamer ton nom en plein cirque ; elle l'aurait crié à la face du monde entier, si elle avait pu. Enfin, elle était tombée ! Elle était malade ! Elle allait mourir. J'attendais ce jour, je le voulais. Le *New York Herald* tremblait entre mes mains – la joie peut aussi faire trembler. Son malaise avait été grave ; elle dut quitter le cirque de Buffalo Bill. Ses amis l'avaient ramenée à Deadwood.

Deadwood. Le cimetière du Mont Moriah.

Le cauchemar ne pouvait cesser ; désormais

c'était sur toi, James, que l'on tirait. Je croyais voir ton corps pétrifié, aussi inerte qu'un tronc.

Tout se mélangeait : douleur, désespoir, déshonneur.

Il y avait eu ces bruits sur ton compte, ces bruits hideux. Tu aurais eu une vilaine pustule à l'œil, un trachome. J'étais sûre que cette créature, cette danseuse ou l'autre, la bagarreuse, cette traînée de saloon, Calamity Jane, en étaient responsables.

On t'avait exhumé le trois août 1879, trois ans après ta mort. Polly, paralysée par le choc quand tante Lyd lui avait appris la nouvelle, Polly était morte quelques mois après toi. Par un de ces affreux miracles – sans doute la terre sablonneuse –, ton corps était demeuré intact.

On avait parlé de transférer ta dépouille au Mont Moriah. Il y avait là un grand cimetière sur la colline, sous les pins, au-dessus de Deadwood.

Jack Mac Call, ton assassin, avait erré de Cheyenne à Fort Laramie après le procès qui l'avait laissé libre. Je n'avais cessé d'écrire aux marshals de ces deux villes. Le shérif de Laramie l'avait enfin fait arrêter. Le procès de Deadwood avait été déclaré illégal et Jack Mac Call avait dû affronter la Cour fédérale. À Yankton, le procès s'était déroulé du quatre au six décembre 1876 et le trois janvier, l'assassin avait été condamné à être pendu. Des pétitions avaient été lancées pour salir James. On avait reparlé de ce trachome, de tricherie au jeu, de vingt et une personnes assassinées... Mais l'Éternel était avec nous. Je priais, je priais nuit et jour, pour la justice, pour la mort du coupable. Quand le président Grant avait refusé la grâce, j'étais tombée évanouie de joie. Lorsque j'avais repris mes esprits, j'avais dit à Polly, paralysée dans son lit :

— Je vous raconterai l'exécution.

Personne n'avait pu me dissuader d'y assister : ni Erastus, qu'une maladie commençait à troubler, ni tante Lyd qui soignait Polly, ni Olivier qui venait de perdre un bras dans un accident, ni Martha, accrochée à mes jupes et que j'avais repoussée.

Février était glacial. Les Sioux infestaient la plaine, ces assassins que damna l'Éternel. J'avais pris la diligence et voyagé sans arrêt. Je n'avais presque rien mangé, j'avais à peine dormi avant d'être admise au pied de la trappe, dressée dans la nuit du vingt-neuf février, à Yankton.

Les bras et les pieds liés, le monstre n'avait pas voulu se placer sur cette trappe. Les hommes de Yankton avaient dû le pousser pour que, enfin, dans un bruit de poutres brisées, le corps basculât.

J'avais eu le temps d'entendre Jack Mac Call râler : « Ô Dieu ! »

La traînée de saloon était là aussi, blanche, raide dans son habit d'homme, chiquant et crachant. Elle se tenait appuyée contre un mur, le Stetson de James vissé sur sa tête.

Quand Jack Mac Call avait gesticulé, encore

vivant, les pieds touchant presque le sol, la tête bleue, comme éclatée, j'avais éprouvé du plaisir. Un plaisir trouble qui m'agita longtemps.

J'avais eu beau l'ignorer, détourner mon regard, la traînée de saloon était là, à Deadwood elle aussi, quand Colorado Charlie, avec neuf hommes, avait rouvert la tombe de James. Stanley Morrow avait même pris des photographies malgré mes coups de parapluie. J'avais donné l'ordre terrible :

— Ouvrez le cercueil !

Le corps avait doublé de volume. Les habits avaient éclaté. Il n'y avait pas d'odeur, seulement une pétrification qui donnait à James l'allure d'un tronc d'arbre. Quand Colorado Charlie l'avait touché de sa canne, il avait résonné comme un arbre creux. Enterrée près de lui, sa carabine Winchester. La blessure au front faisait une ecchymose couleur lilas sous les cheveux toujours magnifiques, soie merveilleuse dont j'avais coupé une mèche ; l'orbite (l'œil avait disparu) portait bien la trace d'un trachome, à moins que ce ne fût une morsure, ou un coup de poing.

Une photographie sortait à demi de la poche du gilet : je l'avais reconnue. C'était un bébé nu dans les bras d'une femme. Au dos, cette mention : « *Little Bright Calamity* ». Une date : « Septembre 1873 ».

Une masse vociférante s'était alors abattue sur moi. J'étais tombée en arrière, jupons retroussés. Le vilain Stanley Morrow avait changé ses plaques et appuyé sur le déclencheur. J'avais eu le temps de reconnaître la traînée des saloons. Elle m'avait arraché la photographie.

— C'est notre fille Janey, vous entendez, vieux putois !

En hâte, les hommes avaient refermé le cercueil. Un corbillard s'était avancé ; un certain M. Lull m'avait aidée à me relever. Un type ivre et coléreux, nommé Bill Vinaigre, avait vociféré des insanités, et notre cortège prit le chemin du Mont Moriah.

— Dommage qu'ils aient tué le révérend Smith, avait dit un petit homme maussade.

— Chiennerie de sauvages, avait grogné un autre, on a trouvé son corps massacré à quelques miles d'ici, peu de jours après l'assassinat de votre frère, le valeureux Wild Bill Hickok...

Le bruit ! Le bruit ! Ma haine était intacte. C'étaient les Texans qui avaient abattu le révérend Smith. Ils avaient mis leur crime sur le dos des Indiens. Qu'importe ! Je hais les Indiens, les femmes de mauvaise vie, cette Calamity Jane qui avait l'audace de nous suivre, coiffée du chapeau de mon frère. Je l'aurais tuée ! Je la tuerais. Je perdrais de réputation sa bâtarde. L'Amérique me soutiendrait. Désormais, ma lutte et mon espoir consisteront à sanctifier la mémoire du seul homme que j'aie aimé : James Butler Hickok. La saltimbanque de Cincinnati, avait eu l'audace de nous écrire qu'elle souhaitait connaître « sa » famille... « Je suis madame Hickok »...

Les yeux de Polly s'étaient glacés dans son visage déjà raidi par la mort. J'avais renvoyé les lettres d'Agnes Thatcher Lake après les avoir déchirées.

L'Éternel n'honore ni les impurs et les imposteurs. J'avais sorti ma Bible de mon sac taché de terre dans ma chute et j'avais lu à haute voix le Livre de Job :

Si du moins le fléau donnait soudain la mort !
Mais il se rit des épreuves de l'innocent.
La terre est livrée aux mains de l'impie.
Il voile la face des juges.
Si ce n'est pas lui, qui est-ce donc ?

Pendant que je lisais, les hommes avaient descendu la caisse dans cette nouvelle tombe, creusée au-dessus de la vallée, cette tombe voisine de celles des Chinois que l'on retrouvait parfois fossilisés au fond des mines.

Je devais subir une dernière humiliation avant de quitter le Mont Moriah pour rejoindre la diligence, puis le chemin de fer. La traînée des saloons avait lancé une volée de fleurs au fond de la fosse.

— Je veux être enterrée près de Wild Bill Hickok, mon époux !

J'avais réussi à planter un petit poignard dans le cou de son cheval qui broutait à l'entrée du Mont Moriah.

Chaque jour m'avait apporté son lot de nouvelles.

L'ignominie, encore et toujours l'ignominie...

De outes mes forces, j'avais haï cette créature qui paradait dans les cirques sous le nom de mon frère.

Le nom de Hickok avait été traîné dans la boue par une autre saltimbanque de la même trempe : la fille de l'écuyère Agnes Thatcher Lake, hélas veuve Hickok. Sa fille, Emma.

Les journaux publiaient qu'il y avait « *deux Mmes Hickok* » au cirque Buffalo Bill : *Calamity Jane, compagne et épouse de Wild Bill Hickok... et Emma Hickok, sa fille adoptive !*

Buffalo Bill, revêtu d'un costume à franges rouge et or, faisait claquer son lasso et, sous son chapeau blanc, débitait chaque soir ses mensonges au milieu de la piste, sous le chapiteau... Entrait alors une fille trop pâle, au menton mou comme celui de sa mère. Sa mère était devenue une grasse commerçante de Cincinnati. Emma entrait en scène et montait à cru un alezan rose. Ses jambes étaient gainées de bas blancs et elle portait des jarretières noires. Les hommes sifflaient. Elle tournoyait sur son cheval. Il se dressait sur ses jambes arrière et dansait avec elle. Le dos nu de la fille et les flancs de la bête prenaient, sous la lumière, les mêmes reflets. On les aurait dits faits de la même chair.

Il y avait pis !

Calamity Jane était avec elle, et ces deux femmes, qui se haïssaient et que je haïssais, tenaient la tête de la parade. Chacune brandissait le drapeau des États-Unis. Derrière elles venaient les ennemis, ceux que l'Éternel ne regardait même pas comme des animaux, les assassins du grand Custer : les Indiens ! Leur place était bien dans un cirque ou dans un zoo ! Mais j'aurais aimé les voir enfermés une bonne fois pour toutes et écrasés. On avait prêté ces mots au clown Cody : « Un bon Indien est un Indien mort. » J'étais de cet avis.

Je priais le Dieu de la Bible, le Dieu de Job, d'aider la nation américaine à se débarrasser de ces horreurs : prostituées, enfants naturels et Indiens. Le ciel m'exaucera-t-il un jour ? Je priais en me fouettant au sang pour que ma pénitence aidât à la justice divine. Que mon corps se couvrît de plaies, mais qu'ils fussent tués ! Tous !

La maudite parade continuait. Annie Oakley faisait des tours de piste et tirait en l'air. Elle faisait voler son chapeau au-dessus des têtes et le transperçait d'une balle. L'assistance hurlait et Annie recommençait son numéro. Lanceurs de sabres, jongleurs et clowns fermaient la marche.

Seul, coiffé d'un grand chapeau à bord doré, Buffalo Bill menait un troupeau de bisons ; l'un d'eux faisait trois pas de danse...

Heureusement, Erastus était mort. Le veuvage confortait mon besoin d'absolu et m'aidait sur le chemin de la mortification : ainsi je sauverais la mémoire de James Butler Hickok. J'avais écrit à mon notaire pour lui signaler l'existence de la bâtarde de Calamity Jane, dénommée Janey Hickok. Ma fille Martha, élevée dans l'austérité et le jeûne, poursuivrait ma tâche et le dirait à son tour à ses enfants : Janey Hickok était une imposture ; elle avait usurpé notre nom. Dieu la maudisse !

J'étais en sueur. Nuits blanches. Cauchemars répétitifs : tu tirais, tu tirais, tu tirais ! Mais cette fois, c'était moi que tu visais en criant : « Ne touche pas à ma fille ! »

Dieu juste ! Les morts revenaient-ils pour notre châtiment ?

18

JANEY

J'avais deviné qui était Calamity à Richmond, pas seulement lorsqu'elle était tombée de cheval, sur la piste, mais dès sa première visite. J'avais neuf ans alors et nous étions revenues au crépuscule après notre éblouissante promenade à cheval. J'avais deviné qui elle était quand, au matin, elle avait disparu en laissant près de mon lit l'épingle d'or en forme de fer à cheval.

J'avais poussé de grands cris : « Calamity ! Calamity ! » J'avais couru dans la maison à sa recherche.

Rien ni personne n'avait pu me calmer. Un vide affreux. Je me sentais plus glacée que lors de cet hiver où maman Helen était morte. Mamma Ross et papa Jim eurent beau me consoler, caresser mes cheveux, je sanglotai tout le jour et rêvai d'elle de longs mois.

Je portais la petite épingle sur toutes mes robes

et priais pour cette femme dont l'absence me laissait dépouillée, privée de tout. Papa Jim n'eut pas besoin de parler : quand je me fiançai, puis épousai Jack Oaks – peut-être à cause de ce vide –, les papiers nécessaires à mon mariage me révélèrent la vérité : je n'étais pas la fille de Jim et de Helen.

J'avais pour papa Jim la plus grande tendresse : cette vérité à demi dévoilée ne diminua en rien mes sentiments pour lui, mais le secret désormais m'obséda. La vérité, arrachée à Mamma Ross, restée à mon service, éclata quand je dus enterrer ma petite fille, Betty Jane, en 1901, et commencer la procédure de divorce d'avec Jack Oaks, brutal et jaloux.

Lorsque le cirque de Buffalo Bill s'installa à Richmond, je perdis le sommeil : j'allais revoir Calamity Jane, *la Reine des Plaines,* reine de mon cœur ; papa Jim baissait la tête quand je le pressais de questions. Qui était Martha Jane ? Pourquoi n'était-elle jamais revenue ? Pourquoi avait-elle laissé tant de dollars pour mon éducation ?

Il ne répondit pas et Mamma Ross murmura :

— Je vais te le dire, Janey. Mon devoir est de te parler. Papa Jim vieillit. Il a des scrupules. Il ne sait comment s'y prendre, mais c'est une histoire dont tu n'as pas à rougir, au contraire !

Et elle parla, tenant mes mains dans les siennes ; je commençai à trembler, à pleurer.

Dès que Calamity apparut sur la piste, je reconnus ses yeux, ses mains, ses cheveux, son allure. Le grand vide en moi se trouva comblé. Quand elle cria mon nom : « Janey ! » de sa voix déchirée, je criai en même temps : « Maman ! » Elle sombra dans un coma qui dura trois jours.

Papa Jim baissait la tête, Mamma Ross pleurait.

Nous devions embarquer aussitôt après la représentation sur le *Madagascar*. Buffalo Bill nous reçut sous sa tente :

— L'émotion risque de tuer Martha Jane. Elle a eu un choc en vous voyant, mademoiselle Janey. Je connaissais son histoire car j'étais un ami de Wild Bill Hickok.

Il parlait. Je ne l'écoutais pas. Je n'avais qu'un désir : la voir, l'embrasser, l'enlever, la protéger.

Au cirque, nos regards s'étaient croisés, nous nous étions reconnues. Elle avait ouvert les bras, crucifiée, comme si elle était prête à étreindre un être cher...

Sa chute me terrifia. Je fermai les yeux. Je sus que je n'aimais pas Jack Oaks à la minute même où j'eus la révélation de l'existence de ma mère. Je m'étais mariée sans amour. Je portais la petite épingle d'or et la serrai à me faire mal. Du sang coula de mon doigt. Je murmurai : « Maman ! »

Il me fut impossible de la voir : elle avait été transportée à l'hôpital par Annie Oakley et ses amis. Une femme sanglotait devant sa tente : on me dit qu'elle se nommait Emma Lake et se faisait passer pour sa fille. Emma me jeta un long regard. Un éclair bizarre passa dans ses prunelles et elle disparut la tête entre les mains.

Papa Jim me ramena de force à la maison. Je tremblais. Mamma Ross dut me coucher et me faire boire de l'arnica. Papa Jim acheva de me raconter qui étaient Calamity Jane et Wild Bill Hickok. Je dormis peu cette nuit-là. Buffalo Bill, Annie Oakley et M. Murray se relayèrent au chevet de Calamity Jane, ma mère. Elle eut la force de griffonner un billet à mon intention :

« Chère Janey, je vais mourir. Ne m'en veux pas si je retourne à Deadwood où je souhaite être enterrée. Je t'aime. »

Nous embarquâmes sur le *Madagascar* et ma mère repartit pour Omaha, en chemin de fer.

Ses amis, les Lull, Bill Vinaigre, Li Wong, devaient l'accueillir à Deadwood. Un témoin me dit plus tard qu'elle avait voyagé en vêtements de femme, les mains sur les yeux, sans boire ni manger.

Buffalo Bill vendit ensuite sa photo en même temps que le programme de son spectacle.

J'étais enceinte. Je n'aimais plus mon mari. Je voulais divorcer. Élever seule mon enfant, voyager. Je m'intéressais aux automobiles autant qu'aux chevaux. Je voulais revoir ma mère avant qu'il ne fût trop tard.

J'aimais les grands espaces, les randonnées, le ciel, la mer et la liberté, papa Jim et Mamma Ross. Calamity Jane était mon désespoir, ma force et ma passion. J'espérais que mon enfant lui ressemblerait.

Papa Jim avait vieilli. Il disait souvent :

— Tu es un vrai garçon, même si tu es la plus jolie fille du monde...

Il était trop tard. Je reçus la dépêche de Lull, qui m'apprenait la mort de ma mère, en même temps que celle du notaire John Tinkler. Quant à Betty Jane, elle était morte quelque temps après sa naissance. Ma petite fille... J'eus du mal à me séparer de Jack Oaks qui ne voulait pas me laisser partir. Il me traita de « fille d'un bandit et d'une putain alcoolique ». Je l'assommai avec une chaise et regagnai Richmond où papa Jim, blanchi et presque impotent, m'embrassa et pleura de joie en me retrouvant.

Il était trop tard.

Je ne portais ni voiles noirs, ni costume de deuil. Quel rapport entre ces toilettes et mes sentiments ? Je choquai la bonne société avec ma robe claire. Je montais à cheval en habit d'homme et galopais des heures dans la vallée de Richmond. J'apaisais ma douleur et pensais à Betty Jane, à ma mère...

La lettre de John Tinkler m'avait révélé tous les détails concernant la fin de sa vie : Charley Burke était venu la harceler jusqu'à Deadwood, où, déjà presque aveugle, elle avait soigné les malades à l'hôpital de Spearfish. Elle buvait beaucoup, elle était devenue une sorte de clocharde. Charley Burke l'avait insultée car elle s'obstinait à ne pas vouloir le suivre. Elle préférait, disait-elle, « crever dans la rue que s'éteindre dans la niche d'un mari qu'elle n'aimait pas ».

John Tinkler me disait aussi qu'elle avait tenté de se suicider, la nuit de la scène avec Burke, au Mont Moriah, avec son Navy, près de la tombe de Wild Bill Hickok. Son vieil ami Bill Vinaigre l'en avait empêchée et lui avait arraché son revolver. Calamity, ma mère, était une femme usée, aveugle et souvent ivre. Il y avait des bouteilles vides autour d'elle, Bill Vinaigre avait dû la ramener sur son dos au saloon Nº 10. Le patron avait prévenu ses amis, les Lull, par télégramme.

Ils n'avaient pas eu le temps d'organiser son départ ; elle s'était relevée, avait réclamé son Navy et du whisky avant de disparaître.

On l'avait retrouvée à l'aube, à Cheyenne Creek, évanouie et trempée, ivre morte.

Bill Vinaigre l'avait juchée sur son mulet. Ranimée, elle avait décidé :

— Je vais à Terry casser ma pipe chez les Lull.
Bill Vinaigre l'avait accompagnée.

Trop tard, trop tard...

La dépêche annonçant sa mort me parvint
comme j'atteignais Omaha en automobile ;
Mamma Ross était près de moi. Nous prîmes le
train jusqu'à Rapid City ; la diligence pour
Deadwood. À peine arrivées, au relais, je vis le
fameux Bill Vinaigre, tout rabougri, sale, son
violon en bandoulière. Il se précipita vers moi :

— Mademoiselle Jane Hickok ? Calamity Jane
est morte. Son corps se trouve au saloon N° 10.

Toute la ville était à la porte, en silence. Un
flot incessant entrait et sortait du saloon N° 10.
Mon cœur battait. Je portais une robe bleue, du
bleu de mes yeux : « le bleu Hickok », avait écrit
ma mère à papa Jim. Ainsi donc, j'étais sur les
lieux où était né cet amour fou, ces lieux où mon
père était ensuite mort.

J'étais très agitée. Mamma Ross priait tout
bas. Nos bagages furent portés au Franklin et
nous descendîmes Main Street derrière Bill
Vinaigre. Il parlait, racontait tout ce que j'avais
déjà deviné. Il évoquait la haine de Celinda
Hickok...

— Faites attention à cette femme et à sa
famille, elle fera tout pour vous nuire, Janey
Hickok...

Ici, tout naturellement, on m'appelait « Janey

Hickok ». On me regardait. La nouvelle s'était répandue. La fille de Calamity Jane et de Wild Bill Hickok était là. La population formait une haie silencieuse sur notre passage. Le shérif vint me saluer : il m'attendait à l'entrée du saloon N° 10 où était exposé le corps. Le saloon N° 10 sentait le rondin, la terre, les fleurs fanées.

Ma mère, toute vêtue de blanc, était allongée dans le cercueil ouvert, doublé lui aussi de satin blanc. J'approchai et soulevai le voile disposé sur son visage : la mâchoire était un peu affaissée, des cernes très profonds et une expression de courroux marquaient ses traits. Imperceptiblement, son expression se modifia ensuite.

M. Robinson et M. Lull s'étaient occupés de tout ; la ville avait fait une collecte pour offrir à ma mère de grandes funérailles en souvenir de son dévouement pendant l'épidémie de variole. Un jeune homme, Jackie, et une jeune fille, Louba, restèrent à son chevet.

Je ne quittai pas son corps, et, pendant deux heures, je pus regarder ma mère ; on avait fermé les portes du saloon N° 10 et réussi à éloigner la foule que l'on retrouverait à quinze heures au Mont Moriah. Au cours de ces deux heures le visage de ma mère se métamorphosa de nouveau : la mâchoire sembla remonter, les pommettes parurent reprendre leur couleur, les cernes s'effacèrent, les paupières retrouvèrent leur souplesse, le front se détendit ; Martha Jane

Cannary semblait redevenue jeune et fière. Louba murmura :

— Comme elle est belle !

Mme Bander se mit à pleurer doucement.

Sans un mot, Jackie posa le Navy près d'elle tandis que je disposai une branche de roses entre ses doigts en murmurant pour elle des mots d'amour.

M. Robinson fit un signe et Jackie, aidé de Bill Vinaigre, cloua la bière. Le révérend Sipes lisait la Bible. On rouvrit les portes du saloon N° 10. Le shérif me serra les mains. Le plus beau chariot des pompes funèbres attendait dans la rue. La bière y fut hissée, parmi des dizaines de gerbes.

Toute la ville suivit le convoi. Une vieille femme, Nat Sims, pleurait.

La chaleur était accablante. C'était ma seconde et dernière promenade avec ma mère ; j'aurais voulu la voir durer des heures. Je ne sentais ni peine ni fatigue, mais la brûlure d'un amour fou. J'étais forte : j'avais rendez-vous avec mon père et ma mère ; leurs deux corps reposeraient enfin ensemble.

Le photographe Morrow attendait au bord de la fosse ouverte. Je lus sur la première tombe : « Wild Bill Hickok ». Je relevai ma voilette. Le soleil m'éblouit. La montée au Mont Moriah avait été harassante. J'étais heureuse de savoir mes parents enfin réunis.

Il y eut des discours prononcés par M. Robinson, par le shérif, le révérend Sipes, et d'autres amis de Calamity Jane. Le richissime M. Li Wong était venu avec ses enfants, qui portaient des gerbes magnifiques.

Le photographe Morrow avait glissé ses plaques dans son appareil. On me voyait sur la photo, à gauche. Désormais, je dirais partout qui j'étais : Janey, la fille de Calamity Jane et de Wild Bill Hickok.

On me laissa jeter la première poignée de terre et je dis ces mots d'une voix claire, dans le silence absolu :

— Je suis fière d'être la fille de Calamity Jane et de Wild Bill Hickok.

Je partis tout de suite après l'inhumation. La foule s'écarta pour me laisser passer. Je ne voulais pas qu'on me vît pleurer.

— Attention, me dit Bill Vinaigre.

Une vieille femme vociférait près des grilles du Mont Moriah. Elle me sauta à la gorge et voulut m'arracher la petite épingle en fer à cheval.

Bill Vinaigre la fit rouler à trois pas de moi d'un coup de pied.

Nul n'y prit garde.

C'était Celinda Hickok. Elle avait déchiré mon col et griffé ma joue.

Bill Vinaigre mourut en 1909, dans un duel qui tourna mal. Il était devenu si querelleur que le shérif avait décidé de le faire enterrer nu au Mont Moriah. Je pus intervenir et obtins qu'il fût inhumé dignement, non loin de ma mère. Jusqu'à sa mort, en 1909, Celinda Hickok ne cessa de tenir, sur le compte de ma mère et sur le mien, d'ignobles propos. Sa fille prit ensuite le relais. Je tentai d'abord de l'ignorer. Puis je pris la parole, à la radio, le soir de Noël, en 1941, à New York. Je rendis hommage à ma mère, Calamity Jane, et à mon père, Wild Bill Hickok.

Jusqu'à mon dernier jour, je porterai l'épingle d'or en fer à cheval. Je relis sans cesse les lettres de ma mère où courait son écriture en fleuve bleu ; « peut-être penseras-tu quelquefois à moi, non comme à ta mère, mais comme à une femme solitaire qui aima et perdit autrefois une petite fille comme toi. » Je regarde souvent le certificat de mariage de mes parents et la petite photo jaunie de moi, bébé, dans les bras de Calamity Jane. On y déchiffre encore, au dos, la mention *Little Bright Calamity, 1873,* ainsi que le mot *amour.*

TABLE DES MATIÈRES

Achevé d'imprimer en novembre 1998
sur presse Cameron
*par **Bussière Camedan Imprimeries***
à Saint-Amand-Montrond (Cher)
pour les éditions FLAMMARION

— N° d'édit. : FF766201. — N° d'imp. : 985228/1. —
Dépôt légal : novembre 1998

Imprimé en France